生命，因**閱讀**而**大好**

女孩，妳真的夠好了！

解開「好女孩」枷鎖 X 擺脫「角色超載」，
帶著正念和信心探索新機會

瑞秋·西蒙 Rachel Simmons —— 著　陳玫妏 —— 譯

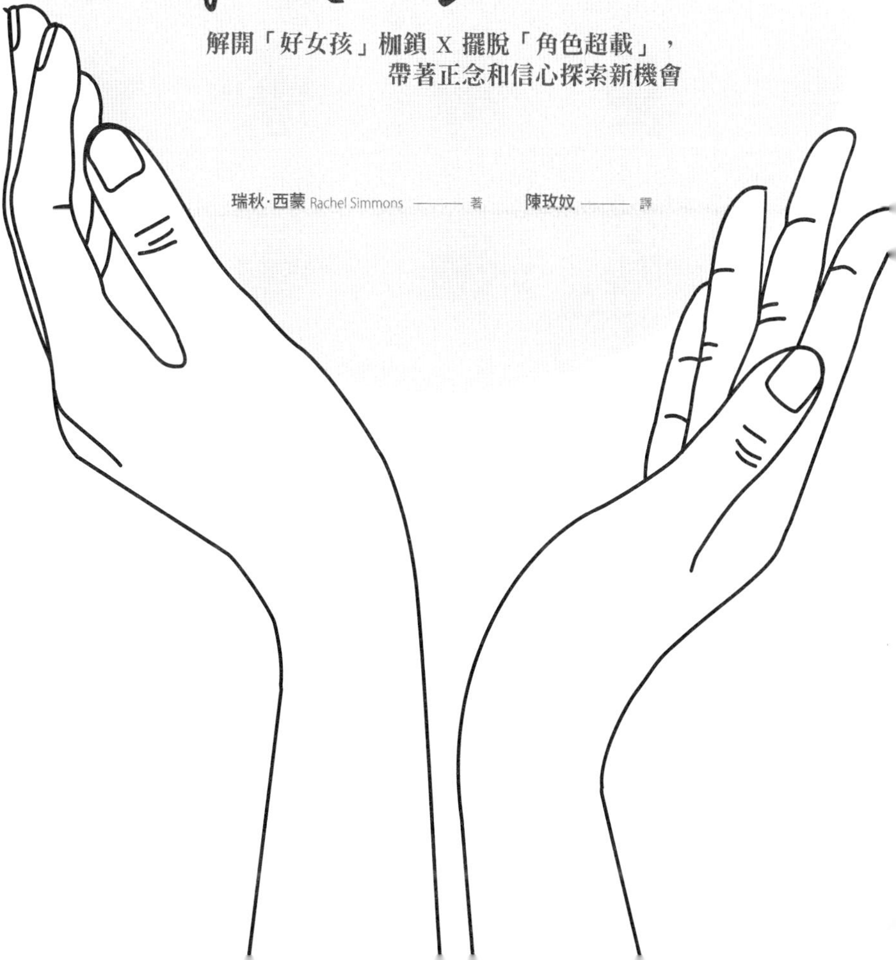

目錄 CONTENTS

CHAPTER 2

女孩與社群媒體：虛擬的第二個轉變

——精心打造線上生活 VS 真實的離線自我

CHAPTER 3

女孩為何愛談肥胖話題？

——找到內在核心，從別人的眼光中掙脫

CHAPTER 4

克服自我懷疑，勇敢踏出舒適圈——打破「固定型心態」，冒有益身心健康的風險

CHAPTER 5

妳不是往壞處想，就是想太多
——「心理跑步機」讓妳焦慮和轉不停的腦袋疲累不堪

CHAPTER 6

將「自我批評」轉化成「自我同情」
——保持正念、善待自己，挖掘內心的勇氣之泉

CHAPTER 7

追求「毫不費力的完美」&祕密展開「壓力奧運會」

勇敢展現妳的脆弱，尋求支持和幫助

CHAPTER 8

離家時刻——青春年少的過渡與掙扎

允許自己踩剎車：轉換跑道或休息一下

CHAPTER 9

從青春期邁向成年，父母的陪伴與支持

以身作則和價值觀確立，引導孩子茁壯成長

CHAPTER 10

如何面對成年世界：大學畢業後的生活
迎接「現實世界」的挑戰，挺身前進！

前言

全球女孩共同面對的挑戰：永遠覺得自己不夠好

今日的女孩享受著前所未有的機會。我們的女兒成年後會進入的這個世界，沒有她們的母親所面臨的限制，也沒有她們的祖母還無力辨識的禁錮。女孩們正在打破「玻璃天花板」，並以手機自拍來改變世界。在過去的二十年裡，我的工作一直是教導女孩、研究她們，與她們一起生活，並傾聽她們的故事。

然而，在所有這些成功的表象下，潛藏著某種極度令人不安的東西。有些女孩對課業焦慮到晚上無法入睡——高一學生不斷去刷新線上評分系統，不時地在精準計算著自己的「學業成績平均點數」（GPA），放學後查一遍，上完體育課後查一遍，晚餐後查一遍，睡醒後再查一遍。

女孩們常在考完試後聚在一起，爭相告訴對方，自己剛剛考得有多爛，因為唱衰自己會使她們感覺好一點；她們也是同一群在拿到A-以下的分數時，會崩潰和傷心欲絕的女孩。

有女孩在上傳了自拍照後，不斷地刷新螢幕，最後卻因為擔心它沒有吸引到足夠的關注，而決定刪除這則動態。有女孩在上課時完全聽不進老師講課的內容，因為她腦袋裡有個碎唸的聲音——懷疑她午餐是否吃得太多，她的大腿貼著椅子會不會看起來太胖。

現在有太多女孩追求成就的動力來自**殘酷的自我批評和對失敗的焦慮。我們正在培養的這個世代的女孩，在履歷上看起來很出色，但在生活中卻經常感到焦慮不堪、壓力沉重**——她們感到無論自己多麼努力，永遠都不夠聰明、成功、漂亮、苗條、受歡迎，在網路上不夠風趣或性感。無論她們累積了多少的成就，都還是覺得自己不夠。

這本書談的是：如何幫助妳的女兒重新定義成功，並在不犧牲自我價值的前提下，以健康的方式追求成功，以及如何在一個通常不健全的世界中，保持健全的身心。

壓力流行病，衝擊女孩的自信

我們的文化正在以不健康的成功定義打擊女孩；我們正在見證一種壓力流行病，這種壓力從內部侵蝕年輕女性的自信。對於她們、她們的學校和她們的家庭來說，這已經悄悄地成為一種心理健康危機，如果我們此時不敲響警鐘，這種危機只會持續惡化。

我們看到許多令人感到震驚的研究數據。珍．特溫格（Jean Twenge）在她的《i世代報告》（*iGen*）一書中引用的「監測未來」（Monitoring the Future）調查顯示，從二〇一二年到二〇一五年，女孩出現抑鬱症狀的情況增加了百分之五十，是男孩的兩倍多。二〇一五年，加州大學洛杉磯分校年度「合作機構研究計畫：新生調查」（Cooperative Institutional Research Program Freshman Survey），其中包括兩百多所大專院校、十五萬名全日制學生的回答，正式寫下大一女學生不快樂程度創歷史新高紀錄。根據這份調查報告，女性和男性表達他們感到沮喪的頻率是偶爾或時常的程度，是過去的兩倍；有兩倍以上的女孩認為，她們「對自己必須做的所有事情感到壓力沉重」。在短短十五年的時間裡，勾選這些選項的女孩人數暴增了百分之二十五。同時，認為自己在同儕中是「最有好勝心」的女孩人數增加了近百分之十五，男孩人數則幾乎沒有改變。二〇一七年，「女力指數」（the Girls' Index）一項針對全美境內一萬二千名五年級至十二年級女孩所進行的調查顯示，在整個中學求學的過程中，自認為「有自信」的女孩人數，下降了超過百分之二十五以上。信心指數在九年級生中到達最低點，並在整個高中時期保持不變。

「成功」對這些女孩來說，並不保證她一定會有好人緣；學業成績平均點數高於四．〇的女孩，最不可能表達自己真正的想法或不同意別人，因為她們希望自己受歡迎。在非營利組織「當自己經驗的主人」（Ruling Our Experiences）麗莎．欣克爾曼（Lisa Hinkelman）博士的帶領下，這項調查顯示出女孩自信程度驟降，同時在渴望改變自己外表的程度上則飆升。

女孩從未像現在這樣成功過，但她們也從未如此掙扎過。**女孩有能力，不等於她們有信心，也不等於她們快樂、有韌性，或感受得到自我價值。**

角色超載&角色衝突，讓女孩陷入掙扎

每年我在全美為數千名年輕女性上課。我的大學定向輔導課程幫助新生轉化高中的生活型態，並過渡到大學生活。身為史密斯學院（Smith College）領導力發展專家，我設計旨在培養女大學生韌性、自我同情和自信心的工作坊。我在學年中大部分的時間都遊走於全美各地的高中和大學，與學生、父母和老師一起工作。我同時擔任紐約休伊特學校（Hewitt School）的駐校學者，我的工作是將我對女孩的研究觀察納入課程設計、學生工作坊和親職教育中。

我厭倦那些吹捧女孩成功故事的頭條新聞，彷彿好成績和上大學就是好生活的標誌。是時候取消所謂「神奇女孩」的神話了——我們允許膚淺的標準影響我們對女孩表現的判斷。當我聽女孩們談論她們如何及為何追求成就，並且，她們為此在身心靈上所付出的代價時，「成功」並非我想到的第一個詞。

長期以來我們都知道，來自低收入家庭的女孩會面臨多重的健康風險，

但最新研究則發現，來自富裕家庭的青少女同樣容易受傷害。住在富裕郊區的高中女孩說，她們抽香菸和大麻幾乎是正常比例的兩倍。與美國任何青少年相比，她們在更多領域中出現適應的問題——從抑鬱、焦慮到身材羞辱——但她們卻繼續鞭策自己追求成就。

女孩為什麼會如此掙扎？**心理學家認為女孩掙扎的主因是「角色超載」——一個人要扮演的角色太多，以及「角色衝突」——當妳需要扮演的角色彼此間的義務相互衝突時。**這兩種情況都證明會引發高度的壓力。

看重「成就」勝過「關係」

在所謂的「女力」（Girl Power）時代，我們還沒能拋棄對女性成功最落伍的標準，並以更進步的標準來取代。相反地，我們將越來越多的期望，加在已經很長的特質清單上，並希望女孩必須通通具備。

杜克大學的蘇珊．羅斯（Susan Roth）寫道：「今日的女性，必須依照傳統上男性的教育和職業標準來取得成功，同時也必須透過傳統上賦予女性

（更不用說母性）的審美標準來取得成功。」女孩必須是神力女超人：有企圖心、聰明、有幹勁、體態優美、漂亮且性感、社交活躍、熱愛運動、善良並受歡迎。正如考特妮．馬丁（Courtney Martin）在《完美的女孩，飢餓的女兒》（*Perfect Girls, Starving Daughters*，暫譯）中所說的那樣，「女孩聽著她們可以成為任何想成為的人長大，但其實她們聽到的是，她們必須成為一切。」

因此，在美國女孩中「一切皆有可能」的心態，已經成為一種心理健康危機。純粹致力在一切事物上給予女孩平等的機會，卻似乎將女孩往恰恰相反的方向推去：兩性在抑鬱、焦慮和信心程度上的差距提高到二位數。

二〇一六年，有史以來第一次，大多數進入大學的新鮮人，將他們的心理健康描述為「低於平均水準」。自二〇一一年以來，認同「我什麼事都做不好」這一說法的青少年人數大幅激增。我們時時刻刻追求成功的文化，促使女孩為了獲得成就而不惜付出一切代價，包括犧牲可以培養自尊和毅力的重要關係。

看重成就勝過看重關係，不僅威脅著女孩的身心健康，而且很諷刺地，也不利於她們追求成功的能力。不斷強調追求成功，反倒會使女孩不願意冒有益身心健康的風險，使她們無法成為一名有創造力、具原創性的學習者。這讓女孩們在必須進行這個階段的發展任務時，失去了勇氣，限制她們去釐清自己是誰，以及什麼是真正重要的能力。

女孩和男孩思想、感受、行為有別

另外還有性別差異的問題，其中有許多問題在青春期都會加劇。加州大學洛杉磯分校的琳達・薩克斯（Linda Sax）將「性別差異」定義為：區分男孩和女孩生活的不同「價值觀、信心、志向和行為模式」。這些差異並非與生俱來，它們主要是社會化的產物：女孩每天接收來自同儕、媒體和家庭非正式的課外學習。這些規範仔細地指導女孩如何行動、打扮和說話。

大量的研究報告顯示，女孩和男孩教養方式的差異，導致女孩在行為、感受，甚至思維方式上與男孩有所不同，並使得青春期對她們而言特別具有挑戰性。

到了六歲時，女孩的焦慮程度是男孩的兩倍；當進入青春期後，女孩出現抑鬱症狀的可能性是她哥哥的兩倍。女孩比男性同儕更容易感受到壓力。她的睡眠會減少；她的自尊心在各方面都會降低——運動、外表和自我滿意度，而這只是其中的幾個例子。

女孩會抑鬱的部分原因是，她對自己的一言一行過度思考（「我應該在課堂上說那個嗎？」「她在生我的氣嗎？」），這會使她的動機失焦，並限制她解決問題的能力。另一部分原因是自我批評，因為女孩更容易回頭檢視自己。還有部分原因是羞恥，她們難以擺脫「自己不值得」的感受，一種在青春期出現並伴隨她進入成年期的感受。到了青春期末期，女孩的「自我同情」程度在所有的年輕族群中是最低的。

在此期間，女孩的身體會發生一些變化，可能會使她感到不自在並自我批評。相對於青春期男孩將獲得高密度肌肉質量和低體脂肪——一種文化要求青少年擁有的理想體態——一個女孩則會平均獲得十八公斤的體脂肪。她會無法控制地與纖瘦的理想漸行漸遠——一個幾乎她身邊的人都會要求她實現的目標。她將自我物化或對身體過度監控（「我看起來還好嗎？看看我肚子上的肥肉！」），這與飲食失調、抑鬱、身材羞辱、學習困難、人際關係受損，甚至是減少學校公共事務的參與都有關。

如果女孩來自富裕家庭，她對自己身體的不滿程度將會高於同儕三個標準差，這是一個不尋常的差數，她將更可能有抑鬱、焦慮、攻擊行為和不良行為的問題。

女孩的嫉妒心在所有年輕族群中也是最強的，研究人員推測，這是被一種「總是無法達到完美而感到沮喪」的情緒所引發。研究人員認為這些發現「特別令人不安」。

當女孩拿起手機時，更有可能造訪Instagram或Snapchat這類視覺化的社群平台，在那裡，她會感受到壓力，必須以一連串精心修飾的影片和照片，建構自己體態完美、社交活躍的數位生活。

如果她被認定是高成就者，將更容易把即使是小小的失敗，視為她不夠聰明的標誌。這種心態將促使她避免去冒健康的風險，把挫折災難化，甚至會作弊。隨著她提升的學業成績平均點數和越來越豐富的履歷，她將更容易患上「冒牌者症候群」（Imposter Syndrome），認為自己是個冒牌貨，正等著被發現。

當她進入大學時，她在所有的智力測驗上幾乎都低於男性（儘管在實際能力上並沒有任何可測量到的差異）。在整個大學階段，與男性同儕相比，她的運動量變少了，並更常尋求諮商輔導。在大學裡，她四個女性朋友中就有一個會受到性侵犯。

此外，當她走上畢業典禮舞台領取畢業證書時，她可能不如在她身後排隊的男同學那般有自信，甚至可能不如她剛上大學時那麼自信。

二〇一二年，由波士頓學院所公布的一份數據顯示，女學生畢業時的信心指數比剛進大學時來得低，而男學生則變得更加自信。焦點小組告訴學校行政人員，重視外表的壓力、約炮文化和住宿抽籤（為了搞小圈圈，女孩容易變成像《辣妹過招》（*Mean Girls*）電影中壞心眼的女孩，想辦法將抽到套房的女孩趕走）都是可歸咎的原因。毫不意外地，學校行政人員對此一發現表示震驚，「這不符合」他們在教室和校園裡看到的「自信女孩」的經驗。

青春期女孩「失聲」隱藏自己

我們早就知道，隨著女孩進入青春期，她們的自尊心會降低——心理學家稱此為全球性的「失聲」，一個通常在青春期前就會出現的嚴重現象。作為小女孩，她們可能好勝、活潑、霸道且固執，但隨著她們越來越意識到身為年輕女性的不成文規定，這些曾經激烈的聲音變得溫馴甚至無聲。她們學會當個「好女孩」的含義：取悅他人、「善良」並遵守規則。在教室裡，「我認為」會被猶豫的「我不確定我說的是否正確」取代。「哦，是的！」會變成一聲平淡的「我猜」；「我想要那個」變成了「我不知道」。曾經喜歡跳躍和雙腿跨坐的身體，現在則被乖乖放好。

為了受到他人的喜愛，她們學會隱藏自己強烈和真實的感受，例如憤怒或失望。對人友善、多微笑，留住妳的朋友；用「失聲」來換取人際關係。就像一九九〇年代諸如《拯救奧菲莉亞》（*Reviving Ophelia*）和《在十字路口見面》（*Meeting at the Crossroads*）之類的書所說的，結果是女孩們失去了信心，並且為了追求完美而付出更多的努力。

「好女孩」枷鎖阻礙潛力發揮

在我大部分的職涯生活中，我確信這就是阻礙女孩發揮潛力的原因。如果女孩能夠解除內在那道「好女孩」的枷鎖——如果她們可以發表意見、展現自我並參與決策，一切都會變好。我在二〇〇九年出版的《好女孩的詛咒》（*The Curse of the Good Girl*，暫譯）中寫道：「為女孩打開大門還不夠，我們必須讓她們有信心跨過去。」

但是現在我改變主意了。告訴女孩她們需要加強自信，是在暗示她們必須再做修補、努力和改善。同樣地，說女孩因為「太追求完美」而受苦——我在研究本書時不斷聽到這樣的評論，不僅來自成年人，也來自女孩本身——卻是一個過於簡單的藉口，讓女孩以外的所有人都擺脫了責任。這兩種都是會令女孩感覺自己有問題的態度，我逐漸意識到，其實是我們的文化本身出了很多問題。在過去十年中，社群媒體興起、「大學申請狂熱」的出現，以及越來越殘酷的瘦身壓力，以近乎懲罰的方式，讓女孩追求成功的規則變得更嚴格。作為一名教育者和研究員，我看著每一種文化力量都在向女孩傳遞一連串有害的訊息，衝擊她們獨特心理狀態中最脆弱的部分，並損害她們自信和真實自我的發展。

現在，女孩們正在進行一種全新但同樣有害的交易，特別是那些擁有學校教育、家庭教育和其他所需資源，幫助她進入四年制大學的女孩。如果她們曾經犧牲自己的真實想法和感受來換取人際關係，現在她們會犧牲與同儕好友的緊密聯繫，來追求贏過她們的快感。她們放棄自己的好奇心和真正的興趣，以換取狹義且偏重外部成就的成功標誌。她們了解到自己的成就必須看來毫不費力且信手拈來，需要幫助就表示無能；同儕是她們的競爭者；成功意味著在每個領域都出類拔萃。如果女孩曾在進入青春期時聽過，「這就是當個『好女孩』的意思」，那麼現在她們也被告知，「這就是妳成為『超級女孩』的方式」。「超級女孩」是新的標準：少了一點就什麼都不是了。

「追求表現的壓力」影響人際關係

二〇一四年，哈佛大學的「讓關懷成為常態」（Making Caring Common）

計畫，要求一萬名美國中學生和高中生，對他們認為最重要的價值觀進行排名。超過百分之八十的人選擇了高成就或個人幸福，只有百分之二十的人選擇關照他人。學生將自我利益置於公平之上。這項研究揭示了「個人主義」倫理觀在美國家庭中日益增長的影響，這種倫理觀看重往上爬、獨立性和外部的成功標誌，並將物質財富與幸福感聯繫在一起。

「關係」對於健康發展並非可有可無，而是其重要的基礎。**與同儕好友和成年人之間親密、真誠的關係，會賦予女孩嘗試新事物、表達自己並面對失敗的勇氣**。五十年來，我們都知道女孩自我認同的發展與其擁有的關係密切相關；她們會透過與他人的關係來發展自己的價值觀、目標和自我價值。這主要與女孩社會化的方式有關：幾乎從女孩誕生的那一刻起，她們就在學習照顧他人，並十分依賴他人的回饋。

但是，新的成功法則卻讓女孩為了追求一種難以捉摸的理想成就，而切斷對她們來說最滋養的關係。一名女孩因為擔心競爭，而不願意告訴她的好友自己正在申請哪一所大學；另一名女孩為了在圖書館裡花更多時間學習，一再錯過吃飯時間；還有女孩離家千里，藉由上「名牌」大學來取悅父母。

每個女孩都更看重企圖心勝過與人連結，並且，每個女孩都放棄一條通往幸福的重要渠道。

二〇一六年，研究人員在兩所女子高中裡，研究因壓力和緊張的同儕關係而感到不堪負荷的學生，並將女孩的「缺乏幸福感」歸咎於一個「普遍的信念」，亦即職業地位和經濟收入會帶來幸福——女孩們從父母和媒體那裡接收到這些訊息。這些心理學家寫道，**正是「追求表現的強烈壓力」在威脅著女孩發展關係的能力，這些關係可以提供她們有意義的社會支持**。

傳統心理學告訴我們，孩子在青春期的目標是離開父母，並證明他們可以獨立生活。但是我和其他人的研究對這個假設提出質疑。青少年——尤其是青少女——在與他人保持連結時會最有韌性。女孩自己也同意這個觀點：二〇一二年，一份針對此一主題全面進行的文獻回顧發現，「對女孩而言，保持與同儕朋友的關係的需求，比透過勝利來獲得成功更重要。」

青少年不讓大人干涉他們的想法是不正確的。二〇一四年，在我協助非營利組織「女孩領導力」（Girls Leadership）設計的一份研究中發現，有百分之七十七的高中女生表示，她們在追求目標時，首先會尋求母親的建議；

百分之八十六的女孩說，父母比朋友更能幫助她們表現勇氣。其他研究發現，即使大學生追求更多的自主性，他們仍會繼續尋求對自己來說最重要的成年人的贊同與認可。

這些觀點是「關係文化理論」（Relational-Cultural Theory）的核心。「關係文化理論」首先由心理學家珍・貝克・密勒（Jean Baker Miller）和艾琳・斯蒂弗（Irene Stiver）進行定義。**「關係文化理論」認為，所有人都是透過最重要的關係來成長，而不是與這些關係分離**。促進成長的關係幫助我們真實地面對自己的思想和感受，讓我們感覺有能力處理衝突或應對變化。這些關係還會增強自我價值感；這一切都在幫助我們成為一名成熟的成年人。「關係文化理論」認為，與他人分離並非一種進步，疏離本身才是造成人類痛苦的主因。

然而，在過去的十年中，媒體對女孩的報導告訴我們的情況卻恰恰相反：最精明的年輕女性避免在關係中承諾，以便追求成功。賓夕法尼亞大學的一位女學生向《紐約時報》提到，年紀輕輕就嫁人，「不是缺乏企圖心的證據，就是一個不幸的錯誤，會阻礙一個女人的職業發展」。漢娜・羅辛

（Hanna Rosin）在《男人的終結》（*The End of Men*，暫譯）一書中指出，大學約炮文化中交易性的性行為，是女孩對過度安排生活做出的精明回應，這種文化賦予她工作選擇的彈性，同時又不強迫她對特定的人承諾。在這些故事中，人際關係反而成了女孩在追求目標時的干擾。

實際情況正好相反。**追求抱負的壓力，正在使女孩疏離她為了實現目標所需要的人際關係**。在二〇一四年一項全美的調查中，自有紀錄以來，青少年第一次出現比大人承受更大的壓力；美國心理學會（American Psychological Association）發現，有百分之十七的青少年因為壓力而取消社交計畫。在二〇〇〇年至二〇一五年間，每天與朋友見面的青少年人數，幾乎暴跌了百分之四十以上，女孩社交自信心下降的速度是男孩的兩倍。加州大學洛杉磯分校在二〇一五年的新生調查中發現，大一新生每週與朋友進行社交活動的時間超過十六個小時的比例，在短短十年間就掉了將近一半，僅為百分之十八。女性更有可能說自己與朋友相處的時間變少了。

社群媒體是罪魁禍首。研究世代趨勢的心理學家珍．特溫格發現，每天造訪社交網站而較少和朋友親自見面的青少年，最有可能同意以下的說法：

「我在很多時候感到孤單」，「我常常覺得自己被人忽略」和「我經常希望自己有更多好朋友」。她表示，自二〇一三年以來，青少年的孤獨感一直在穩步上升，如今已達到歷史新高。

「自我貶低」是女孩的一張面具

學習當一名女孩，是一個歷時多年的過程。有位小學校長曾這樣對我說：「如果妳問屋子裡一群小一女生，『誰是這個班上最會跑步的人？』每個人都會把手舉起來說，『我最會跑步！』」她繼續說道，「但是，如果妳對一群小五的女孩問同樣的問題，她們則會用手指向最佳跑者。妳向一群九年級的女孩問同樣的問題，她們可能會保持沉默；或者，如果女孩們指出那位最佳跑者，她可能會勉強微笑地否認，並把頭低下，或是說：『不，我沒有那麼好。』」

克萊兒・梅蘇德（Claire Messud）在她的小說《樓上的女人》（*The Woman Upstairs*）中寫道，當一名青少女，就是「永遠不要讓人發現妳感到驕傲，或是妳知道自己比別人擅長歷史、生物或法語……妳在任何時候盡可能地自我貶低，這樣別人不會感到受威脅，所以他們會喜歡妳……妳將學著以一種非常禮貌的方式說話，讓人無法真正看清妳。」這些慢慢影響小女孩的變化是微妙且深刻的。梅蘇德寫道，「妳甚至都不會意識到它，當妳如此精心製作妳的面具時，它會緊緊地貼合妳的皮膚，讓它變得幾乎無法摘除。」

正視性別差異，有意識地給予支持

我們當中有許多人在談論到男女之間的差異時會感到不自在，然而，談論性別差異並非一無是處。幾千年來，人們認為「女人和女孩就是不一樣」的信念，印證了她們的退化及不平等待遇是合理的。部分基於這個原因，近來在法律上為實現性別平等所做的努力，強調女性與男性是相同的，兩性應該受到平等的對待。

提倡注意性別之間的差異，也會使它們看起來比實際的更大。總括來說，男女之間相似的地方多於不同。強調差異可能會強化具破壞性的刻板印象，使女性躊躇不前，並扭曲公眾輿論對女性潛力的看法。

但是，如果妳正在養育或教導一名青少女，妳會知道她和她的兄弟有所不同。我在這本書中提出，**忽視性別差異，會讓我們忽略女孩在這個動盪不安的發展階段裡，如何以特殊的方式在掙扎，並錯失支持她們最有效的策略。**

我反對「差異」意味著女孩比較沒能力的觀點。但是我認為，她們和她們的父母須擁有特殊的知識、支持和意識，來幫助她們度過二十一世紀青春期的挑戰並進入成年期。為了在此一時期好好撫養和教導女孩，我們需要不同形態的成績單，來評量她們的健康和潛能。

提供「語言」和「策略」，幫助女孩自信成長

妳從本書中將能學到兩件事。

首先是**語言**。女孩在面對許多事情都是難以言說，但她們卻深有所感。因為找不到適當的言語描述自己的經驗，她們會以為自己是孤獨的；更糟的是，她們可能還會認為這是自己的錯。然而，當你知道發生了什麼事，以

及它意味著什麼時，這就會改變你。以過度思考為例。當我告訴女孩這是什麼，為什麼會發生，以及該怎麼做時，她們明顯鬆了一口氣。她們意識到，有這些執迷的想法並不表示她們瘋了；它有一個名稱，妳可以做些什麼來加以控制。突然間，改變是有可能的。

其次，本書將為你提供可以立即嘗試的**策略**。我的首要角色是一名教育者。我的熱情是將研究成果轉化為技能培養課程，幫助人們改變思維和行為模式。我希望你將每個章節想像成一個你和我一起參加的工作坊。這本書包含了我在「女孩和自信」的主題上將近十年的研究和教學成果。這也是我成為一個女孩的母親後，所寫的第一本書。

身為父母，是記者珍妮佛．希尼爾（Jennifer Senior）所說的「很有樂趣，但不快樂」的一種實踐：有意義的時刻，在無止境的日常瑣碎中顯得相形失色，而母親則不成比例地承受這種負擔。蘇妮雅．盧薩（Suniya Luthar）和露西亞．西西歐拉（Lucia Ciciolla）在二〇一六年所進行的一項研究中發現，**在孩子從嬰兒到成年的不同階段中，母親的幸福感和對生活的滿意度，特別是在孩子上中學後的青春期，達到最低點**。

女孩並非唯一一個與自我價值鬥爭的人。儘管我們花了很多時間去教養孩子——在過去的二十年中，父母雙方投入教養的時間都大幅增加——但我們作為父母的信心卻降到最低。我歸咎於三種有害的文化訊息，使我們質疑自己的直覺：

①你可以完全控制孩子的發展；如果沒有，那你肯定是做錯了什麼。

別管遺傳學了，你所要做的就是閱讀正確的書籍，參加一些講座，並仔細閱讀親職教養的部落格。如果你很聰明且夠認真，你應該有辦法把孩子塑造成迷你版的超人。現今一堆教養專家（是的，我也有罪）的蓬勃興起，似乎暗示著，他們知道一些父母不知道的答案，因此在這個過程中，父母與生俱來的自信和權威被徹底地摧毀。正如潔西卡·雷希（Jessica Lahey）在《每一次挫折，都是成功的練習：失敗是給孩子最珍貴的禮物》（*The Gift of Failure*）中所寫的那樣，養育子女已經從每個人類都有的一種本能，轉變成一項必須「研究和學習的技能」。

②身為父母，你永遠做不到或做不夠。

儘管有人告訴我們，我們無所不能，但或許正因為如此，我們一直被擔心自己不夠好的恐懼所困擾。這種不安全感迫使我們與他人競爭，並暗自將同齡人的缺點視為印證自身優勢的標誌，反之亦然。雷希寫道，這也促使我們成為「一直存在、一直幫忙、一直提醒、一直拯救」的父母。

③孩子的成功或失敗定義了你。

你很難不隨著孩子的起起落落感同身受，任何告訴你別在意的人可能都不是父母。只要孩子活著的一天，我們大多數人就會將自己大部分的精力、資源和心血，傾注在他們身上。但到了某一刻，這會演變成一種對父母的靈魂極具破壞性的世界觀：「隨著孩子成長，我身為父母和作為一個人的價值也隨之失去」。這個迷思驅使我們介入孩子日常生活的各個面向。雷希說，這也促使我們將孩子安全、成功或快樂的時刻解釋為：「我們教養成功的確切證據。」

要成為更好的父母，你必須接受一個事實，亦即總是存在著你無法控制的因素。儘管你可能在最低潮的時刻會這麼擔心，但你都不應該是那個唯一需要為女兒的掙扎負責的人。這就是為什麼本書第一部分專門介紹文化中有哪些改變，以及為何這些變化加劇了女孩所面對的挑戰。

九十六個女孩為青春發聲，由內而外探索自我

在進行這項研究計畫時，我提出了兩個問題：

- 是什麼讓女孩逐漸流失自我意識？
- 在面對挑戰時，是什麼在支持女孩？

我開始把這項工作想像成我正在設計一份「食譜」（恰好我最近也對烹飪燃起了熱情）。我想挑出信心的「食材」；本書就是那份食譜，每一章都是其中的食材。我發現，要成功「煮出一個女孩」，你必須清楚哪些是對她

不利的力量，以及她需要什麼來變得堅強。每一章都從列出你的女兒在某個領域可能面臨的挑戰開始，然後逐步指引你如何帶領她克服挑戰。

在這本書中，我採訪了九十六個女孩，她們的年齡幾乎介於十五到二十四歲之間——一段從青春期到成年期完整的發展過程，也因此，我統稱她們為「女孩」。絕大多數的女孩出身於中產階級的家庭，並來自菁英學校。我的一名受訪者是「生理女性」，長大後自我認同為「非二元性別」。這些對話大多是以一對一的方式進行。大部分的學生來自美國東北部的三所大學：一所小型且供宿的菁英大學、一所主要為非寄宿的大學，還有一所是大型的州立大學，其中兩所學校是女子大學。透過同事和我自己的拜訪，我們訪談的高中生大多數來自東北部，她們就讀的是男女同校的公立和私立高中。我們對大學畢業後學生的訪談方式也採取一對一的形式。此外，我還採訪了四十多位成年人：父母、研究人員、大學和高中行政人員，以及學校心理輔導師。我採訪的女孩中，有三分之一為有色人種——為了便於閱讀，我只在女孩訪談時提到自己的種族，並與她們說的故事有關聯時，才會特別指出。為了保護其隱私，我更改了她們的名字。

如同我寫的任何一本書，引導我的是女孩的聲音（同樣地，為了便於閱讀，當女孩說話時大量使用「像是」這類虛詞時，我會適度地刪除）。在我寫這本書的兩年中，她們在Snapchat和Instagram上，在我的辦公室裡，在她們的宿舍和美食廣場，透過電子郵件、視訊聊天和文字，與我對話。她們告訴我——我什麼時候錯了，什麼時候我的聲音會浮現在她們的腦海中。這些聲音幫助我了解，教女孩表達意見和負責的技能，只是我們幫助她們成功的一小部分。所謂「美好生活」，並非是要做到和完成更多的事情，也不是只能靠自己。**我們必須付出同等的心力教導女孩「自我同情」和「正念」的技能，幫助她們緩解自己愛過度思考和將事情災難化的傾向，並培養健康的心態面對失敗**。我們須幫助她們勇於對有害的文化訊息說不，並提醒她們，成功不僅僅是「大學學歷」加上過濾後的「Instagram動態消息」的總和。我們不僅須幫助女孩挺身前進，還要幫助女孩向內探索。

不管女孩可能從父母和學校那裡聽到和學到什麼，收入和學業成就都無法決定她們的幸福和生活滿意度。追求物質同樣也是。不論收入高低，純粹專注在這些外在的追求上，會給人帶來較低的生活滿意度。情緒健康最為重要。我希望女孩能優先考慮自我照顧，培養對她們來說最重要的關係，並懂得在追求成功時尋求幫助。

成功本身對女孩來說不是問題，問題在於她們被期待去追求成功的方式：她們相信自己必須遵循的規則，在成功和失敗時對自己抱持的信念，以及她們由此形塑出來的習慣和價值觀。當女孩進入成年初期，這些思想和行為的習慣正在慢慢地確立：在她們開始第一份工作和擔任第一個領導職位時；在她們從事可以探索自己是誰、想要成為什麼的工作時；在她們學著如何當個大人時。她們在這些成長期學到的東西，可能會伴隨終身，因此，這段青春期晚期正好是我們可以幫助她們養成更健康且可持續一生的習慣的好時刻。

女孩可以在不犧牲自己的情況下成功。我們需要提供一些方法來幫助她們發展強烈的自我意識，讓她們能信念堅定地說：「我現在就夠好了！」如果我們能成功地做到這一點，女孩的生活將能迎接更好的改變。

CHAPTER 1

放下「絕對優秀」的念頭

每個女孩都需要一張「失敗證書」

妳必須比其他人更好，甚至包括妳自己。

——艾莉森，十七歲

在追求卓越的競爭中，扭轉六種負面訊息

從她們年紀大到足以理解什麼叫做「大學」的那一刻起，中產階級家庭的孩子就開始進入一種我稱之為「大學申請產業複合體」（College Application Industrial Complex）的有害系統中，其中有著焦慮的父母，不斷瘋狂查詢線上評分系統、大學入學諮詢，並存在一種「如果我的『學術水準測驗考試』（SAT）考砸了，我的生活就完蛋了」的恐懼心態。這個產業複合體要求學生在每個方面都表現出色，以此將自己打造成值得大學錄取的完美標本。

這是一場充滿艱辛的競賽，而目標只有一個：最好在甄試入學階段就被頂尖的大學或學院錄取。在這個系統中，任何不夠精彩的事情感覺起來都像是一場災難。在最有企圖心的住宅區中，會出現像電影《飢餓遊戲》一般的心態，學生（及其父母）會將同儕的成功視為對自己的威脅。賭注高得令人難以置信；這些高標準似乎在建議，如果你在十七歲之前還沒發現一顆新的星球或找到某種絕症的解藥，你不僅不卓越，而是很平庸。即使是中學生，

也開始感覺自己的生活只為了特定的某一天在過——當他們聽到自己申請的大學說「是」或「否」的那一天。

從表面看來，女孩似乎是這個競技場的冠軍。然而，在我過去十年來與女孩、家長和老師的互動中，我看到了非常不同的東西。大學申請的過程，使得女孩原本脆弱之處更加脆弱：**害怕失敗、自信心低落和渴望取悅他人**。對大學錄取結果的焦慮，不斷在傷害女孩脆弱的心理，削弱她們在青春期及之後成長所需的優勢。本章將探討「大學入學狂躁症」如何以特殊的方式傷害女孩，以及如何避免女孩遭受其中最有毒的元素所侵害。

史丹佛大學教授卡蘿·杜維克（Carol Dweck）說：「如果人生是一所漫長的小學，那麼女孩將統治世界。」她的意思是，學校提供了一種有秩序、以規則為基礎的環境，女孩善於在其中茁壯成長：一個在輪到妳說話前要等待、得到正確答案時會受到稱讚、保持整潔的筆記本，並按時繳交作業的教室。這可能是女大學生的人數多於男大學生，以及她們的成績也比較優異的原因。問題在於，這些行為經常反過來傷害女孩——需要把所有事情都做到正確無誤，會導致嚴重的完美主義、對失敗的恐懼，以及在面對挑戰時缺乏韌性。

「大學入學狂躁症」正好利用了女孩的這些特質。她們在申請過程中所學到的事物，會在她們的動機、使命感和自我價值上留下持久的印記。女孩帶著高中生活的思維和行為模式來到我在學校的辦公室，這些模式跟著她們進入大學，甚至在大學畢業後繼續使她們痛苦不堪。

我花了近十年的時間，教導年輕女性拒絕接受這個產業複合體中最具破壞性的訊息，將在此與你分享。請注意：對此，許多女孩在回應時會出現一點健康的憤世嫉俗的情緒（「這就是我必須玩的遊戲啊！」），或是在對話時跟你挑釁地回嘴（「哦，你這麼說是不希望我進入一所好大學囉？」）。我不怪她們。這是一種自衛形式。

但是，請你繼續與女兒保持溝通；即使她不同意，她仍然在聽。當我與全國各地的父母談論如何在「大學申請產業複合體」中支持女兒時，我會告訴他們，最重要的是：你是女兒與其所接收的訊息之間最牢靠的過濾網。她的學校無法捍衛她們，她的同儕也不會捍衛她們，你的聲音可能是她唯一能聽到的理性聲音。蘇妮雅．盧薩敦促父母保護孩子免受「大學申請產業複合體」的傷害，就像住在相對窮困的內城區的父母努力保護孩子免受幫派暴力一樣。

告訴女孩無論如何她都會進入一所好大學，無論她去到哪裡都會很開心（儘管這兩件事可能都是事實）還不夠，女孩們想知道你明白造成她們壓力的根本原因，並且願意在這些問題上幫助她們。

訊息1 **樣樣都要表現出色**

結果⬇ **導致受損的自信和持續的焦慮**

不斷追求卓越的壓力，將不可避免地使你的女兒感覺自己不夠好。她永遠不會嘗到衝過終點線的滿足感，因為總有另一場比賽要跑；她也沒辦法停下來喘息一下欣賞風景。她接收到的訊息經常是一種安慰，但同時也是警告，那就是其他人都更努力。即便妳有一份實際上很完美的履歷，但能否被理想的大學錄取，仍是不確定、困惑且可能令人難過的——競爭從未如此激烈，對手從未如此具有威脅性。

一位高中生冷靜地這麼對我說：「妳必須比其他人更好，甚至包括妳自己。」過不了多久，「我做得不夠」的感覺，很快就變成「我不夠好」這個深植的信念。「我總是在批評自己，」十六歲的麗貝卡告訴我，「我的腦海裡有這樣一個小聲音——妳這個可以做得更好，妳那個可以做得更好。這樣的念頭對我的傷害很大。」

當妳從「不足」的立場出發，妳不會對自己所擁有的心存感激。十六歲的莉莉告訴我：「我不會滿足於我當下擁有的成功，因為我總是在追求其他的東西。如果我總是對自己這麼嚴苛，總是逼自己追求更好，我如何享受當下的成就呢？」

儘管問題的答案對你來說似乎很明顯，但是你的女兒需要聽到你對她說，沒有一個心智健全的人能在她所做的每件事上都表現出色，而這也不是她們需要做到的。她在其中將一切做得完美的生活，對她來說是一種幸福健康的生活嗎？引導她們將心力放在追求完美的祭壇上所犧牲的事物：自我價值、好奇心、探索精神、嗜好、睡眠。鼓勵女兒挑戰強加在她身上的標準，讓她知道你拒絕了這些標準。

和女兒一起反思你們家庭的價值觀。現在是時候談論你們家庭會如何面對這些「大問題」：哪個更重要——超越他人或在工作中找到意義？你的家人如何定義「成功」？擁有美好的生活意味著什麼？美好生活包括全家人共度的時光嗎？信仰？社會服務？終身學習？旅行歷險？文化活動？培養關係？以讀書為重心的生活，可以使女兒擁有完美的「學業成績平均點數」，以及一份忙碌的時間表，可以使她進入自己理想的大學，但這得付出什麼代價？相對於女兒在外面接收到的訊息，現在是時候討論你們自家的看法。

每天早晨在早餐桌上，或每當你們有固定的時間在一起時，**試著進行家庭的感恩練習**。它可以很簡單：「今天，我很感謝太陽出來了。」「我很感謝我很健康。」「我很感謝今晚能見到我最好的朋友。」如果你們不在一起，那就向她發送簡訊或透過電話傳達。提醒她自己所擁有的，那有助於她減輕對自己所缺乏的東西的渴望。

訊息2 避免冒沒把握的險，尤其在可能失敗的事情上

結果↓ 降低好奇心、探索力和進行有益身心的冒險

我訪問的女孩告訴我，高中是妳必須在妳已經擅長的領域表現得更出色的時候。這不是妳問新問題的時候；嘗試新的活動，可能會讓妳在大學招生委員會的委員面前看起來像個外行人。

「到了九年級，妳生命中可以嘗試的階段就結束了，」十六歲的艾米麗告訴我，語氣中沒有絲毫諷刺的意味。「妳必須知道自己想做什麼，因為一旦妳進入高中，妳的年紀就太大了，沒辦法再展開任何新的嘗試。」

相反地，當她們從事一項新的活動時，許多學生會問的唯一問題是：「這對我的大學申請有幫助嗎？」諸如「我真的想研究這個嗎？」和「我對此感興趣嗎？」之類的問題變得無關緊要。**這是一個女孩應該探索、傾聽她逐步發展的興趣，並冒險找出自己是誰的時刻**。但是在「大學申請產業複合體」中，她聽到的是相反的聲音：**打安全牌、專精、犧牲妳喜歡做的事，以換**

取看起來不錯且感覺安全的事物。

這個代價是，女孩對冒點有益身心健康的風險的興趣大幅降低。冒險的能力——嘗試可能會失敗的事情，並面對無法預知的結果，以此向自己證明自己比想像中的還要堅強和勇敢——是自信的核心要素。它也是一塊肌肉，當女孩停止冒險時，這塊肌肉就萎縮了，她的自信也是。

女孩比較容易避開對身心有益的風險；在這個領域裡的性別差異非常明顯。詹姆斯．伯恩斯（James Byrnes）及其研究同僚，針對一百五十項研究報告進行了後設分析，發現男性幾乎在每個活動類別中都更願意冒險。兩性差異最大和最明顯之處，是智力上的冒險。

漢娜在高中時是一名充滿熱情的行動主義者。她喜歡她的創意寫作工作和在地的實習。她告訴我：「但是我一直有不能搞砸的壓力，要盡我所能，在自己喜歡的事情上做到完美，這讓我不再專注探索和樂在其中。」

這個「大學申請產業複合體」的確會把學校變成只是一個為了達到目標的手段。

艾莉森是一名十七歲的高中生，就讀紐約一所公立高中，她正在等待常春藤盟校甄試入學的錄取結果。她的課業成績很優秀，但她感覺自己為了上大學，沒辦法再花什麼時間投入其他的學習。她無法上自己真正想上的課──如木工課和詩歌創作；她做的犧牲令她感覺痛苦。她生氣地告訴我：「如果我進不了一流的大學，我會想『那我做這些是為了什麼？』，如果不是為了進一所好大學，這一切都沒有意義。」這整個過程讓她感到「難過和可悲」。

當我問她，大學是否可以成為她追求自己真正關心的事物的地方時，她淡淡地笑了笑。她告訴我：「我想學我真正想學的東西，但事實上，這就像妳為了上好國中，就必須在小學階段取得好成績；為了上好高中，就必須在國中階段取得好成績；為了上好大學，就必須在高中階段取得好成績一樣。如果妳在大學裡表現出色，妳就可以找到一份好工作，可以賺很多錢，然後可以撫養孩子，讓他們在小學階段表現出色。然後當我退休時，我就可以好好享受生活。」

這不是一個簡單的對話。畢竟，女孩會擔心她申請大學的履歷看起來如何是很正常的事。但是**她生活中所謂的「應該」和「必須」，需要與她真正關心的追求保持平衡。對外在表現的執著，不能支配她的生活，否則將使她在學習和生活中失去快樂。**

問問你的女兒，她是否感受到要選擇成功而不是挑戰的壓力。如果她有勇氣說「是」，請給予同理。她可能只會在「大學申請產業複合體」中做她認為在取得成功上需要做的事情。你必須不斷地問她問題：她上這門課是因為她真的很喜歡，還是因為她認為自己應該上？比起上理想的大學或取得好成績，她在生活中更重視的東西是什麼？

大學的招生委員越來越不喜歡帶有半吊子味道的履歷。「任何孩子都不應該有一份六頁的履歷——這對我們來說，並不令人印象深刻。」史密斯學院的黛布拉・雪佛（Debra Shaver）告訴我。看似豐富的暑期經歷，很少讓她或其他招生委員感到驚艷。「**我們看孩子是否真的對某件事投入**。我喜歡三年擔任『舞蹈教室清理委員會』主席的孩子。」她說，「我喜歡有打工經驗的孩子。」

二〇一六年，哈佛大學的「讓關懷成為常態」計畫為了重新建立大學的錄取流程，發起了一項為期兩年的倡議。「扭轉趨勢」（Turning the Tide）計畫已經獲得來自全美各地一百多位校長（包括耶魯大學、麻省理工學院和凱尼恩學院）的支持，願意擴大他們學校的錄取標準，優先考慮申請者的社會參與，以減少學生過度看重外部成就的傾向。

如果沒有上大學的壓力，女孩將如何安排自己的時間？你們在這類對話中對「成功」重新進行定義，目的並非為了完全改變女孩的行為模式或學習經歷，而是為了讓她花時間思考自己真正關心的事情，並確認你們家庭的價值觀。

如果她認為父母是「偽善者」怎麼辦？當你們如此強力地敦促她為了上大學努力時，怎麼還能告訴她去冒險呢？答案是，兩者都正確：**你們可以希望她按照社會的標準獲得成功，並談論其中與你們的價值觀有所違背之處。**這不是非此即彼的選擇：她既不是「大學申請產業複合體」的奴隸，也並非要當一個激進的異類。**她可以保持靈活的態度：她想要如何，以及何時退讓或反擊，都取決於她自己。**

身為父母的工作將是引導對話，並在不認同她的看法時，偶爾閉上嘴巴。你們可以輕鬆地支持她的某些選擇，並努力找到互相尊重的方式。作為父母，你們有權利改變自己的做法。也許你們意識到自己對女兒逼得太緊了，甚至讓自己成為「大學申請產業複合體」的傳聲筒，都可以對女兒坦白地這麼說。如果父母能這麼做，她會更加尊重和信任你們。你們可以將對抗「大學申請產業複合體」的壓力視為一段你們共同展開的旅程，因為你們對自我價值的定義，將會幫助彼此更健康、更完整。

鼓勵她冒險。如果她因為感興趣而願意嘗試困難的課程，就讓她放手一試。當我的學生面臨挑戰並擔心自己表現不好時，我會問她們：「從這種情況中，妳至少能得到什麼樣的收穫？」當然，我知道她們想在考試中拿到A，或取得任何形式的成功。但是她們從這次的經歷中，至少可以得到些什麼：是學習到新的東西嗎？提升考試的能力嗎？你可以跟女兒一起進行這樣的對話。如果她可以找到達成目標以外的價值，那麼在無法實現目標時，她就能以更堅強的態度面對。

最重要的是，**保持耐心**。關於大學錄取，父母很容易陷入狹窄視野，並將這個目標放在女兒一切生活計畫的核心——你們需要抵抗這個誘惑。短期的選擇會產生長期的後果。以表現得優不優秀的角度來衡量每個決定，會讓女孩過上狹隘的生活，並可能在日後承受痛苦的後果。

十九歲的凱西參加了三個運動校隊，並參與她在緬因州鄉間高中學生參議院、學生會和民權團體的活動。父母離婚後，她的母親搬到附近的城鎮居住。「妳想過來吃晚飯嗎？」她問女兒。凱西會因為學校活動而拒絕她。

今天，凱西告訴我：「我感到內疚，因為我再也不會一直待在家了。我希望能回到那個時候。」

她母親的態度應該更堅持嗎？凱西可能還是不會聽從，但她母親會記得這樣的訊息：**當妳對某些事採取強硬的態度，有時孩子要過好幾年才會對妳當初的堅持有所體會**。妳可以回想自己的父母曾經強迫妳做當時妳感到厭惡、但現在卻很感謝他們的事情。在面對女兒的抵抗時，請記住這一點。

訊息3 成果比學習過程重要
結果⬇ 失去內在動機

依據外在因素而非真實欲望做選擇的女孩，放棄了一項極為重要的學習資源：她們的**自主權**。自主權是內在動力的核心成分，學習的動力來自單純喜歡學習；研究人員認為，這可能是學習者擁有的最寶貴的資源。具有內在動機的人，在面對挑戰時更具有韌性，不會過於焦慮和沮喪，也不容易過勞。他們有更好的人際關係、更優異的成績，以及更健康的心理狀態，而這只是其中的幾種好處。

當我們可以不受監督、自由地學習時，是我們學習動力最高的時候。當我們知道有人正在透過外在誘因試著控制我們的表現時（例如，透過提供獎勵、威脅性的懲罰或給予某種讚美），我們的內在動機就會下降。

丹尼爾・品克（Daniel Pink）在其著作《動機，單純的力量》（*Drive*）中，以分享一個最著名的研究來證明這一點。研究人員將學齡前兒童分為三組：第一組是「預期獎勵」組，在該組中，孩子們被告知，如果他們用畫筆和紙畫畫，將會獲得藍絲帶獎章。第二組是「意外獎勵」組，孩子們被要求畫畫，等到畫完後，再由研究人員決定是否頒發藍絲帶獎章。第三組是「無獎」組，研究人員問這些孩子是否想畫畫，但沒有承諾給獎勵，也沒有在最後給予獎勵。

兩週後，老師們在自修時間發放紙和畫筆給孩子們。「意外獎勵」和「無獎」組中的孩子們，就像之前一樣熱情地畫畫。「預期獎勵」組的孩子則表現得興趣缺缺，也沒有花很多時間在畫畫上——這些是自主權受到破壞的孩子，他們選擇是否要畫畫的自由，受到了外在獎勵的控制而削弱。

動機研究的先驅愛德華・德西（Edward L. Deci）和理查德・瑞安（Richard M. Ryan）教授說，**女孩的內在動機特別容易受到獎勵或懲罰的破壞**。由於女孩被大人社會化是要「取悅他人」，因此她們往往更關心老師和父母的回饋，對被控制的感受更加敏感。

德西和瑞安的研究發現，女性「在被稱讚時，會特別注意是什麼讓評論者感到高興。」有多項研究發現，當女孩被稱讚的方式是鼓勵她們保持高水準的表現時，她們反倒會有更多不好的表現。

在一項研究中，當研究人員以小學生既定的特質和能力來稱讚他們時，例如他們很「聰明」或很「善良」，女孩的內在動機會因此削弱，但男孩卻不會。其他研究發現，強調好成績、大學錄取和金錢上的成功等「外在價值」，對女孩的心理健康尤其有害；而當父母以強烈批評的方式強調成就的重要性時，女孩更容易受到傷害。

這一切並不意味著女孩的努力會減少或表現會變差，但這確實表示，學校任何強調外在獎勵的措施，例如線上成績單，都給女孩帶來更多負擔。線上評分系統是教育界的一種流行趨勢，它讓學生（以及通常是他們的父母）可以在一個學期中的任何時候查看最新的平均成績。查看成績的便利性，讓家長易於掌握孩子的學習狀況，並促使經常檢查孩子的成績——這與女孩在手機上查看獲得多少「讚」的方式沒什麼不同。

二〇一六年，位於田納西州納什維爾市的女子學校——哈珀斯．霍爾（Harpeth Hall）的教育工作者發布了一份白皮書，對線上評分系統這項技術的使用提出了質疑，他們寫道，「隨著『學生』逐漸將焦點放在關心分數和如何提高分數上，學習的樂趣被減弱了。」父母持續的監控壓縮了「女孩在生活中冒險和掙扎獨立的空間」。該系統可能會給具完美主義傾向、追求高成就的學生加重負擔，她們「更有可能視成績分數等同於自我價值」。在一項調查中，該校的學生說，經常要將自己與他人做比較，抑制了他們的信心；這些教育工作者認為，線上評分系統可能會加劇這種情況。至少有六所女子學校反對線上評分系統。紐約市南丁格爾—班福德（Nightingale-Bamford）學校的負責人保羅・伯克（Paul Burke）表示，線上成績單「剝奪學生成為他們所謂『自身教育的創造者』的機會。」

內在動機低落的女孩，更有可能接受杜維克所說的「績效目標」——在這種情況下，她更希望受到他人認可自己具有勝任能力，並受此願望所驅使，避免遭受批評或失敗。在法語考試中獲得A的成績，就是「績效目標」的一個例子。另一方面，掌握過去的經歷則是一種「學習目標」。

詹妮是位二十歲的網球天才，她在整個運動生涯中追求的都是「績效目標」。「在我訓練的過程中，我聽到的全是成為『世界上最好的網球運動員』。我從來沒有想過，這就是正手擊球的方式，這就是反手擊球的方式。」杜維克寫道，對於追求「績效目標」的學生來說，「整個關於目標的選擇和實現目標的過程，都圍繞著孩子對自己能力水平的關注而建立。」

相比之下，**一個女孩會追求「學習目標」，是因為她想克服挑戰或提高自己的能力。**在一項研究中，杜維克教一群中學生一系列的科學原理。她給其中一半的學生設定「績效目標」，給另一半的學生設定「學習目標」。**具有「學習目標」的學生在挑戰項目上得分更高，在任務上投注的時間也更長，並在放棄之前嘗試更多的解決方案。**

「績效目標」不一定不好——競爭和超越別人的願望，可以是極好的動力。然而，當這是一個人最大的動力時，結果卻不見得是正面的。朱迪思．哈拉基維奇（Judith Harackiewicz）透過引用的研究發現，**專注於「績效目標」的人，罹患抑鬱症和焦慮症的機率更高，迴避挑戰和感覺無助的現象也更明顯。**在實現目標後，他們增加的不是幸福感，而是不快樂的感受；但即便如此，他們仍然認為更積極地追求目標才是對的。

「績效目標」主導著大學的申請流程，女孩在「我想去的地方」和「我想做的事情」之間產生落差的情況並不少見。一所女校的輔導員告訴我：

「她們一直很努力，卻不知道自己為了什麼而努力。她們自我打擊，她們不睡覺，也吃不好，搞得自己很憔悴，可是她們並沒有花時間想清楚自己的興趣是什麼，以及她們想要什麼。」

二〇一五年，針對美國大學新生進行的最大規模的年度調查發現，有超過百分之七十二的女性表示，她們在選擇大學時，最看重的因素是學校有無「良好的學術聲譽」，而有同樣回答的男性比例則是百分之六十六。

二〇〇九年，有更多女性說她們在選擇上哪一所大學時，考量的是「我父母希望我去的學校」。

像詹妮這樣主要受「績效目標」驅動的學生，不太可能在學習上變得精通。她告訴我：「我不見得熱愛網球，但我喜歡『成為世界上最好的網球運動員』這個想法。但也因為如此，我永遠不可能成為世界上最好的網球運動員。」

鼓勵你的女兒，每學期至少選擇一項她「想要做」而不是「必須做」的目標來追求。提醒她**關注自己真正喜歡做的事情**：也許是當弟弟妹妹的家教、寫程式、學習時尚穿著，或在樂團中演奏。是的，她可能會告訴你，上某些課將會「破壞」她的「學業成績平均點數」，或是她「幾乎沒有時間」從事自己喜愛的活動。父母此時要試著不對女兒讓步。青少年擁有許多特質，但基本上他們缺乏前瞻性的思維；在某些時候，他們需要父母的引導。

訊息4 有很多選擇＝對生活有所掌控
結果⬇ 假象的控制感，難以接受失敗

對於高成就的女孩而言，生活是一連串的活動行程：從學校到社團活動、到社交活動，再到實習工作。這裡暗示著，不僅生活的實質內容重要，生活的結構也很重要。它不只在說，「如果妳得到這個成績，妳將會獲得成功」；它還在說：「如果妳參加這項活動，上這堂課，或投入這項運動，妳將會獲得成功。」

所有這些都在向女孩**傳達一個具有破壞性的訊息：妳的生活安排與妳在其中的表現一樣重要**。如果妳努力工作並做出所有「正確」的選擇——睡多少個小時，上這堂課，領導這個社團，做這個服務項目，做那份評量表——妳

應該能夠得到妳想要的東西。這種推論方式使女孩產生一種滿足感，以為對自己的生活有所掌控，但最終這只是虛幻的控制感。

社會學家巴里・施瓦茨（Barry Schwartz）表示，那些有很多選擇的人（例如，上哪一間大學，從事哪些活動，或攻讀什麼專業）會被虛幻的控制感所迷惑。他們相信，如果他們可以做出「任何選擇」，那他們就應該有辦法做出「最好的選擇」。

這種邏輯的問題在於，當一個女孩有機會自己掌舵時，如果船漏水了，她也會因此受到指責。如果事情最後不成功，一定是因為她什麼事沒做好；隨之而來的，會是抑鬱和羞愧的感受。施瓦茨稱這種自我毀滅的推論方式為「選擇的悖論」（Paradox of Choice）*。

提醒你的女兒，有個行程滿滿的時間表，或是在最極端的情況下，把整個生活願景都做好規畫，並不一定會讓她更快樂、更聰明或更成功。讓她知道，她不應該將「有計畫」誤認為「有目標」。史丹佛大學教授威廉・戴蒙（William Damon）在對年輕人的研究中發現，「看來似乎最上軌道的人，卻有最嚴重的自我懷疑。」

邀請女孩去反思這個假設：有個行程滿滿的時間表，能讓她控制生活行進的方向。她是否曾有過以為自己正在控制某件事，但事實並非如此的經驗？她曾努力工作並盡力而為，期待有出色的表現，結果卻落空了嗎？她從那次經驗中學到了什麼？大多數人會因此學會謙卑並獲得新的觀點。透過這樣的對話，幫助她尊重有比她更大的力量在運作。除此之外，她有時可能會做出錯誤的選擇；跟她談談以前發生這種事的時候，她從中學到了什麼。**有時，錯誤是我們弄清楚我們真正想在生活中追求什麼的唯一途徑。**

當我們的孩子還小的時候，我們學到要為他們提供選擇，使他們有掌控感又不會變成小暴君。你要義大利麵還是披薩？你要去遊戲場還是去奶奶家？這是一個值得重新使用的做法。如果他有太多選擇，而你擔心他對決定自己的前途感到壓力過大，請將他可以選擇的範圍縮小。你想參加體育運動還是擔任學生會會長？你想經營學生報紙還是創辦非營利組織？你可以選擇，但只能選擇一個。

＊更多的自由和選擇無法帶來更大的幸福；我們成了選項的奴隸，因為選項的增加而失去自由。

這種選擇的限制可能只適用於孩子上高中時。但是，作為青少年的父母，你的角色不是成為英雄——至少不是現在。如果孩子真的生氣了，那就讓他責怪你。當青少年面臨他不想做的選擇（但在某種程度上是他需要做的選擇）時，把責任怪到媽媽或爸爸頭上的效果最好。「是我爸爸（或媽媽）逼我『早點回家』、『脫下那件襯衫』……」，隨便你說。把錯都怪到父母身上，是一個超好用的策略。

訊息5 在高中時就要找到終身志趣

結果⬇ 勉強形成的志趣反而誤導生涯發展

在過去的十年間，無論是申請大學還是面試第一份工作，「**擁有熱情**」成為給不同程度的學生最好的建議。它已經變成「**你把一生都想通了**」的代名詞。這是「大學入學狂躁症」最荒謬且最沒道理的情況。

要弄清楚你真正喜歡的東西，你至少需要兩種資源：你需要「時間」來探索自己關心的事物，你也需要「自由」來做這些事——這正是你的女兒在高中階段，「大學申請產業複合體」從她們手中拿走的東西。這是一個離譜的悖論：我們為學生提供了一條最窄的途徑，來成功實現她們錄取的目標，卻壓制她們去追求自己真正熱愛的所有事物的能力，同時比以往任何時候都更加迫使她們這樣做。

在理想的情況下，你追求熱情是因為你喜歡這樣做，不一定是因為你擅長於此。真正的熱情來自於好奇心，渴望回答一個迫切的問題：我能跑多快？合唱團什麼時候會開始聽起來不錯？你如何使人們關注全球暖化的問題？問題在於讓你熱情充沛的動力。這種熱情需要對不知道答案感到自在——我不知道我是否跑得快；我不知道需要多少小時的練習；我不知道烘焙銷售是否會成功。

在「大學申請產業複合體」裡，你不能沒有答案。好奇心無法在這種氛圍中喘息，因為熱情是隨著規則而生的：首先，你必須及早發現自己的熱情；這幾乎暗示著，如果你還沒有在青少年階段就找到自己的熱情，那你就慘了。再者，你所「熱愛」的東西不僅必須在大學申請文件上看起來不錯，而且你最好也表現出色。

毫不意外，許多女孩因為找不到自己的熱情所在而感到挫敗。「我甚至不知道今晚要吃什麼。」十六歲的潔西卡告訴我，更不用說她的熱情了。她說：「因為我將大部分時間都花在工作上，所以我沒有時間去探索自己，並熟悉我喜愛或擅長的領域。」

潔西卡知道自己真正喜愛的領域不符合要求。她說：「我喜歡網球，但我不想成為塞雷娜・威廉姆斯（Serena Williams），也不能在學校裡學網球。」潔西卡看著同學參加在方圓兩百英里範圍內所舉行的每一場機器人競賽，然後參加「三千四百二十三節數學課程」，強迫自己接受「商業」、「技術」這些項目對於申請大學有利的想法。「我常常覺得我必須弄清楚自己的喜好，那麼我可以在高中練習，在大學裡學習，然後找到一份工作，所以我不會失敗。」一名高中女生參加了專門針對女孩開設、由國家認證的程式設計學程，修讀了AP計算機科學，並在申請大學時，將自己作為一名「程式設計師」來推銷——但告訴她的朋友，她討厭計算機科學。她說：「我只是利用它讓自己被大學錄取。」

但是，熱情不能強加於人，也不能躁進。強迫自己有熱情，可能不僅無法使女孩發現自己真正喜歡做的事，也可能導致她將生命最美好的時光，投注在不確定自己是否真的在意的事情上。這會影響她做的其他選擇，例如在哪裡學習、生活和工作，直到多年後才醒悟過來，意識到自己的熱情是被強迫的，而不是真實的。部落格「成長與飛行」（Grown and Flown）的作家麗莎．霍夫曼（Lisa Heffernan）寫道：「虛假的熱情把真正的熱情擠出去了。」

探索熱情的壓力，並沒有激勵女孩去發現自己的熱情，它反而成為另一個需要做到的項目，和另一個需要被滿足的期望，最終讓女孩覺得她們還不夠。

熱情被扭曲成一種主要用於聚焦自我、追求外在成就的工具，這與熱情的原意完全相反。更糟的是，現在女孩被期望在各個領域都要成功，專注於一個領域這件事變得越來越難，因此使得她們感覺更糟糕。史密斯學院招生部的主任黛布拉．雪佛認為，找到熱情的壓力很荒謬。「熱情是你在大學或大學畢業以後才會發現的東西。許多招生部主任宣稱他們正在尋找『充滿熱情的學生』，這讓我一直感到驚訝和苦惱。我認為這會給學生帶來不必要的焦處。**找到你的熱情是一趟自我發現的旅程，這需要時間。**」

熱情會以自己的方式出現在我們的生活中，它無法被計畫。催促孩子發展熱情，就像是要求他在準備好之前就能走路一樣：他會嘗試並且會失敗，然後你們兩人都會因此感到沮喪和挫折。這又會變成另一種她擔心自己做不到的事情。

對孩子清楚地表明，你不希望她強迫自己產生沒有的感覺，也不希望她在申請大學時捏造這種感覺。你可以指出，**在十七歲的年紀就知道自己終身的熱情所在，本身就是一件很荒謬的事**。我三十歲時愛上打網球，四十歲時愛上烹飪。告訴孩子，你的熱情是何時出現的，幫助她體認**熱情會在生活的不同時刻出現**的事實。

與此同時，你要專注於培養女兒的**使命感**。戴蒙寫道，**使命感是「意圖成就對自我以及對超越自我的世界具有意義的事物。」**在「大學申請產業複合體」扭曲它之前，「使命感」曾是熱情所在。「使命感」不是公共服務或利他主義的代名詞。追求「比自己更大」的目標，也可意味著創造新的應用程式或創業。關鍵是要超越諸如「獲得好成績」或「進入對的學校」這類過於以自我為中心的目標。

當你有使命感時，你就會知道自己所做的一切，為何對你個人很重要，以及為何對這個世界如此重要。**使命感是我們在追求日常目標時更深層次的原因**。戴蒙卻發現，只有大約百分之二十的青少年有使命感，其價值一直有下降的趨勢。一九六七年，大學一年級學生中有百分之八十六的人贊成，追求有意義的生活哲學是生活的基本目標；在二〇〇四年，只有百分之四十二的人這樣認為。但使命感的重要性可能會捲土重來，而越來越多的教育工作者將其作為對付「大學入學狂躁症」的解藥。

研究顯示，有使命感的成年人對自己會更有自信且更自在，自尊心也更高。對於年輕人來說，結果也是相似的。

「綠色迴響基金會」（Echoing Green Foundation）的「找到使命感」課程，可幫助年輕人釐清目標，確定其能力，並幫助他們找到有意義的工作。在他們許多有用的活動中，有一項是要求參與者對以下問題進行反思：

- 哪些問題或想法會使你心跳加速，是因為你對它們抱有高度的興趣，還是因為你對它們感到憤怒，或因為它們感到喜悅？

- 你經常閱讀的文章，以及最吸引你的電影、書籍和電視節目的主題是什麼？
- 誰是「你的同溫層」？
- 當你想像在一個嚮往的環境中生活時，會想到哪三個詞？
- 你曾經為任何人挺身而出嗎？誰？為什麼？你願意為誰挺身而出，為什麼？
- 你希望看到哪些社會或環境問題得到解決？

在正式的課程中，學生通常以書面形式回答這些問題，但這些問題也可以透過你積極地與孩子對話來進行。

戴蒙鼓勵成年人扮演中介的角色，幫助孩子將信念與特定的需求或機會連結起來。這是一個持續的過程，很少是在某個「啊，原來如此」的瞬間發生。戴蒙反過來把這個過程比作在院子裡播種：「只有一些種子會發芽，而我們不知道是哪一顆。」當你與女兒談論她的一天時，傾聽她熱情所在的線索。你可能會聽見她因為參加某個組織的工作、參加的演講，或她讀過的東西而高興。問她為什麼喜歡它，它為什麼對她很重要，以及為什麼這個問題對世界很重要。接下來，她想針對這份熱情做些什麼呢？然後，提出幫助她加深興趣的建議（但不是以一種直接對一個人來說「看起來不錯」的方式）。也許你可以送她一本演講者所寫的書，或用腦力激盪的方式來擴大她可以參與的志願工作。

來自低收入背景的女孩，其中有許多人是為了改善家庭條件而上大學，通常都會具有強烈的使命感。伊莎貝爾從古巴來到新英格蘭大學唸書，但她對朋友關於及早發現自己的熱情的說法感到不安。她最終選擇忽視它。我問她在哪裡找到了平靜。她說她在某種程度上試著問自己，對她真正重要的是什麼。她非常清楚地說：「對我來說，支撐我的家庭比其他事情都來得重要。」

訊息6 每個人都正在做且做得比妳好

結果⬇ 導致不安、緊張和競爭的人際關係

你的女兒非常確定每個人都在努力，而且做得比她還多。她的同儕花更

多時間在學習，獲得更好的成績，在考試中得分更高，申請更好的學校，享受更多的樂趣，而且看起來更漂亮。當你試著反駁她時，還會被告知：「你就是不懂啦！」

這當然不是事實。但是這個假象即使很有問題，卻很有道理：當妳困擾於自己認為的缺點時，就會忽略其他人也在掙扎的跡象。或者，也許妳知道同儕在掙扎，但因為她們最後還是成功了，而無視她們曾有的掙扎。如果妳不認為自己做得夠多，就很容易想像妳的同儕都在超越妳。諸如此類的想法逼迫女孩與朋友競爭，並且時常拿自己與朋友做比較；這些競爭威脅到女孩所擁有的一些最親密的關係。

「妳最親密的朋友可能成為妳最強的競爭對手，」十八歲的瑪雅寫道。「妳開始像招生顧問和私人教練那樣對她們進行評估。她們的成績、身材、衣服——妳是在與她們競爭，而不是提供無條件的支持。妳們還是可以保持穩固、友愛的關係，但這些競爭的元素始終存在。」女孩開始不是以對方原本的樣子來看待彼此，而是透過這種充滿競爭壓力的文化濾鏡來看待。

「我周圍的每個人都在一份看不見的清單上打勾。」十九歲的凱拉告訴我。在她住的那層宿舍裡，每個人都是商科高材生，競爭的氣氛很濃厚。她說：「即使妳可能喜歡隔壁的人，但妳也想擊敗她們。妳想在一天結束時比她們更好。」當競爭開始侵蝕人際關係時，怨恨的情緒或甚至是妄想症就會隨之而來。一群女大學生提到與主修同一學科的人交朋友所面臨的困難。一位大一學生告訴我：「有時候我們很難打從心底為對方感到高興。」她的同學說，最好是去找主修不同學科的人交朋友。「她們真的不知道妳的成功意味著什麼！」她身邊的朋友都會意地笑了。

「當我對自己生活的某個部分無法全然感到安全或自在時，讓我感覺好的一種方式，幾乎總是去貶低別人，好讓我的心情好起來，」十六歲的莉莉解釋說，「我會自私地這麼想，或努力以各種方式勝過她們。我猜在某些人眼中，這讓我看起來很刻薄。」

隨著她的同儕朋友越來越陷入「大學申請產業複合體」中，麗貝卡與高中好友的友誼開始破裂。她開始隱藏自己最需要找人傾訴的那種「怕自己不夠好」的恐懼。現在，她將朋友的勝利視為自己不夠好的證據。梅根是她最親密的朋友之一。「她擁有了一切，」麗貝卡告訴我，「她拿到每一個獎項。這讓我看起來很沒價值。為什麼我沒有得到這些獎項？這讓我覺得我是個廢物，因為她太成功了。」

雖然在課業表現上與競爭對手正面交鋒並沒有錯，但如果這種競爭變得涉及私情並開始破壞關係時就有問題——這種情況比它應該發生的比例來得頻繁。在二〇一七年的「女力指數」報告裡，從五年級到十二年級的女孩中，有百分之四十一的人表示，她們不信任其他女孩；有百分之七十六的人說，大多數的女孩都在相互競爭。為了不惜一切代價做好社交，女孩通常很難做到完全誠實，尤其是在表露諸如競爭和嫉妒這類「非好女孩」的情緒時。許多女孩為了合群而隱藏這些感受，因此這些感受便遭到內化。女孩壓抑情緒，變得越來越怨恨，最後落得孤單一人。再加上我們的文化不斷傳遞「成功很難得」的訊息，給女孩帶來更多不安的感受，導致她們的人際關係也受到威脅。

你在這裡可以做兩件事。

首先，向女兒說明，**最好的競爭會將「表現」與「關係」分開**。換句話說，朋友在學校或生活中的表現，與她對對方的信任或喜歡程度無關。這不僅能拯救你女兒的友誼，通常也是面對競爭的正確態度。在父母的鼓勵下，將衝突個人化的女孩，長大後容易在職場上也重複同樣的行為模式；在那裡，這種行為可能會以危險的方式反過來傷害她。

其次，提醒你的女兒**關係很重要**。如果你的家庭相信女性支持女性的價值，那麼，現在就是你這麼說的時刻——你可以為她指出，那些教她將其他女孩視為威脅的文化訊息是有害的，並提醒她，你生活中所有在社交、專業、經濟和精神層面幫助過你的女性。如果你的女兒喜歡你的一位親密好友，邀請你的好友一起和女兒坐下來，談談你們如何克服友誼挑戰的經歷。申請大學可說是她一生中最競爭的時刻，但她從你那裡學到關於「**有原則的競爭**」的教誨，對她的幫助將會更長久。

如果朋友的成功讓你的女兒感到局促不安，請以同理心陪伴女兒面對這樣的心情。重視她的不安全感，並幫助她了解這是「大學申請產業複合體」的副產品，不一定是她個人的缺點。但如果她想挽救這些關係——她也應該，除非還有什麼你不知道的故事——鼓勵她**正視自己的脆弱並與朋友分享這種心情**。

與你的女兒分享，你曾向朋友傾訴內心恐懼而結果很值得的經驗。如果你的女兒保持沉默，不再和這個朋友說話，祕密和怨恨會從她們的內心慢慢侵蝕掉這份友誼，直到最後所剩無幾。

抵抗「大學申請產業複合體」

「我一直是個乖女孩，」娜塔莉告訴我，「我做功課，考好成績，參加運動，並留意父母跟我說的事情。」她十八歲，正在國外的一所寄宿學校重讀大三。不久前，她告訴我，「我覺得我失去了動力，如果我不改變，長期來說，我可能會失去自我。」

娜塔莉的父母一直在逼她成為一名收入穩定的律師或醫師，但她一直很喜歡時尚新聞。她對父母的反抗讓她充滿罪惡感。「我什麼都有，」她告訴我，「我有一個很好的家庭，我們有很好的經濟條件，我在學校表現得很好，所以我根本不應該抱怨。我不想看起來好像我不珍惜所擁有的一切。但這真的快把我逼瘋了。」

她極力克制自己的情緒，害怕它們會潰堤，但她開始與現實疏離。她試圖停止去感覺。「我對一切事物都變得中立，」她告訴我，「我媽媽一直問我，『妳還記得怎麼微笑嗎？』」

當娜塔莉逐漸意識到她正在失去自我時，她開始明白她是如何壓抑自己的渴望，以滿足父母的期望。她不愛彈鋼琴，但她媽媽愛；她不想參加創意寫作比賽，但她爸爸想。

娜塔莉一直懷抱著這個祕密，那就是她痛苦地認為自己什麼都不擅長。她突然開始懷疑自己的平庸是否來自缺乏啟發，而不是因為她沒有這份潛力。「我沒有動力，因為我不感興趣，」她告訴我，「我最擅長的是學習，以及做別人要我做的事情。」

她來到「**勇氣訓練營**」（Courage Boot Camp），這是我設計的一個為期四週的活動，用意在於**幫助女孩辨識並承擔健康的風險**。「我希望能夠為自己挺身而出。」她告訴我。

娜塔莉決定勇敢地面對她的父母，並告訴他們真相。她每週都會為自己的目標命名並冒一點風險。她在「勇氣訓練營」中的同儕朋友很坦誠地分享了她們是否成功或是否願意嘗試冒險，這讓娜塔莉很高興。這是她第一次可以讓自己放鬆，不去強求出色的表現——這讓她自由了。

當她認為自己準備好時，娜塔莉打電話給她的父母，告訴他們，她不會攻讀醫學或法律。正如預期的那樣，他們很生氣。她的父親警告她，在創意領域要取得成功是很罕見的事。因為憤怒的緣故，她的母親祭出致命的一擊：娜塔莉不夠特別，不適合朝這方面追求。娜塔莉哭了，但她還是撐過來了。後來，她告訴我，「我覺得我很勇敢。我做了一個成熟的決定，跟父母進行這個對話。我變得更好了，因為我不再需要躲躲藏藏。我想找到自己的道路，即使這對我父母來說很可怕。」

接下來，娜塔莉又跟父母進行了幾次更痛苦的談話，但她從未如此快樂過。「我更加放鬆和快樂，」她告訴我，「我想我懂得開更多的玩笑，我也想要玩得更開心。」她正在尋找自我的道路上。

當我們一起進行活動時，她養成「**問自己問題**」的習慣，比如「我正在做的事情對我有意義嗎？它們做起來愉快嗎？我的心正在告訴我，我應該把時間拿來做不一樣的事情嗎？我的心是不是在告訴我，我必須改變我的生活？」

娜塔莉最喜歡的活動之一是「**我喜歡**」練習，這是我從佛教心理師塔拉．布萊克（Tara Brach）那裡學到的技巧。在這個練習中，我會使用計時器，讓娜塔莉坐在一位夥伴對面，在一分鐘內說出她所愛的一切。例如，「我喜歡狗，我喜歡跑步，我喜歡起司。」跟她搭檔的夥伴負責聆聽，然後她們會交換角色。這項活動讓娜塔莉想起她最重視的事物，在她擔心自己會迷失的時候，幫助她重新找到自己的定位。

父母可以和女兒一起試試這個練習，討論：

- 什麼讓你們感到驚訝，什麼又讓你們感到很有趣？
- 想出你喜歡的東西會很難嗎？
- 你有多常做自己喜歡的事？
- 你如何將「做更多你喜歡的事情」融入你的生活中？

我以結業式結束我所有的大學定向輔導課程。我透過擴音器播放〈威風凜凜進行曲〉（Pomp and Circumstance）。女孩們知道她們會獲得一份參與證書，只是不知道上面寫些什麼。

在我唸名字之前，我會拿著一張看起來像文憑的紙，朗讀上面以哥德式字型印出來的誓詞。這是一張**「失敗證書」**，授權每個女孩**放下必須在所做的一切都表現優異的念頭**，藉此開始人生的下一個篇章：

> 在光榮地完成高中生活所提出的種種要求後，本證書特此證明，妳接下來將有資格失敗、搞砸、或以任何一種方式跌倒，不論是人際關係、感情、友誼、電子郵件、簡訊、課程、課外活動，或任何與大學申請相關的選擇或決

定，但妳仍然是一個完全有價值、完全優秀的人。

女孩們笑了。然後她們把證書帶回新的宿舍，掛在牆上。有人甚至用一個破碎的相框把她的證書裱起來，加倍強調此證書的用意。

每個女孩都需要一張「失敗證書」，別忘了也頒發一張給你的女兒。

CHAPTER 2

女孩與社群媒體：虛擬的第二個轉變

精心打造線上生活 vs 真實的離線自我

社群媒體是一種向所有人展示妳是哪種人，
以及妳是個什麼樣的女孩的方式。
它創造出一個在別人面前的我。
——瑪雅，十八歲

在社群媒體中表達自我、迎接挑戰

在按掉鬧鐘後，瑪雅半睜著眼睛首先看到的是她的手機。她在去學校的公車上看著它，然後在課間和休息期間，在六個不同的帳號之間切換。到了晚上，她開著浴室蓮蓬頭的水，光著身子坐在馬桶上瑟瑟發抖，試圖在拉開浴簾、走進去沖澡之前，查看最後一則訊息。

青少女是社群媒體這類視覺平台的主要用戶：女孩在這些地方發布自己和朋友吃什麼、去哪裡以及做什麼的照片和影片。二〇一六年，在Instagram四億個個人用戶中，女性就占了百分之五十八；青少女在那裡的使用率遠遠高於青少年，在Snapchat上的使用率更是高於青少年兩位數。與男孩相比，女孩在網路上接收和發送更多的訊息，發布更多的圖片，並在網上擁有更多的關注者和朋友。她們是社交網絡的主流用戶。

我的熱情之一，是即時關注女孩在社群媒體上的行為，將它們轉譯給父母和老師，並編寫課程幫助女孩和父母應對網路世界的挑戰。我每天花幾個小時在Snapchat和Instagram之間轉換，看著在動態牆上所上演的燈火通明的週六夜晚、難忘的假期，或精心挑選的自拍照。隨性的觀察者普遍認為：女孩登入是為了與朋友保持緊密的聯繫。按照這種邏輯，父母的工作是教導他們的女兒成為一名良好的數位公民。

但這只是這個迅速發展的故事的一部分。在過去幾年間，社群媒體在女孩追求完美的過程中，提供了一個終極的伸展台——除了追求並實現成就的動力外，與他人建立聯繫的渴望，讓女孩像飛蛾一般撲向數位世界的火焰，並有可能破壞她們的自信和自尊。

如今，女孩在社群媒體上的形象又是一個高要求，女孩在這些平台上被期望去表現、去追求成功，並將自己與他人進行比較。「我認識的大多數女孩都使用Instagram、Snapchat和臉書（Facebook），來表現『我很漂亮、我很棒』的形象，」瑪雅告訴我，「社群媒體是一種向所有人展示妳是哪種人，以及妳是個什麼樣的女孩的方式。它創造出一個在別人面前的我。」

問題在於，**網路的特質反映並加強了對「完美」徒勞無功的追求**。網路上的生活就像現實生活一樣，總會有人比妳更苗條、更成功、有更好的交往對象、有更多的朋友，而且做比妳更有趣的事；特別是，當修圖變得如此容易時，真相就會更難挖掘。如果妳始終認為自己應該再得到更多「讚」，那妳就永遠不會有足夠的「讚」。這就是為什麼有太多女孩在放下手機後，會認為自己做什麼事都不夠好——這口井永遠無法被填滿。

當我對二十三歲的塔拉，一位我以前的學生，在社群媒體上所展現的華麗形象——迷人的照片、成功的事業及令人難忘的紐約週六夜晚——嘖嘖稱奇時，她翻了個白眼。

她說：「我討厭社群媒體。」

「妳討厭？」我問。

「對呀，我在『在我的新聞工作中』發表了一個爆紅的故事。我感覺爽了兩天，然後當我再度回到辦公桌前時，我想的是，我該做什麼才能比得上這個故事？我怎樣才能在臉書上獲得比它多兩倍的『讚』？」

社群媒體獎勵女孩長期以來主要的行為模式：取悅他人、尋求回饋、表現好和看起來好。女孩根本毫無抵抗力地進入這個世界。然而，抨擊社群媒體是錯誤的策略。如果網際網路所能提供給女孩的只是焦慮，那它在很久以前就應該倒閉了。教育顧問安娜・霍瑪耶（Ana Homayoun）在她的《社群媒體健康》（*Social Media Wellness*，暫譯）一書中寫道：「**社群媒體不該被視為正面或負面，相反地，它應該被視為一種新的語言和文化轉變，因為它提供人們不同的聯繫和交流機會。**」

女孩在網路上吸收的知識，可以為她們打開通往「使命感」和「價值認同」的大門。女孩們每天都使用社群媒體來動員並激勵同儕去參與行動。Instagram和《17》（*Seventeen*）雜誌於二〇一六年發起的病毒式的#PerfectlyMe活動，讓使用者可以串聯「正面看待身體」和「表達自信」的貼文。當女孩感到孤獨且無人理解時，網際網路會定期提供在學校走廊上或教室內無法提供的訊息。**女孩們須從父母那裡得到的，不是關於社群媒體有什麼問題的討論，而是她們之中許多人使用和看待社群媒體的方式有什麼問題，並珍惜它。**

在這項研究中，對於社群媒體的使用率與個人幸福感或抑鬱狀態是否相關的探討，尚未得到定論。但可以確定的是，該研究結果顯示，青少年使用社群媒體的方式，以及他們在社群媒體上建立的聯繫質量，將會影響他們的心理健康。本章將為父母提供方法，幫助你的女兒**以平衡、尊重自我和批判的意識，來應對她在網路上所面臨的日益漸增的需求**。

社群媒體如何誘惑女孩：控制的錯覺

我可以控制他人看待我生活的方式

過去十年來，新媒體爆炸式的發展，為女孩們創造了一種新的社交「工作」，而這是她們的母親從未面臨過的。躺在家裡的床上或坐在學校走廊上，低頭看筆記型電腦，一手還拿著不時會震動的手機，女孩們現在可以用手指，就為自己建構出網路上的分身：她們熟練地使用濾鏡功能來遮掉照片上的瑕疵，修飾自己身材的曲線，絞盡腦汁地想出像是信手拈來的詼諧評論，彷彿想都沒想就傳送了出去。「這很有壓力。妳必須看起來很完美，妳必須做一些很酷的事，吃著漂亮的沙拉，然後為它們拍照。」二十歲的亞歷克西斯告訴我，「**所有這一切都是用來裝飾妳正過著美好生活的門面。**」

對於青春期的女孩來說，這基本上是**第二個轉變**，她們**每天平均花費六個小時使用新媒體**。這就是世代心理學家珍．特溫格所稱的「**iGen**」**：生於一九九五年至二〇一二年之間，從未體驗過沒有網際網路生活的孩子**。特溫格的報告顯示，二〇一五年十二年級學生的上網時間，是二〇〇六年十二年級學生的兩倍。到了二〇一七年，一項針對五千多名青少年的調查顯示，有四分之三的人擁有iPhone。但是，當男孩（上網的時間跟女孩一樣多）通常在網上玩遊戲，或發布有關他們最喜歡的球隊的訊息時，女孩則在追求不同的目標——智慧型手機將她們帶入一個蓬勃發展的社會資本市場，在那裡，她可以放大自己生活的特色，使自己顯得比現實生活中更漂亮、更性感、更聰明、更有成就，與朋友更親密、更快樂，或更受歡迎。這需要不少的努力：「妳必須將自己所做的一切都上傳到Instagram，妳必須編輯圖片，必須確保妳張貼的所有照片標籤看起來不錯；如果妳看起來不怎麼樣，還必須取消所有的標籤，」亞歷克西斯說，「這工作量很大。」

但是這麼做的回饋難以估量。在網路上，沒有人知道妳睡了多少小時，凌晨兩點吃了多少東西，或者線路連接不成功。女孩成為自己生活圖像的化妝師。

二十歲的薇薇安出生於美國，在斐濟長大，然後回到美國就讀東北一所大型的公立大學。她在美國新交的朋友不知道她在斐濟的生活充滿霸凌和「身材羞辱」。去年，薇薇安認識了「女權主義」、一種政治意識，並確立在美國取得成功的決心。她現在的目標是，成為她一直想成為的女強人——這通常表示她會在他人面前隱藏自己的脆弱，無論對方是想提供額外支持的朋友或教授；這也意味著，透過使用社群媒體與同儕競爭。她告訴我：「我會上傳一張很美的風景照，儘管當時我實際上並沒有在做什麼。」

有必要拍出人們認為的美好生活，這是為了向人們展示：「我比你更好。我現在過得比你更好。」我們竭盡全力想證明我們的生活比其他人更好，想給那些我們不喜歡的人，像是高中同學或家人看看。

她解釋說，她這樣做是因為「我正在努力跟上時代。」

在二十世紀，諸如洗碗機和洗衣機之類新發明的家電用品，使女性擺脫一些最勞累的家務。科技使女性獲得承擔新的社會角色所需的時間，例如在家以外的有償工作。

如今，科技幫助女孩們應對成為一名女性所須面對的不同、卻同樣有限制的挑戰：「**角色超載**」。社群媒體使她們能夠精心挑選自己想扮演的各種身分——運動員、學者、選美皇后、派對女郎、密友等等——這些都是要求女孩成功的新準則，而且每天要花上二十四小時來遵行。

瑪雅很有技巧地使用Snapchat這個軟體，它可以創建妳一整天拍攝的影片和圖片的蒙太奇，用令人看得頭暈目眩的方式播放，以展示一個人的多重自我：「如果我在星期六工作，現在是六點半，我可以張貼一張我的照片和我剛剛寫好的論文。」她解釋說，「然後到了晚上十一點，我會張貼一張我在聚會上打『啤酒乒乓球』的照片。第二天在吃早午餐時，我也可以表現出鄰家女孩的模樣。在接下來的二十四小時內，每個人都可以同時看到一個很聰明又很酷的我。」

這是一張日常拼貼畫，刻意讓人看來做得毫不費力。「因此，如果妳碰巧有機會同時達到酷女孩、性感女孩和聰明女孩的標準，那麼妳將有個難得的機會，可以組合扮演這些角色——在一個人人都參與的地方，」她說，「它為妳提供了一個舞台，可以扮演好所有不同的角色——好女孩、壞女孩、可愛女孩、性感女孩、聰明女孩。」

這是社群媒體為過度努力、睡眠不足的女孩所提供的誘人服務，這些女孩正在努力經營自己的聲望和品牌：在不同地方張貼自己的不同面貌，然後，只須點擊幾下即可完成工作。

「我在臉書上有兩千個朋友，」瑪雅告訴我，「我對這兩千人的了解程度，是否深刻到可以成為密友？當然不是。但同時，感覺這是一個龐大的人數，那是一個世界，我幾乎可以選擇我想投放到那個世界的東西。」

在青春期這段以「無法掌控」的感受為特徵的發展階段，大量的社群媒體紛紛跳進來搶救女孩——控制妳的頭像，也許就可以控制妳的生活。

控制自己向他人展現外表的方式

在網際網路問世之前，女孩學會了透過化妝、健身、時尚、理髮和節食來控制自己的身體。現在，她進入了另一種類型的課程學習，這次是在自己的動態牆中，滑動手指瀏覽自己每天美美的自拍照。她可以更改自己在網路上的外觀，從而改善她在現實生活中的形象——所需要的只是少數幾個應用程式、一個位置適當的相機鏡頭，以及時間。

薇薇安有一個好友，花了兩個小時為Instagram拍攝她新的紋身。她的朋友體重超重，但她想辦法找到一個自拍的角度，使她看起來苗條許多。薇薇安告訴我：「我不知道她是怎麼把自己的身體拍成那樣的，這讓我很驚訝。我們投入這麼多時間，試著拍出代表我們擁有的完美生活的完美照片。」因為這對朋友的自尊心造成了影響，讓她討厭Instagram這種玩法。「我們學到的，只是有自覺地去相互競爭的方式。誰是更漂亮的女孩，誰是更好的人，誰擁有更棒的身材，誰擁有更可愛的男朋友。**妳認為有必要誇大妳擁有的東**

西，藉以擺脫自己不足的感受。」

當女孩身邊都是不斷在變換外表的人，而這些人只會張貼自己最瘦或最迷人的照片時，這會給看的人帶來極大的傷害——它向女孩傳達一個訊息，就是女孩在離線時的外表有問題，而網際網路是解決此一問題的場域。這讓我想起瑪雅跟我說的話：「我自己一個人時，我並不討厭自己。我只有在與其他人比較時，才會討厭自己。」

瑪雅追蹤了ＩＧ網紅女孩，就像她母親那代可能會把雜誌封面女孩當作偶像一樣。「我可以花幾個小時查看「朋友的」Instagram，想著我可以如何學習她。這就是人們喜歡的，好比妳看到走在街上的人，穿著妳喜歡的衣服一樣。」聽到她的話之後，我不禁好奇像瑪雅這樣的女孩，在上網的這些時間還會做些什麼。

發現別人對我的「真實」想法

當我需要對一群女孩進行開場活動時，我會請她們說出自己最希望擁有的超能力。挑選「讀心術」的人數令人吃驚。為什麼？大多數人會說：「這樣，我可以知道人們真實的想法。」有些人還會補充說：「……對我的想法。」

這其實很有道理：女孩生活在一個社交世界中，其不成文的規定是，將妳最強烈的想法和感受隱藏起來。社群媒體的出現，給人帶來充滿誘惑的希望：我將告訴妳，人們對妳的真實想法。

假設有個女孩想知道她的一個朋友是否真的喜歡她，她所要做的，就是打開一個分享照片的應用程式，看看這位朋友是否對她的照片「按讚」。我受歡迎嗎？她可以算出自己在新的自拍照上獲得的「按讚」數，並計算出它們累積的速度（目標是每分鐘得到一個按讚）。她生我的氣嗎？她可以下載一個應用程式來監視誰沒有關注她。我漂亮嗎？她可以瀏覽最近一次自拍照上的評論，看看其中有多少人說她很漂亮或很辣。對於女孩所面臨的每個問題——這些問題是大多數青春期女孩不時感到困擾的問題——按讚、追蹤、評論或轉推，是公開的、看得到的、讓人安心的回應。「讚」可以替代人們實際上從未對女孩做過的大量有意義的陳述，不過，這些陳述的意義都由女孩以自己的方式來詮釋。

許多女孩透過在相片或動態分享中獲得的按讚數，來量化自己的自我價值。她們沉迷於刷新手機螢幕來追蹤進度；還有一些人會刪除一則沒有得到夠多「讚」的貼文——有個女孩稱之為「ＩＧ恥辱」。

缺點：情緒的雲霄飛車

家電在一九五〇年代可能將女性的生活簡單化，但是它們也將家庭生活轉變為一門科學，女性可以藉此對自我和他人進行評價。同樣地，使女孩感到更美麗、更成功的工具——線上的社群網路，也加劇了她們的不安全感、低自我價值，甚至是妄想症。如果妳將「讚」解釋為「妳對我很重要」、「妳很漂亮」，那麼，妳就會將「得不到讚」進行過度詮釋。感覺被排除在外也是一樣，妳不會注意實際的情況——沒有被邀請——而是讓自己得出一個大而愚蠢的結論。

「如果我看到有人在網路上聚會，而我沒有被邀請，」瑪雅告訴我，

「我會想，『她們大概再也不想跟我做朋友了。』這太瘋狂了，只是一段在Snapchat上十秒鐘的短片，就會讓妳感到如此被孤立和憎恨。」對許多女孩來說，社群媒體就像是一部充滿戲劇張力的浪漫小說：好的時候如上天堂；不好的時候如下地獄。

社群媒體使女孩們不停地經歷情緒的雲霄飛車，從體驗受歡迎程度飆升的快感，到感覺被排斥和不安感那種令人胃部糾結的低潮。當妳焦急地等待他人的回應，或者更糟的是，沒有得到妳所希望的回應時，那種從製作社群媒體貼文中所獲得的控制感、樂觀甚至力量，就會迅速地消失。

特溫格說，在螢幕前花費時間超過平均值的青少年，更可能感到不開心。相較之下，參與非螢幕活動會帶來更多的幸福感。在她針對世代趨勢的研究中，與二〇一〇年相比，經常感到自己被排斥的女孩人數增加了百分之四十八（相比之下，男孩只增加了百分之二十七），特溫格認為這與女孩過度使用社群媒體有關。她還直接將青少年幸福感的急劇下降歸咎於智慧手機的普及化，在其中掙扎最多的是女孩。

莎朗・湯普森（Sharon Thompson）和埃里克・洛維德（Eric Lougheed）

發現，在大一學生中，比起男性，更多女性會說臉書對她們造成壓力，而長期離開臉書，則會讓她們感到焦慮（儘管值得注意的是，還有更多女性說，臉書使她們感到興奮和充滿活力）。同意或強烈同意以下說法的女性是男性的兩倍：「有時我覺得我是臉書成癮。」四分之一的女性說，她們因為臉書而失眠。

社會比較：「為何我的生活如此糟糕，而其他人如此出色？」

格蕾絲總是面帶微笑。在參加我的工作坊的過程中，她會直視著我，瞇著眼睛，微微抬起頭，棕色長髮綁成馬尾，隨時準備把手舉起。她是那種永遠不會讓你困在尷尬的課堂沉默中的學生之一。

但是，不要被甜美欺騙：在學校和她選擇的運動中，這名十七歲的女孩骨子裡非常好勝。她告訴我，這是家族特徵。她的父親「就是要贏，要贏，要贏。我在成長過程中，總是被灌輸一個觀念，第一名是最好的。」她從來沒有把這些話大聲地說出來，但她就是這樣生活的。她說：「這看起來很強，而這正是我想做的。」

格蕾絲將她的精力投注在菁英舞蹈比賽中，並定期前往參加聚會。到了大三那年，她散布在全美的舞者朋友，個個處於運動的巔峰，並且正在為下屆的比賽進行訓練。

在我們共聚的咖啡廳裡，格蕾絲將放在桌上的手機推過來。她解釋說，Instagram是舞者的虛擬舞台，是發布最新動作或新舞衣的平台。這是她們在分開時表現和競爭的一種方式。

我拿起她的手機，看著一張張精心以濾鏡處理的漂亮女孩的照片：有個女孩將一隻腳高高舉起，並以腳踝貼近耳朵；另一個女孩則被舉在舞伴的肩膀上。接著是一段墊腳轉圈的影片，下個鏡頭是舞蹈訓練後一杯欲暢飲的綠色果汁。

格蕾絲很難把注意力從螢幕上移開。手機一直被她握在手裡，有時她甚至沒意識到。然而，她不只是被一個滔滔不絕的評論、她帳號的追隨者，或是按讚之類的指望所吸引；她看起來是為了可以見證同儕所做到的一切，並沉迷於對自己來說永遠不會成真的事物中。

她說：「我真的會在Instagram上追蹤她們，並對自己說，『這永遠不會是妳』。這裡有一段精心編排的新舞步的影片，『這我做不到』。一件超級昂貴的舞衣，『我不可能擁有』。一次完美的劈腿動作，『這我做不到』。」

對於許多女孩來說，社群媒體是一場殘酷的選美比賽，這是一間實體服裝的展示廳，其功能就像一本時尚雜誌，目的是為了讓女孩覺得自己不漂亮。但對於像格蕾絲這樣的女孩來說，社群媒體扮演著不同的角色：這裡是讓她**感到自我能力不足的地方**。格蕾絲知道自己在外貌上的分數。「我不會看起來像碧昂絲，」她翻翻白眼輕聲地說，「那沒關係。」但舞蹈完全是另外一回事。這是一項技能，可以進步，這完全在她的掌控之下。

格蕾絲毫不留情地在網上根據同齡人的技巧來評斷自己。Instagram上有一個女孩真的讓她自慚形穢。珍很漂亮，也超級富有。她的父母為她聘請私人舞蹈教練，讓她參加國際比賽，她還有很多「很厲害」的服裝。珍已經是多個服裝品牌的代言人：這些品牌為了換取她在表演中穿它們服裝的照片，免費將服裝送給她（格蕾絲指出，並不是說她需要折扣）。格蕾絲沒辦法停止搜尋貼文、追蹤珍的最新動態。

格蕾絲展開心理學家所謂的「社會比較」，將自己與他人進行比較，並以此定義自己的能力和觀點。網際網路是一個龐大且四處延伸的社交培養皿，很容易在其中進行社會比較：它強化女孩覺得自己不夠漂亮、不夠成功或朋友不夠多的感受，並與女孩總想改善自己的獨特動力相結合，再加上其他人上傳不完的修圖照片。難怪一名年輕女孩告訴我，社群媒體是「**一種表現我的生活比妳的生活要好得多的方式**。」

「社會比較」是青少年發展的重要組成部分。當我們選擇要保留和拋棄哪些個人的價值觀時，我們會建立自我意識，而且我們經常透過觀察同伴來做到這一點。**以健康的方式進行「社會比較」，可以幫助女孩控制自己的情緒、獲得啟發，並做出決定**。

但是，格蕾絲在接收的是一種更有害的思想——一種會導致沮喪、自我批評和低自尊心的比較。格蕾絲的所作所為與動機無關，而與羞辱息息相關。當她把自己與那個幻想中「比我做得更多的人」比較時，她在離開螢幕時感覺被打敗，也沒有受到任何啟發。她浪費心力卻沒有得到任何收穫，還快被滿腦子的自我批評逼瘋了。

在社群媒體上進行「社會比較」的人說，他們有更嚴重的抑鬱症狀。他們還說，他們的「當下自我」（他們相信自己真實是什麼樣的人）與他們的「理想自我」（亦即他們渴望成為的人）不符，即使這沒有導致全面的羞辱感，也是造成不快樂感的配方。

當「社會比較」遇到「社群媒體」

女孩在網路上似乎很容易受到研究人員所謂「社會比較和尋求回饋」的影響。女孩的這種行為與抑鬱症狀之間有很強的聯繫；女孩在網上進行的比較，對她們的自我價值構成了相當大的威脅。換句話說，社群媒體加劇了女孩競爭和比較的趨勢。

由於許多種原因，女孩更容易受到社會比較的影響。首先，她們社會化是為了照顧他人並滿足他人的需求；結果就是，這讓她們花很多時間想知道其他人對她們的看法。她們對自己與他人的關係想得更多，因此使她們對

「比較」產生更大的興趣。其次，女孩更容易將來自關係的壓力內化，尤其是當關係發生衝突時。最後，在一種將外表與社會價值聯繫在一起的文化中，女孩被迫花大量時間，將自己的外表與他人的外表進行比較。

社群媒體有什麼特徵得以加速社會比較？學者丹娜・博伊德（Danah Boyd）在哈佛大學開創性的研究工作，揭示了社群媒體如何改變青少年的情感生活。博伊德認為，社群媒體獲取的訊息在過去是私密且抽象的——例如，你有多少朋友、你去了哪裡，以及放學後你和他們一起做了什麼——如今在網路上公開展示。能看到某個人有多少朋友或追蹤者，使你得以對這些數字進行比較（她有五百四十六個追蹤者，但我只有四百個。為什麼？）。

當你可以「看到」你的朋友放學後在做什麼時，你突然會感覺每次都被排除在外。現在，你不必猜測自己受歡迎的程度了，你可以實際看到並量化它。因此，社群媒體引入了令人痛苦的「資訊超載」的變種病毒；甚至，它還引進了一套新的衡量社會成功的標準。

「成就」走的是同樣一條從私人到公眾的道路；曾經在少數人之間分享的成就，透過手機螢幕和大聲尖叫的標題供廣大的群眾消費。你很難在十二月或四月登入臉書時，不看到大學的錄取通知：「馬里蘭大學二十二級！」「賓大！！！！！！！！！！！！」女孩們被迫見證別人不斷取得的大大小小的勝利：實習、獎狀、冠軍獎盃、學業成績平均點數。再加上社群媒體「無所不在」的特性：妳可以在看似無窮無盡的平台上，立即傳播勝利的訊息。

我要聲明，我非常贊同女孩宣傳自己的成就——在重視謙遜的世界中，這是一項許多女孩無法培養的寶貴領導技能。這裡的問題出在，線上旁觀者（或應該說，滑手機者）怎麼接收這些訊息，以及她如何解讀自己所讀到的內容。也就是說，如果妳不斷感覺自己比別人差，就不可能不拿自己的生活與Snapchat或Instagram動態上的內容進行比較。

對於剛畢業的大學生來說，在社群媒體上看到的焦點動態，更加劇了這種「不足」的感受。「當妳看到同儕訂婚、懷孕或墜入愛河時，」伊莎貝爾說，「這會讓妳感到自己有問題。妳是在朋友圈中，唯一沒有找到幸福的人。」她向我保證，她知道人們也在掙扎，但是她仍然發現自己在想：**「為什麼我的生活這麼糟，其他人都那麼厲害？」**

兄弟姊妹抱怨父母所做的比較。「你為什麼不能更像你的兄弟（或姊妹）？」社群媒體對其最脆弱的用戶提出了類似的問題。它用永遠不快樂的專橫父母的聲音在說話。

海莉在田納西州的鄉間長大，同儕朋友大多是沒有上班的年輕媽媽。今年二十六歲的她，很厲害地在曼哈頓中城找到了一份媒體業的工作。然而，當她上網時，她只會看到自己缺乏的東西。她沮喪地告訴我：「妳可以透過這些社群媒體平台看到自己應該做的事情，這會讓妳感覺自己很差。」

幫助她理解：別人的成功不是她的失敗

造成格蕾絲痛苦的不只是「社會比較」。她是這樣做的：當她登入時，對自己已經感覺不好了。她說：「我就是穿著運動衫、頭髮很亂，還吃著餅乾生麵糰，而珍的照片卻是如此優雅，我就會想，『妳怎麼搞的？她為什麼能做到？』就像是，『我永遠不會變成那樣，因為我永遠不會那麼有錢。』」

我放下咖啡。

「嗯，我有點困惑，」我說，「為什麼當妳已經感覺不好時，還要上網看其他人看起來很棒的照片呢？為什麼要讓自己感覺更糟？」

她毫不猶豫。「妳想替自己感到難過。如果我的日子不好過，我會覺得一切都糟透了，那就是我要上Instagram的時候。我會對自己說：『妳是怎麼搞的？為什麼、為什麼、為什麼、為什麼、為什麼、為什麼、為什麼？然後，我會到那裡看看實際發生的情況。」她清楚地指出，她知道自己不是唯一一個這樣做的人。

研究證實，兩種社群媒體的使用方式都會導致不快樂。

第一種是像格蕾絲這樣的，可以透過我最喜歡的一句關於社群媒體的建議來概括：**「不要將自己的內在與別人的外在相提並論。」**

二〇一二年，由喬安妮．達維拉（Joanne Davila）進行的一項研究發現，使用臉書的大學生，經常相信自己線上的「朋友」比他們更快樂、更成功——尤其是當他們對「朋友」不甚了解時。學生們也更有可能不同意「生活是公平的」這一說法。研究人員總結道：「看來，人們可能會將他們『**現**

實的離線自我』，與其他人『**理想的在線自我**』進行比較。」這就是「一邊滑手機，一邊吃餅乾生麵糰」的現象，將你在最糟糕的一天的感覺與某個人在最佳狀態下的感覺進行比較。

這是一場被操縱的賭博，總是讓女孩感到失敗。要離開賭桌，女孩們必須改掉不經意轉向手機的習慣，從困難的感覺或想法中尋求分散注意力的事。她們必須——是的，這可能是一個很高的要求——先停下來想想她們的感受。但這麼做的回報是：**當一個女孩停止轉向社群媒體來解決不安全感、焦慮或不快樂時，她就能控制這些感受的強度**。

面對孤獨不一定要上網；上網只會加強她的孤獨感。猶他谷大學發現，與朋友一起出去玩的大學生，不太可能認同別人的生活更好、更快樂的說法；他們更有可能認同「生活是公平的」這一說法。

第二種壓抑性媒體使用的類型是「**被動查看個人資料**」，通常被稱為「潛伏」——閱讀其他人發布的內容，但自己卻不分享任何內容。密西根大學的伊桑・克羅斯（Ethan Kross）博士在對年輕人的研究中發現，「**潛伏**」**的臉書用戶在嫉妒和羨慕方面的感受更強烈**。一項針對近三百名大學生的研究發現，女性花在「潛伏」上的時間是男性的兩倍。針對這個問題的解決方法是**找到平衡：同時生產和消費內容，既分享又潛伏**。分享內容所帶來被肯定的感受，將能抵銷潛伏可能引起的嫉妒感。

回到咖啡廳裡，格蕾絲做的只是潛伏。她瞥了一眼珍的新動態，然後翻了個白眼。她說：「珍並不擅長跳舞，我知道。當我參加比賽並與她一起跳舞時，我知道我的技巧比她更好。」

「妳知道？」我問。「是的，」她說，「但對我來說，當我在Instagram上看到她跳舞時，太真實了，她跳得更好，她太棒了。」

再一次，我感到困惑。我說：「讓我搞清楚。妳知道珍在社群媒體上的形象只是虛幻的，而且妳內心深處知道自己是一個更好的舞者？但是，妳仍然被自己眼睛所見的逼瘋了？」

「好吧，」格蕾絲現在比較安靜，「我想，當我在Instagram上看著她時，我會感到非常脆弱，但是當我和她在一起時，我感到很有力量。**從弱到強的旅程，正在賦予力量**——它使我振作起來。這讓我感覺好一點，就像我從零到一百一樣。」格蕾絲在說明自己的狀態時顯得很尷尬，而且悶悶不樂。她稱自己「零到一百」的練習是「糟透了」且「太不勇敢」。

遭透了，是的，我告訴她，但這並不少見。社會比較是一條雙向的街道：你可以進行「向上」比較，把自己與你認為比你好的人進行比較，或「向下」比較，把自己與你認為比你差的人進行比較。

「如果我在網路上看到一個很漂亮的人，讓我覺得自己很糟糕，」十九歲的漢娜在一封電子郵件中寫道，「我就會想，好吧，我絕對比她聰明！儘管我知道這很壞。」

向上和向下的比較，最後都會走到同一條死胡同裡：**消極的感受和低落的自我價值**。格蕾絲稱讚自己的舞跳得比較好，以使自己感覺更好，但她還是沉迷於自己缺乏的東西，並感覺空虛。**當成就感更多是取決於別人做什麼或沒做什麼時，而不是自己內在的某個東西時，就無法持久**——它充其量只是一種虛假的信心。

《青少年身體意象工作手冊》（*The Body Image Workbook for Teens*，暫譯）的作者茱莉亞．泰勒（Julia Taylor）博士問女孩們，她們從與他人比較來貶低自己的過程中得到了什麼？獎勵是什麼？有什麼感覺？這樣的感覺持續了多久？長期來說，這會付出什麼代價？

泰勒建議女孩**先承認每個人都是不同的，並重新進行比較，來確定她們之間的比較真的是對的**。泰勒建議，不要說「我最好的朋友比我漂亮」，而是說「我最好的朋友很漂亮」。**「試著以那些人原本的模樣來看待她們，而不是看妳自己不是什麼。」**即使事實上朋友比妳漂亮，那並不代表妳不漂亮。這不是一場零和遊戲。

自尊並非「比較」唯一的犧牲品。從將自己與他人的成功進行比較，到對他們產生怨恨之間，僅有幾步之遙。人際關係也會因此受到影響。

十六歲的莉莉說，朋友們提著名牌包，或在高級餐廳吃飯的貼文，大多時候都會引發她想起自己缺乏的東西。她告訴我：「我會想，我沒有那個，我不夠好，或是我沒做那些事情，我沒有那些東西。」不安全感使她在線下與朋友來往時感到脆弱和不安。

如果社會比較是以最健康的方式進行，有助於女孩發展堅強的自我；若是在最不健康的情況下進行，則會造成女孩之間的隔閡，變成她們控制對自我表現和自我價值感到焦慮的工具。

格蕾絲只有在貶低朋友時才會感覺更好。格蕾絲是在對自己說，「我覺得很好，因為我比妳更好。」蘇妮雅・盧薩教授和她的研究同僚寫道：「同齡人之間激烈而持續的競爭，會削弱對青春期產生幸福感至關重要的親密感。」

當我與女孩們一起探討如何明智地使用社群媒體時，我會分享西奧多・羅斯福（Theodore Roosevelt）的名言：「**比較是快樂的竊賊**。」在與女孩進行了無數次關於社群媒體帶給她們的感受的談話之後，我了解到這一點：正如許多父母已經知道的那樣，我們可以整天告訴女孩，**社群媒體並不代表現實——這是一種幻想，是由精明的魔術師所精心打造的生活**——直到女孩自己確定社群媒體不能成為衡量其自我價值的標準之前，幾乎不會改變。

她可以藉由改變使用社群媒體的方式，並在此過程中控制社群媒體對其生活的影響，來做到這一點。實際的做法是這樣的：

- 拒絕使用社群媒體來證明自己的某些觀點，而是用它來講述自己的一些事情。
- 避免使用社群媒體作為競爭的工具，而是用它來進行聯繫。

- 避免使用社群媒體來探詢別人對她的看法，而是用它來表達自己的想法：關於世界、她關心的問題，或她自己。
- 不要選擇以社群媒體來放大自己，而要成為比自己更大的事物的一部分。
- 在發布內容之前，停下來，問自己一個直接的問題：我為什麼要這樣做？我的意圖是什麼？我現在感覺如何？然後誠實地回答這些問題。如果我希望得到別人的肯定，這是正確的做法嗎？
- 願意了解和尋求網路以外的資源來獲得支持、聯繫和肯定。除了社群媒體之外，還有哪些資源可以讓她感受到自己正在尋求的連結？當她懷疑自己時，可以向誰尋求安慰？

我們知道，教年輕女性對崇尚「瘦身理想」的文化進行批判性思考，可以幫助她們避免不良的飲食習慣。同樣地，在社群媒體素養方面對女孩進行輔導，可以使她們免於遭受網路上最有害因素的荼毒。

在舉辦工作坊時，我會在房間的四個角落放置四張卡片，分別是「被排斥」、「不安全／焦慮」、「自信／快樂」和「被包括」。我要求女孩們分組站在每張卡片下方，一起討論社群媒體讓她們感受到這些情緒的方式。接下來的討論總是很有震撼力：無論是透過什麼方法，幾乎房間裡的每個人都意識到，社群媒體在本質上存在著某些缺陷。對於每個消費者而言，使用社群媒體的代價，同時夾雜著某種程度的快樂和憂傷，並取決於我們是否知道如何適度地使用它。

泰勒給她的學生們一個挑戰：列出讓她們感到「自己不夠好」的三個社群媒體的帳號，並取消關注這些帳號一週，看看她們的感覺是否變得更好。她告訴我，最令人驚訝的是，有許多女孩對此的回應是：「我不能不關注我最好的朋友。」現在，泰勒要求她們取消關注她們不認識的人。

在我們教女孩成功法則及網路幸福感的研究之間存在著核心衝突。例如，我們鼓勵女孩盡可能地累積更多朋友和追隨者；然而，格蕾絲・周（Chui-Tzu Grace Chou）和尼古拉斯・埃奇（Nicholas Edge）發現，花時間觀察不認識的人的生活，會使你容易設想他們過著比你更快樂、更好的生活。當你縮小社群媒體圈，並瀏覽你真正認識的人的動態消息時，比較可能對他們的生活有持平的看法。

引導你的女兒思考，在所有事情上脫穎而出的壓力有多大，而網上的事情會破壞她的幸福感。這種教養的重點在於提高意識：**幫助女孩超越自己的日常經驗，進入有助於形塑自我的系統中。當你知道為什麼有些事困擾你，並且發現「不只有你」感到困擾時，它就會賦予你力量，甚至能改變你的生活。**

暫時脫離社群媒體也有幫助。我經常問女孩：如果妳能夠一整天看不到朋友聚會時沒有妳，看不到妳喜歡的人有新戀情，或是看不到那個看起來很完美的女孩時，妳會有什麼感覺？沒有社群媒體所帶來的痛苦感受的一天，會是什麼樣子？那一天，只向真正在妳身旁的人敞開心胸，那麼，距離刪除應用程式只剩一步之遙。

登出並向內探索

當格蕾絲向沒有舞蹈課程的一所小型大學提出甄試申請時，她的朋友和家人都很驚訝。離學校最近的機場需要九十分鐘的路程，這使她幾乎不可能參加舞蹈比賽。她告訴我：「這是簡單的突破，這樣我將不得不停止跳舞，學習專精其他事情，不必一直拿自己與別人做比較。雖然這讓人不舒服，但我真的覺得Instagram是我想暫停跳舞的部分原因。至少『如果我去這所大學』，我可以全力以赴，而不是當個半吊子。」

然而這所學校拒絕了她，這個消息對她來說是個沉重的打擊。當格蕾絲在思考未來時，重新考慮了自己的選擇。她想在大學裡專攻舞蹈嗎？她真的想成為什麼，成為誰？她拿著筆記本和鉛筆坐下來，如她所說的那樣，「對自己很冷靜、很真實。」她開始問自己一些困難的問題。「我想過和這項運動一起走到哪裡，以及我想要去哪裡生活嗎？」格蕾絲不斷地寫作和思考。她與一位值得信賴的老師交談，並分享自己的寫作。「我不再試圖欺騙自己了。這是我經歷過的一次最艱難的談話，但也是最有意義的。」

她繼續說：「我意識到，當個半吊子也沒關係。喜歡跳舞，有時想參加就去參加個比賽，也沒關係。妳不必成為米斯蒂・科普蘭（Misty Copeland）*。」她了解自己不想花一輩子的時間跳舞，也不想依賴父母幫她付跳舞的學費。跳舞可以是一種興趣，這樣也很好。「我想創造自己的事業，我想做比跳舞更大的事，我想為這個世界做點事情，而不只是為舞蹈世界做事。我想改變事情。」

現在，她告訴我，她不再於網路上潛伏，也不再將自己與珍做比較。

「我沒有說謊，」她含蓄地補充道，「這真的發生了。」

是的，我相信，我這麼告訴她。一旦她仔細思考過自己想要什麼，以及什麼對她來說是真實的，她就能以此為基礎來規畫生活。格蕾絲在進行的是自我肯定，或是在探索自己多元、積極的面向。當研究人員要求青少年將他們的核心價值觀透過寫作的方式來思考時，他們得到非常驚人的發現：**青少年對負面事件和訊息所感受到的威脅較小；他們變得更有能力應對壓力，更能有效地掌握生活的節奏；他們的成績也提升了。**

格蕾絲還探觸到更深的使命感，在面對不確定性，這為她提供了支持。她說：「我想為世界做事」，並「改變事情」。當青少年有使命感時，他們會更快樂、更有韌性；當女孩有目標時，她們不會被要求表現的巨大壓力壓垮，也不太會說自己在與同儕朋友競爭。

格蕾絲不再需要藉由看別人做什麼，來釐清她對自己的看法。一旦她放下手機，排除噪音，往內探索，答案就在那裡等著她，但是她必須先問自己這些問題。

在網上說謊以掩飾痛苦

需要證明妳的生活、身體或結交的朋友比其他人好，可能會演變成一場說不出口的軍備競賽；在這場競賽中，女孩不僅要修飾形象，還要修飾生活事件。對某些女孩來說，這與「趕上」有關；對其他人來說，熟練地製作經過修飾的線上形象，卻可能是在隱藏自我沮喪、焦慮和無助的情緒。使用社群媒體來美化妳的生活是一回事，但是用它來徹底地假裝則是另一回事，而且是一件很危險的事。

安娜不是一個喜歡參加派對的人，在上大學之前，她從不對早睡早起的

*被譽為「芭蕾神童」，是美國芭蕾舞劇團的首席舞者。

習慣多加思考。她是一名混血兒（中國人和白人），一個十九歲的大二學生，就讀於一所菁英城市大學，她因自己無法在每個週末瘋狂地參加派對而感到沮喪。

在週末夜晚，當她坐在自己的房間裡時，她確信每個人都出門狂歡去了，只有她獨自一人。

在一場大型足球比賽的夜晚，她下定決心要改變：她和一個朋友穿上超級粉絲的襯衫，在臉上貼上紋身貼紙，然後在朋友的套房裡進行賽前的派對。她們拍了一張自拍照，她把照片上傳到Instagram上，然後去了體育場。

「這本來應該是我辛苦進大學的享受時刻，」安娜對我說。但是，當她坐在看台上時，在一大堆穿著黃色T恤的學生面前，她卻感到極度悲傷——她不喜歡這裡，也不喜歡跟她在一起的朋友。「我應該喝醉，我應該享受我的黃金歲月……但我當時真的感到很孤單，我擔心自己在學校裡沒有朋友。」她坐在看台上哭了起來，而後提早離開。當她走出體育場時，她的手機鈴鈴作響。

那是她的一個高中朋友。「她就像，哦，天哪，我愛妳的ＩＧ。妳看起來喝得好醉，像個大學生，妳看起來很開心。」

安娜揉揉眼睛，回覆簡訊。「我沒醉。我很痛苦。」

「每個人都在ＩＧ上說謊，」她的朋友發簡訊說，「放輕鬆，別擔心。」

朋友的回覆困擾了她很久，並不是關於「每個人都說謊」的部分，而是關於「放輕鬆，別擔心」的部分：她對安娜分裂的自我，表現出不在意的冷漠，並輕易地接受她的謊言和隱藏的痛苦。

關於一個女孩不論如何都應該快樂的期望，在網路上一直有討論的聲量。在這裡，妳所表達的情緒與妳真實感受到的情緒之間，可能存在著極大的不和諧感。賓夕法尼亞大學的新生——田徑明星麥迪遜・霍勒蘭（Madison Holleran）的故事，從來沒有像現在這樣真實。在她的Instagram帳戶上，她是一名明星運動員、受到眾人愛戴的朋友，以及心愛的女兒和妹妹。在線下的生活，她隱藏起自己嚴重的憂鬱症和她在適應大學生活上長期的掙扎。二〇一四年，她從停車場的第九層跳樓身亡，留下一小堆禮物：給母親的項鍊、給父親的巧克力、給新生侄子的衣服、給祖父母的薑餅，以及——最令人心碎的——一本「幸福計畫」。她當時只有十九歲。

當朋友和家人試圖了解這場悲劇發生的原因時，麥迪遜的一位朋友回想起，她們兩人在滑同齡朋友ＩＧ動態牆時的對話。「這就是大學應該有的樣子；這就是我們想要的生活。」她們會對彼此這麼說，但事實並非如此，麥迪遜感到挫敗和不安。隨著學校假期即將到來，麥迪遜對於要面對高中朋友的念頭感到退縮。麥迪遜向她的朋友英格麗德透露：「我覺得我所有的朋友都在大學裡玩得很開心。」

自殺的原因很複雜，Instagram並沒有殺死麥迪遜，它也不可能知道可以採取什麼行動來幫助她。但顯然，麥迪遜相信自己在那兒看到的精心設計的生活，然後因為自己沒跟上標準，而對自己進行嚴厲的自我批判。

女孩的社群媒體帳戶絕不能用來作為她真實生活的快照。對於關心女兒健康的父母，甚至對於那些不確定的人來說，與她生活周遭的人保持連結才是關鍵。你可以採取的一種做法是，**在社群媒體上關注女兒的朋友，以便在需要時可以跟他們交換訊息**。在高中和大學裡，如果女兒的密友擔心她，他通常會渴望與你談談。

父母應該熟悉大學資源，例如輔導、保健和婦女中心，並鼓勵女兒在需要時尋求支持。除了提供個人諮商外，這些地方通常一整年都會進行大量的宣傳活動。它們還為學生提供壓力管理、正念練習和其他支持小組。宿舍管理人員也可以成為很棒的防護線。

女兒大學畢業後是更為棘手的階段，特別是當她有全新的社交網絡時；而向她的朋友傳送一則臉書訊息，可能會打開一條了解你女兒真實情況的溝通管道。

當我與年輕女性談到，她們在網路上提供和見證的是經過修飾的虛假形象時，她們有時會翻白眼。她們會說，我知道，我們懂。然而，即使她們給了我安心的訊息，還是會偷偷地迷戀社群媒體上那些「完美」的形象——而且，更令人擔憂的是，這經常定義她們一天的好壞。

這不是我們第一次看到女孩宣稱自己對破壞性的社群媒體具有免疫力。二〇一〇年，蘇珊・道格拉斯（Susan Douglas）教授注意到學生中一個奇特的現象：她們開始狂熱地追電視上公開貶低女性的真人實境秀，但堅持認為看這個沒什麼大不了。這些女同學告訴道格拉斯，她們很清楚這些節目對女性的態度有多不堪。她們在收看時會翻白眼、嘲笑，並對可笑的角色嗤之以鼻。道格拉斯認為，這樣做使這些女孩感到優越，因為她們比這些垃圾「好得太多」。

但是，學生們對這些圖像並沒有免疫力。道格拉斯寫道，她們所消費的是「要求妳考好成績的過時的父權主義，只是被偽裝得更好……穿著誘人的『馬諾洛・布拉尼克』（Manolo Blahniks）*和IPEX胸罩。」這正在影響著女性對自己及彼此的看法。道格拉斯稱這種現象為「開明的性別歧視」：認為性別歧視已被擊敗，因此不需要女權主義的信念。

現在，社群媒體也是如此，但與電視不同——在社群媒體上，女孩不僅消費內容，而且創造內容。社群媒體打造了一個世界，其中充斥著各種虛假的、通常是性別歧視的女性自我形象。這是一種數位的真人實境秀，女孩在上面展現自己傳統女性的一面，炫耀她們是超級好友、派對女孩、懂得物質享受，並且有著性感的一面。女孩們其實都知道，這是一個充滿幻想的世界。她們對它翻白眼、抱怨，也對那些上傳看起來根本不像她的修圖照片的女孩嗤之以鼻。

然而，她們無法將視線移開；她們無法停止。

「妳不知道我讀了多少篇文章告訴我，不該相信我在網路上看到的東西，以及為什麼我不該因此感到難過，」伊莎貝爾告訴我，「我知道這不是真的……但是當我看著手機，看到有人分享浪漫晚餐的照片時，我在當下不會記得她們的生活並不完美，我只會記得我又餓又累，而她們卻有可愛的另一半為她送來食物。」

女孩們可能對社群媒體採取這種態度——**厭煩、矛盾和極度脆弱**——因為她們從來不知道一個沒有社群媒體的世界。她們別無選擇，只能**容忍和適應**。「這就像在妳的生活中有一個朋友，」瑪雅解釋說，「妳喜歡她，妳與她交談，而當有人問，『為什麼妳們兩個是朋友？』時，妳會說，『我不知

＊馬諾洛・布拉尼克是西班牙鞋履設計大師，被譽為世上最偉大的鞋匠，於一九七六年成立同名品牌。此品牌的高跟鞋典雅別致，展現性感魅力。

道，因為我們就是。』在妳的生活中存在這麼久的人，感覺起來就像一直在我的生活中一樣。」

這是一個很有智慧的比喻。**友誼必須被仔細檢視，以確保它滿足我們的需求**。社群媒體也是如此。

有時，因為沒有任何一個朋友可以滿足我們所有的需求，所以我們需要學會獨處；其他時候，**我們必須表達並挑戰人際關係中對我們沒有幫助的部分，尤其是當它正在傷害我們的感受時**。社群媒體也是如此。

CHAPTER 3

女孩為何愛談肥胖話題？

找到內在核心，從別人的眼光中掙脫

我沒有哪一天不在意自己的外表。

——比安卡，十七歲

提供支持，擺脫「身體形象」的束縛

女孩們在年紀大到可以端起食堂的托盤前，就在擔心發胖——對體重感到焦慮，在學齡前就可能浮現。百分之四十到六十的小學女生會監測自己的體重。到青春期時，多達一半的女孩都做過「極端」的節食，包括禁食、嘔吐，以及使用瀉藥和減肥藥——坐在你汽車後座上的兩個女孩之中就有一個是如此。

林迪・韋斯特（Lindy West）在她的回憶錄《女大當自強》（*Shrill*）中寫道：我不在乎我們送了多少名女性進入太空；在女孩成年後會進入的這個世界中，胖女人的身體「被嘲諷、被公然羞辱，並認為這與她在道德和智力上的挫敗有關。」**女孩的外表不僅影響她的思想、學習和與他人的關係，還會影響她的潛能。**是的，我們在促進社會反思這個問題上已經做了很多，但還遠遠不夠。

因為即使一個女孩的思想能從社會限制中解放出來——妳可以成為任何

妳想成為的人——但她的身體仍然承載著壓迫女性的悠久歷史：妳無法以任何自己想要的樣子來呈現自己。

女孩的身體仍然是一個被社會要求保留女性氣質刻板印象之所在，她們仍然必須穿比基尼自拍、穿托高型胸罩和低腰緊身牛仔褲。即使一個女孩的胸懷可以變得很大，但她的身體仍被要求保持嬌小。

事實上，如果你想知道我們究竟還有多遠的路要走，只要請一群女孩談論她們自己的身體就可以了。你很快就會了解到，**身體永遠不僅僅是一個身體，而是一個女孩的價值、受歡迎的程度和潛能的標記**。我們厭胖、崇拜瘦身的文化，已經將纖瘦變成一種終極的資產，並且與其他一系列寶藏連結在一起：財富、智慧、朋友。

女孩，特別是那些白人或富裕的女孩，被灌輸纖瘦的人在各方面都會成功，而超重則是不討人喜歡且是懶惰的。考特妮·馬丁在《完美的女孩，飢餓的女兒》中寫道，「如果妳超重，即使妳是聰明、有活力、風趣和有貢獻的人，也將沒機會過上完美的生活。」

纖瘦理想——一種要擁有理想的且通常是纖瘦身材的壓力——分散了女

孩每天工作和生活的注意力。從青春期開始，對身材的有害思想被認為是女孩罹患抑鬱症的主要原因，且發生率是男孩的兩倍。其中大學女生最容易出現飲食失調的問題。然而，我們很少談論「**身體形象**」和「**身材羞辱**」的問題，它們已經成為女孩成長過程中的白噪音——我們知道它存在，卻很少加以討論。

確實，在這本書中採訪的女孩，大多認為社會對她們大腦和身體的攻擊沒什麼特別的，只是身為女性要承受的一部分。但是，當我們將女孩在她們一生中最困難的時刻所承受的痛苦，解釋為一種「過渡儀式」（就像我們長久以來都習慣了女孩要變成「辣妹」就要學著霸凌人一樣），我們就是在合理化不用對此特別做什麼的決定。我很久以前就知道，**女孩的沉默或聳肩很少是一個「她沒事」的信號，它幾乎指向一個潛藏的內心掙扎**。

但是，我們在這個問題上仍然保持沉默，只有在女孩明顯生病時，才會對她們的身體給予真正的關注。在緊急情況下進行干預，可將諸如節食、對身體過度迷戀和身材變形等令人不安的行為，重新命名為青少女成長過程的副作用。

正如美國國家飲食失調症協會（National Eating Disorders Association）執行長克萊爾・米斯科（Claire Mysko）告訴我，我們「讓那些女孩更容易看到在生活中過度在意飲食、體重和身體形象，會對生活品質造成嚴重影響，並且說，這不是我，我沒有那麼嚴重。」

這就是為何本章絕非探討關於飲食失調的女孩，或是挨餓、暴飲暴食或催吐的女孩，而是關於如何**為大多數年輕女性提供支持，去面對身體形象令人疲憊的日常挑戰**。她們是「正常」的女孩，對她們來說，對身材的監控是一種看不見的、如影隨形的疾病——一種認知上的病毒——那些關於吃什麼、何時吃、何時運動，以及如果妳沒做到（或做不到）這些，會影響著女孩每天的活動和人際關係。

本章探討身體——不僅僅只是一個身體，它越來越成為女孩表現、努力和取勝的工具，同時也是另一個可能破壞女孩自信、勇氣和真實性的部分。

在撰寫本章時，我了解到賦權女孩的工作，不能只是關於她們腦袋裡的想法，父母還必須了解女孩生活中身心的狀況，並幫助她們重新進行兩者之間的連結。本章將告訴你該如何做到這一點。

女孩的身材曲線：轉化中的身體

少女時代和身體形象與青春期爆炸性的發育結果起了衝突。隨著青春期的逼近，女孩的身體會發生根本的變化。體重增加可能會來得既突然又令人困惑，給女孩一種對身體失去控制的印象；嬌小的臀部、平坦的胸部一度符合文化對纖瘦身體的要求，如今則被更寬、更軟、更厚的東西所取代。她的身體形象（當女孩照鏡子時看到自己的樣子，或在腦海中描繪自己的樣子）被扭曲了。她對身體的自我批評——我為什麼穿那套衣服？我現在好胖。如果我不點沙拉，每個人都會認為我很胖。我吃得太多了嗎？我應該再跑個十分鐘嗎？——會在青春期加劇。

此外，分心的程度也會加劇：在課堂上，一些女孩開始拉下襯衫以掩蓋察覺到的那一圈肥肉；她們在做筆記、聽演講時，會交叉和扭動雙腿，以減少脂肪團的出現；她們坐在椅子的前緣，把腿抬起，在地板上踮起腳尖，這樣大腿不會碰到椅子，看上去會「更瘦」。隨著女孩花更多時間看手機，她們不斷看到大量令人難以置信的經過完美調色、修飾的身體圖像。

青春期晚期的特徵是「過渡」：過渡到新學校、新住所和新工作。壓力很大。女孩們必須建立新的社交網絡，並發現新的支持來源。

大學還是許多女孩第一次在沒有父母指導下選擇自己吃什麼東西的時候，並決定如何以及何時在全年每天二十四小時開放的健身房裡運動。女孩的睡眠和飲食方式發生了變化；青春期的變化沉澱下來了，她必須開始接受身體已經出現的改變。

在此期間，女孩必須在各個領域脫穎而出的那份壓力越來越大，且越來越反映在她們的身體上。身體是角色衝突張力呈現與碰撞的地方（要同時當個學者和性感尤物，改變世界的人和皮包骨女孩）。

僅僅變瘦已經不夠了：身體現在也有自己的履歷。變瘦的方法與夠不夠瘦一樣重要。妳跑步嗎？旋轉？跳躍？妳是無麩質飲食、生機飲食、植物性飲食，還是天然飲食？妳喝果汁排毒嗎？妳做了「腰部訓練」嗎？就是在晚上穿緊身胸衣——是的，就像維多利亞時代的束腰，可以使妳的腰部縮小（「一個女孩告訴我，它看起來很奇怪，但不會損壞妳的器官。」）妳是否在社群媒體上將這所有內容記錄下來？

許多女孩使用自己身體的方式，就像處理Instagram上的一則動態訊息一樣：將它視為一個平台，向他人展示自己精心設計的自我形象。只要妳外表看起來不錯，沒有人會知道妳擔心化學考試不及格；當妳外表體面時，人們也會認為妳有能力。「以身體進行報復」是名人自我改造以報復過去被朋友或伴侶委屈的恥辱，曾在二〇一七年由科勒・卡戴珊（Khloé Kardashian）主持的同名節目*中風靡一時。《浮華世界》（*Vanity Fair*）雜誌報導說，被拋棄後改變身體是「一種做某件事，並感覺自己仍然能夠掌控一切的方法」。二十四歲的凱特琳用她的身體解釋說：「妳可以證明一些東西。妳可以證明自己在生活的某個方面被認可，以使往後的人生看來一切就緒。」十七歲的越野跑步運動員阿米拉說：「瘦不僅可以為女孩帶來信心，而且可以『得到自我認同』。」

如果按照馬丁的說法，「美是成功的第一印象」，那麼，增加的體重便不僅僅意味著一條寬鬆的褲子——那些體重還預示著妳人生曲線的全面下滑。潔西卡・韋納（Jessica Weiner）在《不讓生活從減少五磅肥肉後才開始》（*Life Doesn't Begin 5 Pounds from Now*，暫譯）一書中寫道，被認為肥胖，便表示妳是個「徹底失敗的女孩」，是一個「沒人要、凌亂的、醜陋的、失控的、愚蠢的、懶散的、不受歡迎的人」。身體可能是女孩認為她沒做到的所有事情中最顯著的象徵。

凱特琳補充說：「如果妳無法達到自己想要擁有的身體，妳在這方面失敗了，意味著妳在人生其他領域的成就也失敗了。如果我不夠瘦，我怎麼能期望自己在學校有好的表現，當一名優秀的學生，對自己的經濟狀況感到安穩，或在友誼中感到安心？它使妳對其他事情產生懷疑。」

阿米拉更簡潔地說：「如果妳表面上做不到，妳的內心也做不到。」

另一方面，對於渴望知道自己做對事、勤奮努力的靈魂來說，減肥可以讓她看到確實的進步。就像在Instagram貼文上累積的「讚」，或者在線上評分系統看到飆升的學業成績平均點數一樣，身體會提供立即的滿足感：在吃早餐前的一個平坦的腹部、縮小的牛仔褲尺寸，以及針對妳苗條的自拍照給

---

*《卡黛珊：腹仇者聯盟》（Revenge Body With Khloe Kardashian），是美國頻道播出的健身改造實境節目。

予一連串的讚美和評語。馬丁寫道：「我們要花四年的時間，才能在我們的大學文憑上看到『最優等成績畢業』的字樣，但我們只要踏上磅秤，就能立即知道自己是成功還是失敗。」**與其他較難取得成就的領域相比，身體可以公開地展示它的成功**。你可能看不到女孩的考試成績，但你從建築物的一側就能看到她的完美翹臀。

身體也給人控制感。不公平的教授、沉悶的打工經驗，以及無聊的週六夜晚，可能在大部分時間都不受你的控制，但身體卻不是。毫無疑問地，身體完全是你自己的。一位大學生對我說：「我確實可以控制吃進身體的東西，以及我要如何對待我的身體。如果我連自己的身體都無法控制，那我還能控制什麼？」

然而，無論女孩去到哪裡——在食堂、在體育館或在課堂上——都一定會看到一個更姣好、更緊緻、更纖瘦的身體，是她沒有或無法擁有的。總是有人大腿比較細、鼻子比較秀氣、臀部比較翹、腰圍比較小、牙齒比較整齊、腋毛比較少。總有個人會讓妳感到怨恨和嫉妒，而這個人也許就是妳最好的朋友。

身體總是在那裡。妳每天都看得到妳上臂的蝴蝶袖，或是每當看到鏡子裡自己的小腹時就會心情沉重。「妳醒來，這是妳的，」凱蒂琳告訴我，「這不是妳可以放在一邊的東西。妳可以在下午五點鐘離開辦公室，並選擇要不要把工作帶回家，但妳沒辦法離開妳的身體。」身體無法被分開成不同的部分。

女孩很清楚別人如何看待她們，會影響她們的形象。十七歲的伊亞納告訴我，無論妳的目標是什麼——是那個「參加每個社團和活動，有一天要成為總統的女孩」，還是「端坐著把手放在大腿上的家庭主婦」，妳最好都要瘦。「為了成功，無論妳是什麼身分，」她說，「妳都要想辦法控制好身體的尺寸。」

當父母和女兒談論身體形象時，要掌握兩個關鍵：首先，她在鏡子中看到的自己，可能與你眼中的她有很大的落差。其次，當你以消極的方式喚起她對身體的關注時，即使是為了提供幫助，她幾乎總會把它聽成——她沒有達到一個女孩應該有的樣子，並且辜負了你對她的期望。如果女孩將「成功」、「討人喜歡」和「自我價值」的想法灌輸給她們的身體，那麼，你對她身體的評論，可能也會被她認為是對這三者的評論。

即使你不是批評，她也很可能認為是。妳可以這樣想：女孩很容易聽到批評的聲音，即使你根本沒有對她生氣。當話題涉及她們的身體時，她們會同樣地敏感。**女性的耳朵總是會被隱藏的批評刺傷**。「妳打算吃（或訂）那個嗎？」會被她們立即解讀為「妳沒有本錢吃進那些卡路里」。「妳不想在舞會時看起來不錯嗎？」會被解讀為「無論妳要吃什麼都會讓妳看起來太胖，而不被別人認為具有吸引力。」「妳真的還餓嗎？」意思是「如果妳想看起來不錯，妳不能吃那麼多。」

這類的對話充滿地雷。一方面，你的女兒需要你清楚地告訴她，她的外表並非她的個性、能力或潛能的衡量標準。然而，她身邊的世界不斷地告訴她相反的事：社會地位和成功以及在現實生活中所有美好的事物，都與外表有難解的關聯。你可能會感覺被逼到一個無可轉圜的角落。是的，作父母的工作是提供女孩免於遭受有害訊息的庇護所；但透過這樣做，你自己也可能成為目標。她可能會把一直困擾她的訊息拿來對付你：「你真的認為世界會在乎我有多好嗎？你根本不知道你自己在說什麼。」當她在更衣室崩潰，或是當她安靜又苦悶地盯著車窗外時，熱烈的感謝不會是她的第一個反應。這對你的教養技巧是個很大的考驗——這不只令人精疲力盡，也感到不值得。

在這些時刻，她需要你提醒她：她不僅僅是個數字——不只是她的體重、牛仔褲尺寸和身體質量指數（BMI）；不只是她今天吃了多少卡路里，或是她健身了多少次。你喜歡她的什麼特質是與她的外表無關？茱莉亞．泰勒博士建議，**幫助女孩與她們喜歡的事物、她們擁有的古怪特質，或她們扮演的重要角色建立聯繫**。她的朋友或家人會用哪三個積極的詞彙來形容她的個性？如果文化將女孩的價值簡化為一個身體，父母必須介入給她肯定——她比這個要多得多。提醒她，**別人「更好」的特質並不會抵銷她的價值**；換句話說，別人漂亮，並不代表她不漂亮。

如果你的女兒超重，請記得，她很難不聽到羞辱的言語。你的批評，儘管可能是善意的，也會使她失去庇護所——在那裡，她能以自己的樣子感覺被愛。試圖透過她看重的事物進行對比來激勵她——「如果妳變胖了，妳的男朋友可能會對妳失去興趣」——這與給她安全的激勵因素完全不同；它還可能導致女兒因為恐慌或憤怒，做出激烈且不當的選擇，而不是激發她真正想改變的渴望。

除了少數例外，大多數以外表為主的身體評論，通常會加強女孩認為自己的首要任務就是「注重外表」的觀念。有證據顯示，父母會對女兒的外表更加挑剔：二〇一四年，父母在谷歌上搜尋「我的女兒超重嗎？」比搜尋「我的兒子超重嗎？」的比例高出百分之七十——儘管男孩事實上往往比女孩重一些。

大人如果要對女孩的身體做評論，應著重於幫助女孩注意她的身體需要什麼，來變得強壯健康並可以好好運作——無論是為了她學習、運動，或是工作的需要。**對自己的身體感到自在——真正的、持續的感到自在——永遠不是藉由外在因素**。

與其談論女兒的體重，不如考慮調整談話的重點。體重與她身體預期順應的社會要求緊密相關——它會立即讓女兒自問：我太重了嗎？相比之下，把焦點放在身體上，會讓談話觸及的內容更廣泛。現在妳的身體需要什麼來變得強壯？妳的身體需要什麼來讓妳感到快樂？妳感謝妳的身體能做到什麼？如果談論「體重」會讓女孩把焦點放在取悅他人上，那麼，透過引導她談論她的「身體」，便是在邀請她對自己的身體擁有自主權。**她越是專注於別人期望的噪音，就越難聽到自己的想法和需求的聲音。**我們知道，**一個女孩能發展出健康的身體形象，是當她的身體取悅的是她自己，而不是別人時。**在有組織的體育運動中尤其如此。據「女子運動基金會」（Women's Sports Foundation）表示，女性運動員比不參加運動的女性擁有更積極的身體形象（和更多自信）。

讓女兒知道你對自己身體的哪些方面心存感激。也許你的身體讓你能夠長時間散步或騎腳踏車；也許你的身體讓你能夠做重要的工作或照顧你所愛的人。你喜歡自己的身體什麼？你喜歡女兒的什麼？你感謝你的身體允許你做什麼？父親的想法在這裡同樣重要。

你對文化的評論也是關鍵。你可以指出廣告和螢幕上看到的瘦身有多不自然。例如，你可以說：「妳知道沒有人真的像那樣，對吧？」或是，「妳能想像她每天要鍛鍊多少個小時，以及她可能要吃得很少，才能看起來像那樣？」或是，「好吧，如果我有一個私人教練，我也可以有那樣的屁股，但現在我有更重要的事情要做。」我們知道具有媒體素養的女孩——她們更了解媒體如何操縱身體形象和扭曲消費者的看法——也會具有更健康的身體形象和飲食習慣。此外，可以確定的是，就算你什麼都沒說，女孩還是會想這些事。

注意力渙散：對身體過度思考

女孩們在訪談時對我吐露她們對自己身體的想法——聽起來近乎殘酷。對身體形象的擔憂占據了她們的注意力，讓女孩無法專心學習、建立關係和參加活動，更不用說搞得她們精神渙散。

十七歲的比安卡告訴我，從六年級開始，「我沒有一天不看著鏡子中的自己，然後想，『我今天看起來不錯』，或是『我今天看起來很糟糕』，抑或是『我看起來如何如何』。這對我的生活來說很重要。我沒有一天不在意自己的外表。」

她繼續說：「這永遠是個潛藏的想法，如果我跟朋友在做運動，就會想

『我穿這些體育服裝看起來如何？』如果我跟朋友坐在一起，我會懷疑是否看起來很胖——我希望不會。高中時期，她在上數學課時，會試著收縮肚子來緊緻她的腹部肌肉。「欸，妳是在上數學課耶！」她告訴我，「專心上數學課！妳在幹嘛？」她在臥室裡經常功課寫到一半就停下來做仰臥起坐。她的父親還會探頭進來為她加油。

一個名叫卡維亞的高中一年級學生，在寄宿學校的自助餐廳裡，會好好地把義大利麵裝滿一半的餐盤。「如果可以讓我自己決定，我會裝滿兩個盤子，」她告訴我，「但我覺得別人都在看我。他們可能在想『她怎麼有辦法吃下這麼多啊？』他們現在可能會更常注意到我，心裡想，『哦，她真的很胖，這就是原因。」她的朋友勞倫說，她的大一生活都花在注意兩腿間隙。「我會花很多時間注意自己的外表，而且會對自己有很多批評，」她告訴我，「我原本可以把時間拿來和朋友在一起或去做某件事，但我都待在房間裡盯著自己。」

如果你開始好奇，我可以告訴你，這些女孩都長得不錯。然而，在她們的腦裡，焦慮的念頭對她們造成很大的干擾，讓我不禁想像她們在認知上的負重感，就如同扛著二十多公斤的背包在生活一樣。當這些女孩一直被單一的執念所打擊時，她們該如何將生活過得有活力（她們是有活力的）？就像一個女孩告訴我，她在圖書館裡花了一個多小時說服自己不要吃司康；這樣算來，女孩到底少做了多少學習呢？心理學家說，答案是女孩的心力已經感到精疲力盡了：**女孩（不是男孩）對身體的監控會導致過度思考和抑鬱症**。

女孩們有多常會分心？我找不到任何回答這個問題的研究，所以決定自己找答案。去年我和《三葉草信》（*Clover Letter*）——一個給女孩的電子報——一起調查了將近五百名年齡介於十五歲到二十二歲的女孩。在受訪的年輕女孩中，有將近百分之四十的人說，她們每天至少會有六次被在意外表的念頭分散注意力；五個人當中有一個人承認，她們每天至少想到自己的外表十次，甚至更多。學校作業是她們最擔心的事，外表則是第二名。她們擔心更多的是關於她們吃的東西，而不是她們的友誼；她們更在意的是運動量，而不是迷戀的對象。大多數女孩說，對她們外表的關注有時會阻礙她們做自己喜歡的事。

當男孩在外表上面臨的壓力比以往任何時候都大時，女孩面臨的則是無法言喻的障礙。在進入青春期後，成熟的身體是女孩，而不是男孩，很快就會被標記為性慾投射的對象。在這段期間，她們以前所未有的頻率遭到同儕和大人的睨視與物化。

在美國七年級到十二年級的女生中，有超過一半的人說她們在學校曾被性騷擾，但只有百分之九的人投訴。二〇一四年，在英國的一項研究發現，「女童子軍」（Girlguides）（如同美國版的女童子軍）在中學或大學裡年齡介於十三歲到二十一歲的女性，有百分之六十的人表示，她們曾被性騷擾；有百分之二十的女性表示，她們在違反意願的情況下被觸摸。是女孩，而不是男孩，在網路上遇到高得不成比例的騷擾：皮尤研究中心（PEW）的調查發現，在網路上，十八歲至二十四歲的女性中，有百分之二十六的人被跟蹤，有百分之二十五的人是網路性騷擾的目標。

青春期是女孩明白性別規範的時期；文化的不成文規定在告訴女孩要有什麼樣的外表和行為。她們在此時**將自己的身體和聲音收縮起來，以減少占用的空間，目的就是為了受人歡迎，並被認為具有價值和吸引力。**

這些變化的總和——性成熟、被他人物化，以及首先「被喜歡」的要求——就是心理學家所說的「自我物化」，亦即當一名女孩將自己視為一個主要價值基於外表的對象之時。

「自我物化」與女孩在課業學習、社會適應、飲食失調、抑鬱和身材羞辱方面的問題有關；在調查中，此現象在女孩身上出現的最小年紀是十一歲。心理學家說，這裡的性別差異是如此之大，以至於女孩在這方面面臨到的挑戰，比男孩要大得多。

女孩的族裔和種族的差異在這方面的影響並不明顯。一方面，黑人女孩之於女性的身體形象，似乎比白人女孩之於女性來得正面，部分原因在於，一般來說，黑人女性能接受的理想體型尺寸較大。在一項研究中，當黑人女孩和白人女孩被要求定義她們理想中的美麗時，黑人女孩更有可能提及性格特質，比如驕傲和信心；白人女孩則會談及身體特徵，如金髮和顴骨。黑人女孩也比白人女孩更有可能以正面的態度看待身體部位。

然而，黑人女孩被刻板地認為相對不容易有飲食失調問題和對瘦身的迷思，因此導致許多人認為這些問題是「富裕的白人女孩的問題」。這是一個危險的迷思。雪莉・格拉貝（Shelly Grabe）和珍妮特・海德（Janet Hyde）針對一百項研究統合分析表示，有色人種女性與白人女性在這個議題上一樣掙扎。一般來說，西班牙裔和亞裔美國女孩對身體的不滿程度最低。研究人員最後得出結論，這個問題「可能不像文獻中所提的是專屬於金髮女孩的問題。」

話雖這麼說，富裕的女孩似乎更容易擔憂自己的身體形象。研究人員針對這個問題，追溯出一系列緊密相關且相互強化的因素：這些女孩經常被擔憂身體形象的母親養大，在高度壓力的社區環境中成長，並具有飲食失調的遺傳傾向。她們還與一起上學的同儕分享內心的掙扎。

女孩之間的「肥胖談話」

大多數的女孩在一天內聽到同儕貶低自己外表的次數多到數不清。「哦，我的天啊！我看起來好醜。我好胖。」十六歲的勞倫轉述她朋友的話，「或是當有人想拍張照放在Snapchat上，她們也會說，『哦，我看起來好噁心。我好胖。』」

十六歲的艾米在她就讀的公立高中上廁所時，會聽到女孩們此起彼落的自我批評。「我看起來好糟糕哦！我的臉今天看起來真的很胖。」馬丁稱此為「自我厭惡的儀式語言」；心理學家則稱之為「肥胖談話」，或是「身材羞辱」，它是女孩進入青春期要繳交的祕密會員費之一。

「肥胖談話」可以馬上達到三個目標：它為女孩提供一種出口，來表達對自己身體的羞恥感，讓她放心（「妳不胖啦，妳看起來很棒！」），並提供一個開啟對話的話題。「肥胖談話」在女孩之間普遍存在。二〇一一年，瑞秋・索爾克（Rachel Salk）和蕾妮・恩格恩—馬多克斯（Renee Engeln-Maddox）的一項研究顯示，有百分之九十的大學女生都在談論肥胖，儘管只有百分之九的人超重。「肥胖談話」幾乎只出現在實際上沒有超重問題的女孩之間。這根本不令人驚訝；朋友之間很少會討論真正的肥胖問題。

「肥胖談話」吸引人的地方在於，它能將女孩們凝聚在一起，而這是許多女孩經常選擇的破冰話題和交友利器。「哦，妳討厭妳的大腿？我啊，我才無法忍受我的肚子呢！」這是女孩在年輕時就學會唱的二重唱。自我貶低總是會得到恭維——「不，妳才不是，妳看起來很棒，妳想太多了」，「妳看起來一點也不差」，或是「不，我才是那個噁心的人」。

有些「肥胖談話」會從恭維開始。「我們會說，『我希望我看起來像妳，或是有像妳一樣的腹肌』，」一名二十四歲的女孩向我解釋，「另一個朋友會說，『我希望我像妳一樣瘦』。」**這建立起一種假象的親密感，一個感覺獨特甚至窩心的連結點。「肥胖談話」以犧牲貶低自我為代價來建立關係；**它還讓女孩有機會提升朋友的自尊心，在不斷削弱她們自我價值的文化中，給予朋友支持。

妳可能會想：哦，有這麼嚴重嗎？這是一個關於「感覺自己胖」的小玩笑，沒什麼大不了。但這絕非無傷大雅的閒聊：一份針對幾項研究的分析顯示，它與「身材羞辱」、「身材不滿」，甚至「飲食失調」都有關聯。在一項研究中，大多數會進行「肥胖談話」的女孩告訴研究人員，這麼做使她們對自己的身體感覺更好，但事實上，她們卻對身體表現出較低的滿意度。

女孩相信她們談到肥胖時會更受歡迎——儘管她們私底下說，她們其實更喜歡那些喜歡自己身體的女孩。當妳承認妳「肥胖」時，妳所得到的那些恭維呢？那些說她們對這些恭維感覺良好的女性，往往對自己的身體有更高程度的不滿和監測。

「肥胖談話」的問題出在，它感覺起來不像是一種選擇，而更像是別人對妳的一種期待。如果妳的朋友說她很胖，那麼，告訴她「她看起來很棒」往往還不夠，潛規則是，妳也必須宣布，妳感覺自己像一頭母牛。

研究證實，「肥胖談話」具有「傳染性」；當一個或兩個女孩開始這樣做時，其他女孩也會開始跟著做。但索爾克和恩格恩—馬多克斯的研究在這裡有個有趣的發現：女孩傾向認為，其他人比她們更常進行「肥胖談話」。當女孩越看重變瘦，她們就越有可能這麼想。研究人員稱之為「強制性規範」（Injunctive Norm）——你做某件事，是因為你認為你的朋友認同它。（同樣的道理經常也適用於大學的「喝酒文化」上：學生誤以為大多數的同儕都在喝酒，這反過來鼓勵他們開始喝酒。）

當我聽到女孩進行「肥胖談話」時，我想像她是在伸展「**自我打擊**」的肌肉——當她說：「我完全考砸了」，她伸展的是同樣一塊肌肉，或是在課堂上提出一個想法時說：「我不確定這對不對，但是……」，她用的也是同樣一塊肌肉。她使用這塊「自我打擊」的肌肉越多，就越少使用「自我肯定」的肌肉。無論它看起來多隨性，進行「肥胖談話」就是一種對自己的習慣性侮辱。

幫助你的女兒停止「肥胖談話」最好的方法，來自父母以身作則的力量。尤其母親都是從中恢復過來的女孩，我們之中有許多人都會將青少年時期養成的習慣帶進成年生活。

一項由恩格恩—馬多克斯針對幾千名年齡介於十六歲到七十歲的女性所做的研究顯示，「肥胖談話」在女性的整個生命過程中仍在繼續。其他研究則發現，男人也會進行「肥胖談話」，但程度相對較低。

身為母親的妳，現在要問自己的問題是：妳有多常進行「肥胖談話」，以及妳是否在這方面也為女兒寫過對白。

妳多常談到妳吃了多少或妳吃了什麼？妳做了多少健身運動？妳有「多乖」或「不乖」，所以值得（或不值得）吃一些容易發胖的食物？妳有多常談論到其他人的體重或外表，並認為對方比妳「更好」？妳是否經常對別人吃什麼（或不吃什麼）發表評論？妳是否經常在說自己的身材哪裡不好，或是關注其他人「更好」的身材？所有這些都是「肥胖談話」的內容，而妳的女兒正在觀察和聆聽。

伊亞娜告訴我，父母「必須更了解他們所做的每個小動作的重要性。」

在一個「肥胖談話」聲量這麼大的世界裡，沉默可以成為對付它的有效對策。

一名女孩的母親記得她的父親從未對自己或任何其他女人的外表和身材發表過評論。「在我長大，聽過許多其他『父執輩』的長輩對女性的評論，甚至是相對無害的評論，『哦，那個女演員的身材很棒』後，我才意識到我有多感激在成長的過程中，我生活裡的成年男性沒有做過這類的評論。它確實神奇地保護了我的自我意識。」

如果妳不確定自己進行了多少「肥胖談話」，妳可以詢問妳身邊最親近的人，包括妳的女兒。無論妳得到的答案是什麼，都要願意接受，然後承諾不再這樣做。更好的是，讓妳的女兒和妳的朋友在聽到妳進行「肥胖談話」時提醒妳。這是一種根深蒂固的習慣，可能會在無意識的情況下進行。

專家認為，人們以「肥胖談話」來取代分享困難的感受。在二〇一五年被移除之前，臉書上曾真實出現過「感覺很胖」的心情符號，選擇它比告訴朋友你有多害怕或感到不安來得更容易。

有些女孩以對身材的焦慮作為藉口，不去從事健康的冒險，並追求她們喜歡的活動。一名想競選學生會會長的女孩，因為擔心自己不夠受歡迎而退出，她擔心的原因是，她沒有「合適」的身材或頭髮。一名想參加運動校隊的女孩認為自己「不夠瘦」，所以沒辦法參加。

泰勒建議女孩**發覺「肥胖談話」底下的意涵，揭露出驅使自己進行「肥胖談話」的感受**。例如，如果一個女孩說「我穿每一條褲子都看起來很胖」，想想她真正的感受是什麼。她是否對於自己出門的樣子太過在意或緊張？她現在需要父母什麼樣的協助？她需要的是連結感或安心感嗎？以提問重新對女孩的思緒進行引導，幫助她了解其不安感更深層的來源。下次當身為母親的妳又有「肥胖談話」的衝動時，先問自己這些相同的問題。

讓女孩停止回應「肥胖談話」是更困難的工作。拒絕參加「肥胖談話」或改變主題以避免這樣做，會讓女孩感覺自己對人太冷漠。「肥胖談話」是女性表達謙遜美德的一種潛規則（當其他人貶低自己時，妳也要跟著做，要不然就會被認為自大）。這就是為什麼「攤開來談」是最好的辦法。

女孩可以告訴她身邊信任的朋友，她想努力改掉自己「肥胖談話」的習慣，也希望停止和其他人一起進行這類對話。女孩可以用「關愛他人」的方式來進行這個轉變：「聽到妳這麼說自己，我很難過。」女孩也可以表達自己的觀點：「我認為『肥胖談話』對我們所有人都造成了傷害。」

事實上，「肥胖談話」在過重女孩的耳朵裡聽起來很殘酷。以閒聊的方式問「我看起來胖嗎？」對過重的人來說是一種真正的酷刑。瑋娜告訴我，「肥胖談話」是一個「人們害怕變成……『妳』」的提醒。每當一個女孩在一個過重的同儕面前進行「肥胖談話」時，她都在發出這樣的訊息——她「寧願死也不要胖」、「擁有肥胖的身體是最糟糕的命運」。選擇停止「肥胖談話」不僅僅是一個健康問題，它也是一種道德選擇和良知行為。

手機螢幕上的魔鏡啊魔鏡，誰是動態牆中最瘦的人？

我們長期以來都知道，電影、雜誌和電視這些媒體所呈現的部分內容，會對青少年的身體形象造成傷害，但新媒體在這方面的影響卻鮮為人知。大多數的教育工作者和家長都認為，社群媒體最迫切的威脅，是它可以被當作霸凌或犯罪的工具，因此，他們大多將關注的焦點放在「數位公民」的素質培養上。但隨著擁有智慧型手機的人口年齡快速下降，新媒體造成的最大問題已經發生了變化。

社群媒體如今已經成了一面有害的鏡子：二〇一六年，心理學家發現第一個跨文化的證據，將社群媒體與青少年對身體形象的擔憂、節食、身材控制和「自我物化」的關聯性連結起來。女孩的變化是根本的：在網際網路出現之前，她必須走到超市去買一本封面有名人展現身材的雜誌，或至少走到浴室偷拿媽媽放在那裡的雜誌。現在她們幾乎有無窮無盡的圖片可以瀏覽。女孩們可以花上幾個小時關注名人健美的手臂或臀部，這些名人展現自己的身材就像在展現他們的才華一樣。

像臉書、Instagram和Snapchat這樣的視覺平台，也將聚光燈打在女孩身上。如果女孩曾將她們的身材與永遠不會見到面的模特兒身材做比較，那麼，現在社群媒體可以讓她們與宿舍或教室裡的人做比較。

在一項研究中，大一女生比起大一男生更有可能說，臉書使她們對自己的身體感到不滿。另一項研究發現，在臉書上發文、標記和編輯圖片，與「對體重不滿」、「追求纖瘦」和「自我物化」有所關聯。最容易受影響的用戶，就是花費最多時間發表動態、評論和拿自己與照片比較的人。在臉書上這樣做的女大學生，更有可能將她們的自我價值與外表聯繫起來。

二〇一六年下半年，研究人員首次發表了Instagram對身體形象的影響。他們對女大學生的研究發現，「突然接觸到纖瘦且具有吸引力的女性名人形象，對女性的情緒和身體形象有直接的負面影響。」

得益於一系列免費應用軟體，自拍愛好者現在能以幾乎媲美化妝和其他美容產品的方式，來改變他們的身體。如果網際網路被稱為偉大的民主化推動者，那麼，社群媒體所做的，就是讓任何人都能進入這場選美比賽。所有這一切都給女孩提供了一種虛幻的控制感：如果我花更多時間好好努力，我就可以變得更美麗。「我今天沒辦法選擇我走出家門時的身材，」一名年輕女性告訴我，「如果我有辦法，我會讓我的身材不一樣。但我可以選擇哪張照片讓我的手臂看起來更細。」青少女可以遮掉她的青春痘，滑滑手指把牙齒美白，修飾照片讓自己變得更漂亮、更瘦、更辣。「今天許多女孩最崇拜的偶像身材，並不是家喻戶曉的名字。」瑋娜告訴我。

確實，正如專門研究社群媒體和身體形象的吉爾・沃爾什（Jill Walsh）博士向《紐約時報》表示：「女孩們並非人們以為的那樣，經常把自己拿來與媒體上的理想身材做比較，但她們正在與同儕進行『微比較』。這不是像穿比基尼的我和穿比基尼的吉賽兒・邦臣（Gisele Bündchen）做比較，而是穿比基尼的我和我穿比基尼的好友艾米在做比較。」

這可能會讓追求纖瘦的理想感覺更容易達到，但它卻也可能**擴大女孩之間的競爭**。二〇一六年關於Instagram的研究發現，觀看名人和觀看纖瘦、有吸引力、不認識的同儕之間，給女孩帶來的負面影響並沒有差別。Instagram「將兩者展現在一個一樣的平台上，」研究人員寫道，而且因為名人張貼他們的私生活照片，「觀眾會感覺與他們個人聯繫更加緊密。」在我與《三葉草信》的聯合調查中，有三分之一的女孩說，看社群媒體讓她們對自己的外表感覺更糟。

但也並非全都是壞消息。許多女孩正在網路上開啟關於身體的對話，目的通常都為了打破纖瘦理想的神話。這個運動——被稱為「身體自愛」

（Body Positivity）或「肥胖接納」（Fat Acceptance）——在挑戰「脂肪恐懼症」和「體重偏見」，並主張接受任何尺寸的身體。它提出，肥胖並不是一種道德上的失敗，而往往是較慢的新陳代謝、社經地位，以及「意志力」之外的許多因素加起來的副產品。此外，一些研究表示，節食可能會損害身體的新陳代謝功能；而其他研究表示，長期來說，減重很少可以持續。

在Instagram上，像「MyNameIsJessamyn」之類的帳號，展示了真實、曲線優美的女孩和女性的照片。在一則貼文中，潔西納・史坦利寫道，「我的身體象徵力量、值得被尊重，但最重要的是，我的身體只屬於我。無論仇恨者怎麼說，#這個身體（#thisbody）屬於我。我將展示它應得的尊重。」史坦利有二十八萬三千名粉絲；她的這則貼文得到近萬人按讚。

瑋娜表示，這些女孩利用社群媒體「讓隱形的身體被看見」。網際網路「允許來自世界各地的女孩，以前所未有的方式形成團體和連結。這對有色人種的女孩尤其重要，因為她們經常被排除在關於身體形象的主流討論之外。」對於感覺孤單和被誤解的女孩來說，「一名陌生人的部落格或ＩＧ動態，顯然可以讓需要幫助的女孩產生更多共鳴，促進與他人健康的連結，並檢視自己在身體形象方面的問題。」

主流媒體也開始關注這個問題。自二〇一七年以來，為《紐約時報》報導餐飲業新聞的塔菲・布羅德瑟—阿克納（Taffy Brodesser-Akner）寫道，雜誌的頭條新聞開始「承認也許女性雜誌並不知道妳的身體應該要有什麼尺寸，或是可以變成哪一種尺寸。」像是「變瘦！」、「控制飲食！」、「本月瘦個五公斤！」這類的節食標語被「健身！」、「成為最健康的自己！」、「變強壯！」的句子取代。她寫道，節食現在被很多人認為「是俗氣的、反女權主義、不可思議的。」

「健康」產業在網路上快速崛起，已在社群媒體上培養出眾多的健身名人。他們的動態消息大多是每日的「身體質量指數」測量值、蛋白質菜單，以及日常的健身行程。數以百萬計的追隨者接受他們的飲食和運動方案，然而，當越來越多人在追求「健康」和「乾淨飲食」時，它們反倒成為更多「節食」和「斷食」的隱形掩護。

今年，由L・波普爾（L・Boepple）和J. K. 湯普森（J. K. Thompson）對五十個所謂的「健身」（Fitspiration）網站進行分析，發現上面的訊息有時與「親厭食症」（Pro-Ana）或「勵瘦」（Thinspiration）網站的訊息幾乎無法區分；兩者都使用強烈的語言，引起人們對體重或身體的內疚感，並促進「節食」、「節制」，以及對脂肪和體重的汙名化。

同樣地，以持平的觀點討論社群媒體才是最佳的對話方式，對網路帶來的好處保持開放態度。問你的女兒：她喜歡社群媒體的哪些部分？她對人們用社群媒體來修飾外表有何看法？人們從中獲得什麼，從誰那裡獲得？她在網路上看到其他人的身體形象後有何感受？有時年輕人只要能分辨自己的感受，並知道這是正常的，就不會感到那麼孤單。告訴女兒，她比她的外表或別人給她的讚更重要。在她看著手機螢幕這面「鏡子」時，記得對自己說一句老派的「我愛你的樣子」，可能比以往任何時候都來得及時。

女孩如何找回自己的直覺

當一個女孩在談論某個問題或挑戰時，表現出異常強烈的情緒，我會試著去了解潛藏在底下的是什麼。我會針對她的問題提出兩個問題：第一，

「如果妳的擔憂成真，會發生什麼？請再多說一點」；第二，「如果妳的擔憂成真，意味著什麼？」當你幫助女孩揭露她更深層的恐懼，她們可開始加以了解，你們也能在談話中有真正的進展。

這些問題很有用，因為女孩經常對她們生活中的挑戰賦予過度誇大的意義。考試考得不好，對她們來說很少只是成績的問題——這意味著：「萬一它毀了我的總成績怎麼辦？」「萬一我無法進入一間好的大學／研究所／公司怎麼辦？」「如果我沒有成功怎麼辦？」「如果我沒有美好的生活怎麼辦？」「身材羞辱」也是如此：女孩以擔心自己的身材作為一種手段，來表達對自我價值、是否受歡迎、是否會成功這些凡是人就會有的擔憂。

剛結束大一生活的凱蒂，十九歲，就讀東北部一所州立大學。她來自附近大城市的中上階層郊區，但她與許多同齡人不同，凱蒂自己負擔一半的學費。她決心在經濟上獨立，從十六歲開始，就在零售店和餐館打工過很長一段時間。在高中時，凱蒂經常在凌晨一點幫忙她打工的餐廳關門，她值的這個班剛好從高中課後開始。

凱蒂拒絕就讀已錄取的私立大學，她堅持不要有債務問題。「我永遠不想依靠另一個人照顧我，」她告訴我，「我希望能夠養活自己，並有穩當的財務狀況。」

當服務生的經驗，讓凱蒂學到待人處事的技能、責任感和珍惜金錢。她對自己很自豪。「我知道如何當一名好員工。」她告訴我，直視著我的眼睛。當然，生活已經在某種程度上變得更困難，她也知道這一點。「但我真的很珍惜所學到的東西以及我自己的努力，因為妳無法從其他任何地方得到這些。」

在她為了進大學而習慣給自己滿檔的日程安排後，大一生活對她來說是輕而易舉。她選擇雙主修商業管理和心理學，並且還有時間看電視和健身。「我根本沒有壓力，」她開懷地說，「我喜歡這種生活。」大學也是她試著發掘新自我的機會。她不再畫全妝去上課——她從以前在家鄉時就討厭這個日常儀式。

但有一件事她卻無法放下：她對自己的身體感到羞恥。當凱蒂談到她的身材時，她閃閃發光的自信蒸發了。她吐露道，「談到外表，我的自尊心就變得很低。」她每天會仔細審視她的手臂、肚子和大腿很多次。她感覺得到自己的蝴蝶袖，然後覺得很厭惡。她的新朋友不斷地談到對「大一增胖」*現象的恐懼。肥胖主題總是在空氣中飄浮著。

凱蒂最憎惡的是她的「腰間贅肉」。她幾乎是咆哮地說，她「不可能」穿任何會讓人注意到她腰間贅肉的襯衫。

我決定問兩個問題。「如果妳穿了一件露出妳『腰間贅肉』的襯衫，」我問凱蒂，「會發生什麼事？請再多說一點。」

「她們才不會花時間注意我呢！」她說。

「誰？」我問。

「男孩子。他們不是覺得我醜，就是覺得我胖。」

「妳這麼說是什麼意思？」

「從一個男孩子的角度來看，我這樣會有吸引力嗎？他們可以在派對上

---

*「大一增胖」（Freshman Fifteen）是在美國常用的說法，針對大一學生因為增加酒精的攝取，宿舍餐廳富含脂肪和碳水化合物的菜色，和校園附近到處林立的速食餐廳，而容易因此變胖的現象。其增加的體重被隨意地設定在十五磅，約七公斤。

找到更養眼的人。」

你看見了洋蔥的下一層皮：凱蒂的愛情生活。

「我沒有愛情生活。」她繼續說。她無法了解大學在這方面的社會排序。「這些女孩，她們真的看起來很普通，可是她們都有男朋友！我就會想，『我做錯了什麼？』」她告訴我。

有時她會假裝開心的表情去上課，但她其實只想躲在房間裡哭泣。不過，在大多數情況下，她會抬頭挺胸地加入這場遊戲。她盡可能地做健身運動；她會參加大學兄弟會在地下室舉辦的派對，並在那裡學習解讀過來搭訕的男孩傳遞的暗號。如果男孩自己過來邀舞，便意味著對方可能想跟她在舞池中親熱，有時甚至連話都不說。妳出現在派對上就表示妳是「為此而來」的，而這個「此」就是「親熱」。

但凱蒂對於親熱本身並不熱衷，因為她覺得自己被「物化」。「像這個來邀請我跳舞的男生，只是磨蹭著我的身體，也不想認識我是誰。我不只是一個身體啊，我是一個人呀！」她說。

凱蒂和我見面後不久，一個可能的戀愛對象進入她的生活中。他們親熱過一次，經驗很愉快。這個人說他剛去做了性病的檢查，並且他在週末時會參加一個派對。凱蒂試圖破解這些話背後的含義——也許在派對後，他想更認真地定義彼此的關係。

在派對當天，凱蒂發生了一場有驚無險的小車禍。突然間，她覺得內心有些東西改變了。她打電話給一個好友說，「我不應該和他在一起。」朋友將她突然改變的想法歸咎於這場車禍，但凱蒂覺得這背後還有更多的東西。

「我那時突然有種偶爾會生出的不祥直覺，」她告訴我。但她選擇忽略它。那天晚上，凱蒂失去了童貞。不久之後，她從急診室哭著打電話給那個男孩。她染上了生殖器皰疹。那個男孩也哭了，並說他在他們做愛後才收到「陽性」檢驗通知。他們無能為力，這是一種沒有藥物可以治癒的病毒。凱蒂希望他仍然想跟她交往，但這名男孩對進入一段穩定的關係不感興趣。

四個月以來，凱蒂討厭自己和自己的身體。她沮喪、生氣，且內心充滿羞愧。當她在秋季開學後回到校園時，經常思緒不定——她會突然在統計課上莫名地哭了起來。「我覺得生活糟糕透頂，不管是哪一方面。」凱蒂開始因為焦慮和抑鬱的問題看心理治療師。她不知道是否還有人會想跟她做愛。

現在，在將近一年的時間後，她在Skype上對著我落淚；我在她的聲音中聽得出羞愧。

「妳為什麼哭呢？」我輕聲地問，「是因為妳忽視自己的直覺，和他做愛嗎？」

「我想，我其實只是想要有性關係，」她說，「我都快二十歲了，卻還沒有和任何人做過愛。我在這方面對自己很嚴苛。」

「如果妳二十歲還是處女，那代表什麼？可以再多說一點嗎？」

「這代表我缺乏經驗，也無法參與朋友們的對話，」她啜泣著，「我從來沒想過我到了二十歲，還沒有交過一個真正的男朋友，或有一段戀情。我的生活現在變成這樣，是我從未想過的。我只想和其他人一樣，我只想當個正常人，而不是一個沒做過愛的怪咖。」

「如果妳是一個發生過性行為的正常人，又會怎麼樣呢？」

她解釋說，二十歲並擁有活躍的性生活，意味著她可以加入同儕的談話。「這意味著有個男人想要妳，妳有吸引力。如果人們可以正面看待妳，妳的自我感覺也會變好。」

凱蒂的某些焦慮是一種常見的**想融入的渴望，這種心理趨力大約從青春期開始，並讓青少年在整個青春期的過程中痛苦掙扎。**然而，凱蒂做出這樣的選擇，不只是因為她不想變成怪咖，也跟她沒有傾聽自己內心的聲音，以至於沒有設下保護自己的界線有關；並且，這也表示她不滿意自己的身材，覺得自己比別人差，對自己抱有羞愧感，以至於她會願意接受不值得的人。

女孩對自己身體的感覺，遠遠超出了飲食、運動的境界，還包括她如何看待鏡中的自己。凱蒂對於身體的羞恥感，讓她永遠感覺自己比同齡人低了一等。她認為自己的外形有瑕疵的想法，讓她感覺自己像個異類，彷彿她有需要被修補的缺陷。她對自己身體的憎惡，讓她採取會帶來危險的行動。

凱蒂拒絕服用治療師推薦的抗抑鬱藥，所以醫生建議她運動。她同意嘗試瑜伽。凱蒂現在跑步跑得比寵物店裡的倉鼠還多，但這些訓練感覺起來很不一樣——這些運動是為了她自己，而不是為了那團擠在襯衫裡的腰間贅肉，不是為了一個她可能在派對上會遇見的人，也不是為了讓自己感覺不像個怪咖。「這讓我對自己感覺良好，」她說，「這就像我找到了一個**內在的核心，它是一股讓我想要做得更好、讓自己變得更好的動力——這是一種內在**

的力量。」

凱蒂開始更常傾聽她的身體，選擇睡得更多，吃得更健康。「我第一次把身體放在優先順位，」她說，「我把照顧好自己的一切看得比以前更重要。」一旦凱蒂開始照顧她的身體，並不再讓身體作為別人品頭論足的目標，她的健康狀況也開始好轉。

她必須停止從世界的眼光來看她的身體——從那個角度來看，皰疹讓她變得噁心、沒人要。一旦她可以和自己的內在進行連結，她與她的身體便建立起更複雜的關係，在其中，皰疹只是她的一小部分——那是她的一部分，並不代表她整個人。

凱蒂意識到，如果她不照顧自己，沒有人會這麼做。「我只知道我必須傾聽自己的聲音，否則會把自己搞得很悲慘，」她告訴我，「這聽起來有點奇怪，但我就是知道它可能會有多糟糕。我永遠不想再回到那年秋天的樣子，我再也不想有那種感覺。」

隨著她與自己的身體做出新的連結，凱蒂發現自己越來越能夠聽從直覺來行動。她確定「約炮文化」不適合她。「從情感層面來看，我不能這樣做，」她告訴我。在一段純粹只有肉體的關係中，很少會產生真正的感情。「我是有感受的人，」她笑了，「我也知道，在真的進入一段戀愛關係之前，我想在情緒上做到超越百分之百的準備。我想做好準備。」

凱蒂將她對腰間贅肉的執著，轉換成一種更好的直覺：**告訴她真實感受的直覺**。我在本章中所採訪的女孩們，在關於她們與其身體關係的描述中，最終都歸結在一個問題上：「**我為了誰這樣做？**」**只有當她們開始為了滿足自己的需求而吃東西和健身，而不是以剝奪自己的自主性，為了別人的某種眼光來鍛鍊身體時，她們才能達到最佳狀態**。與女孩生活中的其他領域一樣，只有在女孩拋棄取悅他人的念頭後，她們才能找到自己的核心，並開始覺得自己真的夠好了！

CHAPTER 4

克服自我懷疑，勇敢踏出舒適圈

打破「固定型心態」，冒有益身心健康的風險

每次我成功地做到我原先害怕或緊張的事情時，
都會使我更加自信。
——潔西，十九歲

提升自信，行動帶來改變

在她來到我的「勇氣訓練營」前幾年，潔西害怕：與她不認識的人交談、在大眾面前發言和犯錯。她就讀位於西北部的一所州立大學，在學校她保持很高的學業成績平均點數，卻不參加社團和其他活動，不太跟人來往，並且住家裡，以通勤的方式上學。在課堂上，即使她知道答案，也很少舉手發言。「如果我說出來，我可能會說錯，或真的搞錯，或是以某種方式搞砸，或是把自己搞得很難堪。」她告訴我。

潔西的父母在幾年前離婚了，這件事摧毀了她的母親。目睹母親的痛苦，潔西深受刺激。「我不想讓我的恐懼妨礙我做我想做的事情。」她回想自己所做的決定。

她開始以上咖啡廳結識新朋友的方式來面對她的恐懼。在一般情況下，她幾乎連自己點餐都沒辦法，因為她擔心那些看起來酷酷的咖啡館服務生會對她有所評價。這次，她說：「我開始自己一個人做。我會跌倒，弄丟錢，讓自己看起來像個傻瓜。我強迫自己面對新的情況。」

一遍又一遍，當她內在的聲音發出焦慮的呼喊，潔西會反駁它，並叫自己放心。「沒有人關心我如何點咖啡；如果我真的跌倒了，也沒關係。」當她覺得這一切不堪負荷時，她會提醒自己「真的，如果我想在生活中做到任何一件事，我必須學會如何與人交談。」

潔西很快就發現，她的**勇氣是個可以自己回補的資源**。「每次我成功地做到我原先害怕或緊張的事情時，都會使我更加自信。」她說。當她面對一個新的冒險時，她會提醒自己，「我之前就做過類似的事，我可以再做一次！」從內心浮現的勇氣會讓人上癮，她想要更多。潔西害怕打針，所以她去捐血——她又征服了另一種恐懼。

當她來到「勇氣訓練營」時，她正在努力鼓起勇氣，面對一個徹夜不睡、在手機上大聲講電話的室友。我問她，如果她冒險，**可能發生最壞的事情是什麼**（當你的女兒猶疑時，這是你可以問她的一個好問題）？潔西加以思索，然後寫下她會說什麼和做什麼要求的腳本。她和一個朋友利用角色扮演來練習這個對話。最後，她去找室友談話。下一週，她的室友在她們宿舍房間門口貼了一張以書法寫的「安靜時間表」。

潔西學到了：**什麼能夠讓她踏出舒適圈？她如何召喚冒險的勇氣？什麼可以激勵女孩面對她的恐懼，並踏出令人畏懼的第一步？**在本章中，我將分享我所學到如何培養女孩自信的知識。

儘管女孩在很多方面都取得了進步，但男女之間自信心的差距仍頑固地存在。在一份針對二十年「全國大學健康評估」（National College Health Assessment）所做的文獻回顧中，加州大學洛杉磯分校的琳達・薩克斯發現，大一男生幾乎在每個與信心有關的類別上，都比同儕女性的分數來得高，而且通常都高到兩位數以上。男孩認為他們在學業能力、競爭力、情緒智商、領導力、數學、身體健康、人氣、公開演講、冒險、智力信心、社交自信，以及自我了解的能力方面，都比較強。在回答這個問題：「與朋友相比，我的聰明程度是——一樣聰明？更聰明？不如對方聰明或有能力？」時，即使她們在學業上表現更優異，黑人女性的得分平均也低於黑人男性。有一個值得注意的例外：比起自男女合校的高中畢業的女孩，所有從純女校畢業的學生，都認為自己比較聰明、比較有信心，並更願意參與校園活動。

然而，很少有學校明確地教導學生提高信心的技能。好消息是，你可以利用很多方法來幫助你的女兒，並從你談論自信的方式開始。當你開始與女兒進行對話時，有三個大方向的重點請牢記在心：

減少關於「女力」的談話

自二十世紀七〇年代以來，我們深信，只要告訴女孩「她可以做到任何想做的事情」便是在增加她們的自信。但事實上，這樣的訊息卻可能正在破壞女孩的自信。當我們告訴女孩她的潛力無窮時，她們會害怕承認她們無法完全實現——最終導致她們害怕冒險和展現勇氣。「信心」跟我們如何處理自身的恐懼有關，而不是我們多會隱藏它。

女孩在面對未知的挑戰並加以克服時，就會培養出自信——注意到我沒有說「成功」。嘗試和結果一樣重要。換句話說，**當一個女孩嘗試一項挑戰，促使她「質疑」自己「是否有能力做到任何想做的事情」時，她才能建立起真正的自信**。當女孩經歷過挑戰並學會珍惜從中學到的教訓，她們會明白

「結果」並無法定義她們是誰或她們的自我價值。她們會知道她們比自己想像的還要堅強，這反過來又激發了她們再次嘗試的動力。

這就是為什麼「脆弱」而不是「無敵」，才是培養自信的關鍵。如同一位剛畢業的大學生告訴我的，**學會冒險並面對未知**，「有點像讓自己全心投入一段感情，冒著會受傷的風險，冒著失去你所建立或努力的事物的風險，但真正全心投入。」**如果你不離開舒適圈並變得「脆弱」**，她說：「**你不會得到最全面的體驗**……你不會充分享受你爭取到的任何工作、學校或計畫，以及這些經驗可能為你帶來的希望。」她學會了，沒有風險和一點點恐懼，就不會有真正的回報。

拉近信心差距不完全是女孩的工作

兩性的信心差距不是你女兒的錯，這是她在一個仍然不讓女性完全平等的社會中長大所付出的代價。告訴一個女孩，只要她夠努力，就會變得更勇敢，便是在忽略這種現實。

讓她知道，你明白「修復」她的信心不足，不完全是她的責任——雖然她對此可能有不一樣的理解。肖娜·波梅蘭茨（Shauna Pomerantz）和瑞貝卡·瑞比（Rebecca Raby）教授在《聰明的女孩》（*Smart Girls*）一書中寫道，在一個所謂「後女性主義」的世界中，女孩被告知她們「可以做到、成為並擁有任何她們想要的東西，而不需要害怕學校或學校外的性別歧視或其他不平等待遇，來減緩她們前進的腳步。」現在人們將「性別不平等」視為過去的事，並將成功完全放在女孩的掌控之中。「性別歧視」被誤認為「是個人的行為，而非社會的缺陷」。

但「性別歧視」還活得好好的。事實上，女孩們會質疑她們的能力，是因為老師經常以不同的方式對待她們，並更有可能批評她們的能力（導致女孩智力、信心低落）。女孩不太有自信，是因為她們被侷限在某些研究和工作的領域中，因此只有少數女性占據最高層次的領導地位。女孩們懷疑她們的自我價值，是因為她們被淹沒在身材曼妙的模特兒和名媛所引領的觀念中，以為「性感」是結交朋友、有吸引力並在生活中取得成功的方式。她們會擔心失敗，部分原因是她們仍然被期待——要根據頑固不化的「好女孩」

規則，不要拿她們的錯誤來增加別人的負擔。讓她知道你明白這一切。

自信可以學習和練習

大多數的學生都清楚，在解開一道數學公式或演奏奏鳴曲時，多練習會提升表現。運動員知道，如果他們沒有暖身就上場，會搞砸比賽。然而，同樣這些學生卻對「自信」採取非黑即白的態度：他們相信你要麼很勇敢、要麼不勇敢；要麼是個冒險家，要麼不是。但是重複練習對於取得成功的經驗，和我們擁有的天賦或才能一樣重要。一個女孩在生活中做某件事做得越多，她就會做得越好——在建立信心方面尤其如此。

技能就像肌肉：它們必須經常受到伸展，以保持其強壯度和敏捷度。冒險就是這樣的一塊肌肉。我的學生們受到中國移民蔣甲在ＴＥＤ演講的啟發：他決定以連續一百天遭受拒絕的經驗，來克服他對被拒絕的恐懼。在他的「拒絕療法」中有幾項奇特的作為：出現在一個陌生人的家裡，並要求在他們家後院踢足球；請空服員唸一遍旅客登機後的安全事項；請警察讓他坐在他的巡邏車裡。學生喜歡蔣甲的冒險，因為它很有趣，也因為他示範了如何在「不」這個字面前培養並保持自信。

為你的女兒播放蔣甲的演講影片。他的旅程是一個奇妙的教學工具，因為它以小步驟的方式展開，而不是一個大大的「啊」的啟發時刻，而這就是女孩需要聽到的重要訊息。

你也可以用這種方式向她解釋：就像大多數神智正常的人，不會在第一次去健身房時，就拿著二十二公斤的啞鈴做負重深蹲一樣——這樣他們會容易受傷、難以承受、士氣低落，或三種情況同時出現——一開始就直接跳進去嘗試一件需要鼓起很大勇氣的事，是同樣愚蠢的。**建立信心也是如此：它需要一點一點地、一步一步地發生，一次面對一個「不」**。

儘管建立自信不完全是你女兒應該承擔的責任，但她必須像為了實現其他目標一樣，願意花費心力來建立它。在接下來的段落中，將介紹四個蠶食你女兒信心的問題，並告訴你，在她極度自我懷疑時該如何回應來幫助她。

如果我不聰明怎麼辦？打破「固定型心態」

對女孩信心最有力的預測指標之一，是她對智力所抱持的「心態」。在暢銷書《心態致勝》（*Mindset*）中，史丹佛大學的卡蘿．杜維克教授指出，人們基本上會有兩種心態中的一種。那些具有「固定型心態」的人認為，他們的基本智力無法提高，因而容易將一個艱難的挑戰視為他們沒有成功能力的標誌，於是他們會選擇一條更安全的道路，以避免未來的風險，或乾脆完全放棄。

二十二歲的摩根，幾年來眼睜睜地看著她想要的工作、學校和實習的申請截止日都到期了。「如果我沒有得到它的話，我會想，這可能表示我不夠資格走這條職業道路，而且整體來說，我作為一個人本身也是個失敗品。」如果摩根確實申請了她喜歡的東西，她也不會投注全部的心力，「這樣如果我沒有被選上，我不會覺得那麼受傷。」對於像摩根這樣**擁有「固定型心態」的女孩，每個挑戰感覺起來都像在對她的潛力做出決定性的評判一樣。**

相比之下，**具有「成長型心態」的人認為，他們可以透過努力、方法和接受指導來提升能力**。他們喜歡接受挑戰，即使有挫折，或甚至就是因為挫折，他們願意繼續堅持下去。

十七歲的艾莉森在數學上遇到困難仍不放棄。「我沒有學會，但我繼續努力下去，並對自己說，『我想我以後會學好』。」她告訴我，「我不會按題目的順序來做測驗；我把困難的題目留在最後，這樣我會覺得已經做得很好了。」她為努力之後獲得的成功感到振奮。「有一次我學會了，這感覺棒透了，我覺得我的大腦在運作。我會想像大腦裡的神經元互相接觸、閃現靈光，真的很棒！」

艾莉森對母親在面對挑戰時很快就放棄感到不解。「我媽媽有那種心態，」她告訴我，「而且她還會說，『我不懂，我很笨』。」

杜維克認為，女孩和女性更可能有「固定型心態」。在一項研究中，研究人員故意給五年級學生一項一開始就讓他們感到困惑的任務，這是女孩——特別是那些智商高的女孩——最感到掙扎、無法學會的內容。

在二〇一七年一份結果令人震驚的研究中，出現了更多證據：研究人員公布，到了六歲，女孩比男孩更有可能說，她們對某項活動不感興趣，是因為她們不夠聰明。當被告知某項遊戲是給「真正聰明」的孩子玩的時候，五歲的女孩會一頭栽進去，但六歲的女孩卻猶豫卻步——這顯示女孩需要學習來獲得，而非天生就擁有相信自己能力的心態。再說，女孩認為自己的性別「優秀」的可能性也明顯低於男孩。

心理學家得到的結論是，文化的刻板印象須負部分責任，而另一部分責任則應歸咎於父母。在二〇一四年谷歌的搜尋關鍵詞中，「我的兒子是天才嗎？」出現的頻率是「我的女兒是天才嗎？」的兩倍多——儘管女孩在學校各方面的表現往往更好。

這些信念的後果可能會持續一生。二〇一五年，同一個研究團隊發現，在普遍認為需要「聰明才智」的領域裡，包括科學和工程，女性的人數相對不足。事實上，杜維克發現，進入成年後，女性更可能避開在需要具備「成長型心態」的學術領域工作，例如經濟學、數學和電腦科學。

這個信念的後果也反映在大學校園中：哈佛經濟學家克勞迪婭·戈爾丁

（Claudia Goldin）注意到，哈佛大學本科系的女生選擇不主修經濟學，她想知道為什麼。她發現，當女孩無法在學科介紹課程的測驗中得到A，她們通常就會選擇離開；與此同時，男孩們即使考得不好，也會選擇繼續學習。他們告訴戈爾丁，他們打的是持久戰，希望以後能找到財經領域的工作。他們想賺錢的渴望比害怕搞砸來得強烈。

「你可以拿球棒來打這些男孩的頭，他們還是會選擇主修經濟學，」戈爾丁告訴我，「而女孩，如果她們沒有至少得到A-，那麼她們來主修的可能性要小得多。」戈爾丁是第一位在哈佛大學、普林斯頓大學、加州理工學院和賓夕法尼亞大學獲得終身教職的女性經濟學家，以及第三位擔任「美國經濟學會」（American Economic Association）會長的女性。她在四十多年對女性本科生的授課經驗後，得到的結論是：「女性傾向待在一個舒適圈裡。她們希望進入一個會給她們舒適感的領域，並給她們一種被輕拍的感覺，告訴她們說，『妳真的做得很好』。」

心態形成的部分原因，可以追溯到我們從父母和老師那裡得到的讚美類型。對一個女孩說，她有多聰明，或「她很擅長踢足球」或「她有寫詩歌的天份」，會給她灌輸「固定型心態」。這種讚美針對的是「人的特質」，對於正在經歷青春期的女孩來說，將不利於她從內心產生動力。它的運作方式是這樣的：如果你經常讚美女兒某種特定的特質，那麼她每次在面對挑戰時，就會有動力來證明這項特質。如果她失敗了，她不會將挫折僅僅解釋為一個錯誤，而把它視作她不夠聰明、不擅長踢足球、是個沒才華的詩人的徵象。換句話說，失敗證實了她沒有這些特質。

要說清楚的是，女孩的能力在這裡不是問題，有問題的是女孩對自己能力所抱持的信念。好消息是，父母可以簡單地透過改變他們對女兒談論她的成就和挫折的方式，來讓這種情況有所不同。

當你的女兒做出一些值得被稱讚的事情時，把注意力放在她的努力上：「妳真的在上面投注了很多心力」，或是「即使在困難時，妳也沒有放棄，我對妳這麼有毅力感到印象深刻。」試著問她用來實現目標的策略，以及她是否需要在過程中改變努力的方向。我們稱此為「歷程讚美」（Process Praise）。當你用「歷程讚美」的方式來回應女孩的成功時，這會提醒她，她可以透過練習來改善自己；沒有任何東西是「固定的」，改變始終是可能的。

當你以「歷程讚美」來回應女孩遇到的挫折——「妳只是還沒想出辦法，但我相信妳會的」，「看看妳已經做到多少了」，或「讓我們談談在這個過程中哪些方法有用、哪些方法沒用」——就會提醒女孩學習過程的價值（和必要性）。**「歷程讚美」告訴女孩，挫折是任何學習過程中有意義的部分**；它也讓女孩知道，媽媽和爸爸不需要她們在第一次嘗試時就粉碎它。研究結果顯示，這些談話在女孩遭受挫折後，通常有非常顯著的激勵效果。

你在女兒面前如何面對失敗的態度也是關鍵。二〇一六年，一位史丹佛大學的研究生發現，認為失敗是一種令人衰弱的經驗的父母，他們的反應是擔心孩子的能力或表現，這更有可能讓孩子形成「固定型心態」。在一篇與卡蘿．杜維克共同發表的重要論文上，凱拉．海默維茲（Kyla Haimovitz）發現，孩子對父母面對失敗時表現的信念和行為最敏感，因此在塑造孩子的心態方面，發揮了很大的作用。

這並不是說作父母的沒有權利批評孩子的表現。但請務必先問問自己，這種方式可能大多是為了在焦慮時刻安慰你自己，而不是為了激勵女兒。

你可以和女兒共同寫一份「失敗履歷」，作為描述受挫過程的一種方式。「**失敗履歷**」是為失敗而非成功所做的一份假履歷；我的學生很喜歡製作它們。每個挫折背後都伴隨著一個可以學習的教訓，如同下面的例子：

挫折：我心理學的期中考試考砸了，我不知道該怎麼辦。

教訓：我可以尋求指導老師和同學的支持，請他們提供下一步該怎麼做的建議，或者只是發洩一下也好。

挫折：我在上完第一個學期後休學了，這個大學不適合我。一年後，我重新申請大學並獲得錄取。

教訓：有時你需要時間遠離一種情況，來弄清楚你想要的東西。無論步調如何，你都會到達你想去的地方。

在史密斯學院，我們請老師和行政人員製作「失敗履歷」來向學生展示——他們欽佩的成年人有時也會把事情搞砸。校長甚至也參加過這個活動。你們會創造出一份什麼樣子的「失敗履歷」？父母可以考慮和女兒一起做一個。

對於有色人種的女孩、來自低收入家庭的女孩，以及家族中第一代大學生來說，在試著融入大學生活的同時，又害怕自己「表現不好」的恐懼會特別明顯。

李是一位非裔美國人，出生時的指定性別是「女性」，長大後自我認同的性別則是「非二元性別」（不完全是男性或女性），並使用中性代名詞「他／她」與「他的／她的」來指涉自我。

李來自美國東北部郊區一個上流家庭，是其就讀的私立中學裡唯一的黑人女孩。就像許多黑人女孩一樣，在一個以白人為主體的環境裡，李很難與同儕和老師建立連結。「人們認為我就是一個『問題孩子』，」李告訴我，「我是喜怒無常，因為我有很多感受。」非裔美國女孩經常被教育工作者和同儕貼上「太吵」或「不穩定」的標籤。她們被停學的機率比白人女孩高了六倍。夏洛特．雅各布（Charlotte Jacobs）博士寫道，在一個以白人為主的環境中，她們經常變得不是「過度顯眼」就是「完全不被看見」。

尋找歸屬感的挑戰，在李進入一所更多元化的菁英公立高中時伴隨著她，在那裡，她發現自己很難與其他黑人同儕交朋友。「因為我上過全白人的中學，所以這讓我覺得我和其他黑人不一樣，」李告訴我，「我知道的世界就是如何在白人身邊當個黑人。」

在家裡，李感受的壓力是「當個優秀的黑人女孩」，並使他／她的種族感到驕傲。「我對自己沒有信心，」李說，「這就像，你要為了黑人做個好人似的。」與此同時，李在學校與白人來往時，則會利用他／她的黑人身分來獲得好人緣。「我在社交層面很忠實地扮演好一個活潑調皮的黑人朋友的角色。」李告訴我。然而，李仍然覺得自己到哪裡都格格不入，無論是跟他／她在一起覺得最自在的白人孩子，還是和他／她最相似的黑人學生。李很確定黑人學生怨恨他／她有比較白的膚色，並且說起話來「像個白人」。「我顯然是個黑人，但我並不屬於黑人群體的一部分。」李說。他／她不斷演化的性別認同，也讓他／她在校園中尋求安全感的挑戰變得更大。

李徘徊在父母和種族認同的壓力，以及在同儕朋友間取得社會地位的渴望。李的動機主要是外在的：大多是來自外在的獎勵所驅使，而不是內在的渴望。所有表現的壓力，以及取悅他人的需要，結合在一起形成他／她的「固定型心態」，讓他／她避免冒險，並做出保證成功的選擇。

李討厭失敗，並認為所有的挑戰都與一個人的能力有關。「對我來說，失敗總是與我個人有關，就像我作為一個人本身一定哪裡有問題一樣。」李這樣告訴我。當李學不好八年級的數學時，他／她想的是，「其他孩子在數學上都表現得那麼好，因為他們是比我更好的人。如果我不是本質上有問題，我也能把數學學好。」

對失敗的恐懼，讓他／她遠離可能會失敗的情況。「我真的只會花時間在我擅長的事情上。」李告訴我。

我曾經熱愛科學，爸爸會在我生日時送我科學書籍。然後我選擇環境科學，但對此並不擅長，於是我就停了下來。我對很多事情都抱持這樣的態度。有一段時間我很投入田徑比賽，因為當時贏得了很多獎牌；當我不再獲勝時，我就想，我其實不是真的喜歡跑步，這不是我想做的。

我喜歡打籃球，我參加過籃球訓練營，我得到了「最有價值球員」。我就想，這太酷了，我是一個明星，我將會進入「職業女子籃球聯賽」。我進入高中後，沒有從初級校隊開始。我在連續運球時帶球走步；我沒有很厲害的跳投，於是我就退出了。

李對讚美是如此地渴求，使得他／她願意為了得到讚美，而放棄他／她真正喜愛的活動，並讓他人的回饋完全影響自己的每一個選擇。

以前有人告訴過我，我唱歌唱得很好，也有人告訴過我，我寫文章寫得很好。在我成長的路上，有人說我擅長什麼，我就會繼續做下去。我做事情沒有太多內在的動力；我的動力就是能得到其他人認可我擅長某件事，這樣對我就足夠了……我會想，「只要是我特別擅長的，我都可以接受。」

在大學以前，這種方式沒問題，但到了李上大學後，他／她對沉重的課業壓力感到不堪負荷，有時他／她必須在截止前的四個小時趕完一篇十頁的論文，並常常打電話跟母親哭訴。他／她在社交上繼續掙扎，最後落得和一群不怎麼喜歡的朋友在一起。第一學期才過了一半，李就崩潰了，他／她停止去上課，也很少離開宿舍。

李要徹底改變，必須先有兩種自我察覺：

首先，他／她**不能依賴讚美來作為推動他／她前進的動力**。在大學裡，讚美會少得多。李很清楚知道自己需要找到每天起床的理由。「當你獨處時，沒有人會告訴你你很棒。」李轉向社群媒體Tumblr，在上面寫下肯定自己的宣言，但似乎沒有人注意到，這時他／她才恍然大悟，「哦，我可以讓自己對自己感覺更好，我必須這樣做，因為沒有人會為我做這件事。」

第二個實現改變的方式是，去發現他／她**在生活中真正想要的東西**。李想要也需要讓大學生活運轉起來。但是李告訴我，「我不知道如何成為一個人。」李在社交生活上仍然有困難，並且害怕冒險。到了第二個學期，李更常去上課，準時去吃飯，並試著在教授開放給學生的辦公時間去找他們。他／她加入了一個無伴奏合唱團，並試圖結交新朋友。

在大一結束後的那個夏天，李刻意花時間和自己獨處，他／她會散步並做好玩的事。「我花時間和自己在一起，」李告訴我，「因為我有這個領悟：『我太在乎別人的想法，我真的不知道如何讚美自己，我不知道如何告訴自己我做得很棒。』我意識到我沒有那種技能，我必須盡快得到它。」李花了整個夏天和自己「約會」，想辦法弄清楚他／她是誰。

李的變化是顯著的，冒險不再令他／她感到恐懼。他／她說，因為「我意識到如果我不是特別擅長某件事，世界也不會拒絕我，沒事的。」李也明白大多數的人不在乎他／她做什麼，或他／她是如何做到的。李正在學德語，而且學得「不太好」，他／她很自豪地說。

李在交友情況上的變化也值得注意。「我不會像以前那樣，『我希望這個人喜歡我整個人，而且對我只說好話。』現在比較像，『我希望這個人喜歡我，但我真的很喜歡我自己。』」

慢慢地，李的心態也在發生變化。這部分的變化有其脈絡：她無法在主要是白人、順性別的環境中出類拔萃。但李也意識到，想擊潰「為了別人而表現」的念頭，唯一夠強的武器就是他／她自己。他／她明白，當你發現對你真正重要的事情時，你會願意為了追求它而做出犧牲。你不在意被別人看到自己愚蠢的樣子，像是跟不對的朋友來往，或被大學的課業壓力壓得喘不過氣，並且會繼續為你自己而不是他人努力前進。

如果我做不到怎麼辦？學習設定務實的目標

有「固定型心態」的女孩用一種奇怪的邏輯在面對挑戰：她們越害怕失敗，就越期待失敗。過大的目標很少等於成功；事實上，它們通常會導致挫敗。完美主義的人，在面對挑戰時容易設定不切實際的期望。

你的女兒如何追求目標與這些目標是什麼一樣重要，甚至可能更重要。好消息是，她可以透過改變對成功的看法，來學習面對自我懷疑。

你的女兒必須了解，現實生活中的成功，通常是透過一點一滴的累積而來的，並不是突然出現在某個史詩般的光榮時刻。我會在我的工作坊上建議女孩，**「每天做一些讓妳稍微緊張的事情。」**例如，潔西會練習「**微勇氣**」，在生活周遭找些小機會，練習她想獲得的重要技能。她會去一家咖啡廳，然後一家又一家。李決定在教授們的辦公時間去找他們，並努力不跳過任何一餐。這些女孩每天採取一個小步驟。

在實踐上，我使用一個「**三階段**」的系統來規畫目標：**舒適區、低風險區和高風險區**。

哈迪亞是一名大一學生，她的目標是能夠在課堂上發言。她的**舒適區——現在對她來說很容易的事——**是在課堂上保持安靜。她告訴我，她偶爾會自願朗讀。

我問她的低風險區是什麼：一個可以朝向她上課發言目標邁進的小步驟。**低風險區——應該讓妳感到緊張但不會把妳嚇壞**。換句話說，它牽涉到在一定程度上可以面對的風險。

哈迪亞決定在每一堂課上發言三次。這是一個在課堂上幾乎不說話的女孩！不，我說，**再試一次，再採取小一點的步驟**。

哈迪亞對我翻了個白眼，但想了又想，她說她可以發電子郵件給教授，表達她對發言感到焦慮，並希望能和他見面討論。

她的**高風險區**是什麼？這會是她**可以邁向目標的一個步驟，只是現在感覺起來還有點太可怕**。對哈迪亞來說，這個步驟是在班上選座位時，坐在前排，讓發言這件事變得不可避免，而教授更有可能點到她。

伴隨著這項練習，會發生兩件很棒的事：首先，隨著女孩做到低風險區的步驟，並變得更有勇氣，高風險區的步驟看起來也不會那麼可怕。隨著時間過去，**練習會轉化成習慣**。在《信心密碼》（*The Confidence Code*）一書中，凱蒂．凱（Katty Kay）和克萊爾．史普曼（Claire Shipman）寫道，「你從擅長的事情中獲得的信心是具有傳染性的，它會蔓延。你擅長什麼甚至不重要：對一個孩子來說，它可以是像綁鞋帶一樣簡單的事。重要的是，擅長一件事會讓你有信心嘗試別的東西。」所以，當女孩意識到她們想變換朋友圈，或為戲劇表演進行試鏡時，她們不會再將這些挑戰視為一個令人畏懼且需要被克服的單一時刻，而是一道她們可以逐漸攀升的階梯，並在最後達到目標。

這對十七歲的喬安娜來說特別真實。在參加「勇氣訓練營」時，她的目標是讓自己變成肢體更靈活的舞者。在參加我們的工作坊之前，她告訴我，她會毫不猶豫地給自己設定一週五天、每天伸展一小時的目標。這也是為什麼她會坐在我們的教室裡，在前幾堂課給我白眼的原因。

隨著時間過去，她開始發現，把標準設得太高，只會讓她感到挫敗，並完全停止伸展。她決定只在做功課的空檔或在學校課間休息時隨機做點伸展。不，這並不理想。「這是一種妥協，」她說，在一開始就覺得很奇怪。

在實施她的新計畫幾天後，喬安娜意識到，她喜歡生活沒有那種「我永遠無法滿足的期望」的心理負擔。她了解設定每天伸展一小時的目標，但沒辦法做到，只會讓她感覺很差勁。**「當妳能以更小的步驟做事時，妳對自己的感覺會更好**。妳知道妳在完成某些東西……這就像，當妳從一份清單上劃掉一些完成事項時，會得到的那種快樂。」但是，她說：「當妳有這些高標準時，就不容易將焦點放在妳從學習和生活中所獲得的喜悅上，因為妳投入的目的只是想得到最好的表現結果。」

凱和史普曼寫道，「信心與行動有關。」**也許對女孩信心最大的威脅不是失敗，而是不行動、不做、不練習**。這就是女孩傾向做的：低頭將手放在大腿上，而不是舉起來；提出異議，而不是潛入水中。

一遍又一遍地，當我與女孩調整她們設定目標的方式時，我會給那些擁有偉大夢想、追求高成就的學生一個建議：**降低妳的標準**。她們每次都會笑，但我很認真，而她們也很快地就發現這是多麼有效。

我使用一個小技巧：在她們選擇去冒一個較小的風險後，我會問她們對它的看法。如果她們翻白眼，嘀咕著這個挑戰幾乎不算什麼，或是說這「感覺起來很蠢」，那就對了！她們找到了一個合適的目標，而且她們準備採取行動。

如果我不屬於這裡怎麼辦？「冒牌者症候群」

在進入一個新階段的最初幾個月——不論是上高中、大學或是人生第一份正式的工作——往往是一個令人期待已久並可享受努力得來的成就的興奮時刻。但對於某些人來說，卻可能浮現一種新的焦慮：感覺自己像是大海中的一條小魚。

二十七歲的阿奴，在美國某所最具競爭力的大學裡攻讀第一年的生物醫學科學博士。來自斯里蘭卡的她在美國就讀大學，在波士頓一間由知名幹細胞生物學家所領導的實驗室中表現出色。這一天，我們在她所在時區的凌晨五點半視訊聊天——這是她唯一有空跟我談話的時間。

一開始，阿奴覺得研究所令人感到興奮。她經常在課堂上和實驗室中發言。然而，幾個月後，她開始充滿焦慮。「在波士頓，我與一群真的很聰明的人合作，他們告訴我，我是這個實驗室裡不可或缺的一份子，」她說，但在幾個月後，她回憶道，「我聽到的感覺是，我不相信他們說的任何一句話。」

阿奴陷在「冒牌者症候群」中：那種認為你不屬於你所在的地方的念頭；你是一個不久就會被發現和趕出去的騙子；或是，你之所以得到現在這個位置是因為一個錯誤。

「冒牌者症候群」會在青春期出現。它在青少年過渡到大學和其他高成就的環境中尤其普遍，特別容易發生在那些在其領域突破既有限制的人身上。一些研究人員認為，女性更容易受到「冒牌者症候群」的影響。不過，在哈佛商學院裡，當被問到：「你們當中有多少人認為，你被錄取是招生委員會做的一個錯誤決定？」時，有大約三分之二被錄取的大一學生都舉起了手。

「冒牌者症候群」在「科學、科技、工程和數學」領域中普遍存在的原因有兩個：首先，女性和有色人種（阿奴兩者兼具）在這些領域中的人數比較少；**在一個少數人與妳相似，或和妳有類似經歷的世界裡，歸屬感會降低。**

其次，正如阿奴教我的那樣，大多數的科學實驗都會失敗。她解釋道，「你真的很難和失敗保持距離。」

阿奴感到自己信心萎縮。當她質疑自己是否適合從事科學工作時，她的動力也跟著滑落。當她被要求提出未來的實驗計畫時，她會對具有更高風險，且幾乎注定會失敗的實驗感到猶豫。

正在為資格考做準備的阿奴，坐在電腦前懷疑自己怎麼能進到研究所。當她如此沒有安全感時，是否還要在接下來的四年繼續努力？

她寫了一封誠懇並展現自己脆弱的電子郵件，寄給全班三十五名同學，她在信中詢問，是否有人想聚一聚，一起談談課業的壓力。有將近一半的人回應了。當他們喝著咖啡，吐露自己的恐懼時，她的同學們很驚訝於阿奴——這個對他們來說，看起來一直很強悍且有自信的人——會沒有安全感。「在所有人當中，我從來無法想像妳會需要處理這種感受。」一個男生這樣告訴她。這讓阿奴很驚訝。第一次的聚會很快就演變成持續到今天的同儕互助團體。

「冒牌者症候群」被（錯誤）的信念助長，亦即你是唯一一個找不到歸屬

感的人。這就是為什麼與他人分享你的故事，並找到同伴會如此有幫助。如果你正努力在他人面前隱藏自己最重要的部分，如果你的內在自我與你的外在自我有所衝突時，那只會加劇「冒牌」的情緒。「弄假直到成真」的心態也許有用，但它可能是個只適用於某些人的策略。

坦誠地面對「冒牌者症候群」，對家族中第一代大學生來說，特別有療癒效果，因為他們經常會面對「自己不值得上大學」的恐懼。

妮可是一位西班牙裔的大三學生，她說，「這是你害怕被發現的事情，就是你不屬於這裡。」對於一些人來說，**「冒牌者症候群」會變成一種「自我實現」的預言：如果你的預設是你不屬於這裡，你便無法好好利用那些可以改變你觀點的資源**。妮可在大一時避免尋求幫助，有時是因為她不知道要去哪裡尋找，有時則是因為她對自己不知道答案感到尷尬。她回憶道，她從未在教授們的辦公時間去找他們，「我不覺得我和其他人有相同的程度。」在大學裡沒有歸屬感的感覺，令她難以找到自己內在的聲音，肯定地告訴她，她值得在這裡。

西爾維婭是家族中第一個上大學的人，她決定不再將精力耗在大學裡最有特權的學生團體上；相反地，她開始公開擁抱她的墨西哥背景，而這使她開始感到更強大。她告訴我，她了解到，「擁抱你是誰及你來自哪裡，這樣一來，沒有人能為你界定你的身分；沒有人能告訴你，你不夠好，不能做這個。你會藉此找到使命感。」

喬丹聽朋友聊著對她來說陌生的大學傳統，並因為害怕人家發現她不懂而保持沉默。現在她是一名即將畢業的大四生，跟身邊的朋友和認識的人分享身為「家族中第一代上大學的人」的經驗，這樣他們可以了解並給她支持。「如果你分享自己的故事，你就能擁有它；」她說，「分享幫助人們了解。」你要明白的一點是，這並不是她的責任；去了解並尊重他人的經驗，應該是喬丹那些更有優勢的同儕朋友和教授們需要做的事。但是，喬丹透過與他人分享「家族中第一代上大學的人」的生活經驗，將這份孤獨的重負轉變成一種寶貴的資源。

女孩應該更直接地面對她們的恐懼。在我針對「冒牌者症候群」開設的工作坊中，我會要求學生在索引卡上完成這句話：「我有時擔心我不如其他人以為的＿＿＿＿」（大多數女孩會在空格中填的是「聰明」）。然後，我會要求學生反思這些問題：

● **妳有什麼證據證明這不是真的？**

我正在上兩個大學先修課程；我取得了好成績；我贏得了詩歌比賽。

● **妳什麼時候最可能有這樣的感受？**

當我感到疲倦或是花很多時間獨處時。

● **誰是妳可以談論感受的對象，列出一到三個人？**

我的媽媽；我的治療師；我的朋友凱西。

這個練習要求女孩反思三種可以用來對付「冒牌者症候群」的強大武器。首先，它要求她們細想挑戰此一信念的證據。其次，它促使女孩深入感受，並挖掘其根本原因：我們會感覺自己像個冒牌貨，通常是基於更深層的情況或情緒所引發的。最後，它要求女孩透過列出提供支持的來源，來對抗孤立感所帶來的破壞性影響。

你不必要求女兒寫下任何東西，這也能以對話的型式來進行。無論如何，最重要的是，先對她表達同理。不要說「不可能，妳知道那不是真的！」來試著減少或否認她的感受。她需要父母認真對待並看待她的「冒牌者症候群」。接著，好好地與她進行這場談話。

阿奴透過重新定義成功的內涵，來應付她的「冒牌者症候群」。即使實驗的最終結果並不如她的預期，但她試著珍惜在過程中所獲得的每個小勝利。「如果某些方面成功了，我現在學會了為它感到高興。」她告訴我。她提醒自己，比起身邊的人，她更關心自己的工作。她拒絕「想像中的觀眾」——青少年認為別人正在以跟他注意自己一樣的強度來注視著他。「重要的是，不要把自己看得太重，並意識到你的表現並非每一步都在被評判。」她解釋道。

最後，她避免將自己與他人進行比較。阿奴提醒自己，總會有同儕在某些領域比她更厲害——「一個比妳懂更多、更會表達意見、更能批判思考的人。」但是，她告訴我，「如果妳比不上其他同儕，並非妳個人的失敗。」她試圖專注於自己和自己的努力上，而不是期待在每個領域都成為最好。

值得注意的是，當阿奴肯定自己的成功後，她發現自己變得不容易為了別人而分心。「最大的自我保護機制，」她得出結論，「就是去想，這是一個不斷在改進的過程。」這種平衡的心態對她的心理健康很重要。

事實上，能夠好好面對「冒牌者症候群」的人（我不確定「冒牌者症候群」會完全消失）可以在追求自己的企圖心時，找到一個微妙的平衡：他們**尊重自己的極限，但不質疑自己的價值；他們能自在地享受自己的成就**。

你有很多方法可以幫助女兒達到這種平衡。當她認知到自己能力不足時，她可以在挫折面前練習「自我同情」的三個步驟（參見第二六〇頁）。**「自我同情」會幫助她以健康、正向的方式來面對挫折，而不會侵蝕到她的自我價值**。為了肯定她的成功，她可以**練習感激——練習每天欣賞她擁有的事物**。當她獲得讚美時，鼓勵她說「謝謝」，而不是貶低自己，把功勞都歸給別人。

我們都需要不時地肯定自己的優點，以此來消除不可避免會困擾我們的不安感。常常自我貶低的女孩很容易反射性地說：「我考試考砸了」、「我好笨」、「我永遠不可能被錄取」，也會很快地迴避任何人對她們說的好話，讓自己更容易陷在「冒牌者症候群」中。讓你的女兒知道，肯定自己的成就並非自負或自滿：這是她在為挫敗的那一刻儲備防禦。

最後，只是意識到她並不孤單就能帶來不同。身為母親的妳可以先捫心自問：妳是否能自在地接受讚美，並為妳的成就感到自豪？當妳和女兒對話時，承認自己可能做了不良示範一點都不可恥；事實上，當妳承認青少年經常在成人身上看到雙重標準時，只會在她心裡增加對妳的信任度。看到每個人都會自我懷疑——即使是最成功的人和她最崇拜的同儕朋友，以及是的，甚至是她的父母——會讓一些一直使她覺得自己不太對勁的事情正常化。

如果這是我的錯怎麼辦？對錯誤平衡地進行歸因

不久前，我在電子郵件中冒犯了一位新朋友。她告訴我她的感受，而我立即道了歉。幾天後，我試著透過邀請她來我家（再次透過電子郵件）作為彌補。她回覆了，但並未明確表態。幾天後，我再次發了訊息，說我擔心她可能還在生氣，我們可以透過電話談談嗎？我沒有收到任何回音。

我覺得自己糟透了。我做了什麼？為什麼她這麼生氣？我打電話給一個朋友——好吧，兩個——也和我的治療師談話，不斷地談我的苦惱。我會在半夜醒來，然後思索：我是不是該直接打電話給她，不要再寫電子郵件？我不知道她的電話號碼，但我可以問得到。我是魯莽且感覺遲鈍的人嗎？

我們對自己的挫敗說什麼樣的故事，會對我們的信心產生巨大的影響，心理學家稱之為「歸因」。如果我為朋友的沉默而責怪自己，我在做的是「內部歸因」：原因是「我」。然後，我很快地陷入自我批評，甚至是自我羞辱中。如果我可以考慮這種情況——停下來想想，也許她這一週比較忙碌，或是在工作或家裡承受很大的壓力——我就會產生「外部歸因」：原因可能是「我以外」的東西。然後，我可能會感到內疚——也許我做了一個不好的選擇——但我不會因為承擔所有的責任而感覺被擊敗。

性別在我們做「歸因」時發揮著關鍵作用。父母可以用這個故事來向女兒解釋這一點：讓我們假設，一個男人和一個女人同時參加一份工作的面試，但兩人最後都沒有得到這份工作。研究顯示，該男子更有可能認為現在申請工作很困難，或是認為他的申請沒有得到仔細的審查——他做出的是「外部歸因」。女人呢？她認為這是因為她資格不符或能力不足，或者因為她穿錯了衣服，或說了什麼愚蠢的話——她做出的是「內部歸因」。

誰更有可能投入再試一次？男人。誰更有可能呆坐著剖析面試過程中的每個細節：他們穿什麼，這樣穿對不對，他們說了或沒說什麼，他們如何握手？是的，女人。

我給這位朋友發送電子郵件的兩週後，她回覆了。她說「她忙翻了！」在到達這一步之前，我憑空給了自己很多不必要的焦慮。

問你的女兒，她以前是否曾這樣做過；如果身為母親的妳曾這樣做過，也讓她知道。如果發生了某件事，而你不知道該如何進行歸因，將這個故事與你的女兒分享，並一起進行探討。

我請我的學生選出她們的「錯誤故事」，並重新界定解釋它們的方式。女孩們提出各種各樣的狀況，從「我的朋友說，她這個週末沒有計畫，但從她的Snapchat可以很清楚地看出，她週末時出門了」（內部歸因：我太無聊了，她不想跟我玩；外部歸因：她突然發生了什麼事，只是沒有機會告訴我），到「我的老闆沒有給我一個額外的無薪假」（內部歸因：我不是一個夠好的員工；外部歸因：我的老闆承受壓力，可能需要所有人手的幫忙）。如果情況許可，我會鼓勵女孩問某些事情**為什麼會發生**，而不是假設她們已經知道原因。

我們對錯誤所做的詮釋，或甚至是別人對待我們的方式，就如同我們站在十字路口決定往哪個方向走一樣。重要的是，我們確實可以決定。我們的選擇直接影響我們的信心：當我們承擔所有責難時，我們將自己當作對立者來重寫發生的事。在我自己的例子中，如果我能有意識地選擇考慮「外部歸因」，它會免除掉我很多自我責難和過度思考。我會細想這個女人是那種對小事反應很大的人，是一個收到別人直接道歉還覺得不夠的人。我會意識到，和這種朋友保持一定的距離可能會更安全一點。並不是說，這將消除我的內疚或焦慮，但它會將其降低到更合理的程度，而不會讓我失去自尊或睡眠。

改變我們對挫折的詮釋方式需要練習，它需要**重設思維的習慣**：努力不讓自己掉進極易陷入的自我譴責的深淵。

女性還會進行另一種同樣會破壞她們信心的歸因。女性在成功時，傾向於認為這是因為她們很努力——她們將成功歸因於努力。一旦失敗時，就會認為這是因為自己不夠聰明——我們將失敗歸咎於自己的能力。

這就是問題所在：這是一種惡性循環。如果妳將失敗歸咎於缺乏能力，妳更容易這樣想，「好吧，我想我本來就沒有那麼聰明或能幹。」於是妳更難恢復信心並再試一次。如果妳將成功歸因於努力，也可能導致同樣的心態：亦即妳本身沒有真實的才華，一切都取決於情勢，但這也不是真的。

身為母親的妳向來都如何看待自己的成功和失敗？在妳開始指導女兒之前，先進行自我檢視。當妳經歷挫折時，請注意妳的反應模式。妳會很快地責怪自己缺乏能力，還是考量外在的環境因素，或者以上皆是？當妳成功時，妳是否只將其歸因於辛勤工作？如果妳需要調整詮釋挫折的劇本，請在開始教導女兒之前，自己先花時間練習。一如既往，在妳開始與她交談後，準備好向她坦承自己需要改變心態的事實。

下次當妳的女兒把事情搞砸時，避免責怪她的能力，並阻止她做同樣的事情，而是反過來看看她做的選擇以及整體的情況。問她：她可以採取什麼不同的做法，而不是她如何改變？

讚揚女兒所做的努力，可以幫助她培養「成長型心態」，但提醒她所擁有的才華仍然很重要。下次當她成功時，一起對她的能力和外在條件進行肯定。她憑藉什麼才華而獲得最後的成功？是因為她內在的動力？還是因為她能以積極的方式跟自己對話，拒絕放棄，保持紀律，並好好接受他人建設性的回饋？或是她在特定領域擁有的才華？你可以提到努力和天賦等條件的重要性，但不要讓她把功勞完全歸因於這些。

凱和史普曼進行了一項研究：讓五百名大學生解開一系列的空間謎題。女生的得分明顯低於男生，不是因為她們沒有能力，而是因為她們跳過不確定是否能解開的謎題。扎卡里．埃斯蒂斯（Zachary Estes）教授決定重複這個實驗，這次他告訴學生要試著解開每道難題。女生的得分大幅飆升，甚至與男生旗鼓相當。

我時常想起這項研究成果，它總是讓我好奇：女孩在考試中究竟丟了多少分數，只因為她們沒有猜題？在課堂或會議中，有多少答案未被分享，只因為她們沒有舉手？因為女孩自我懷疑而沒有行動，我們失去了什麼？

冒險與行動可以在女孩生命中帶來令人振奮的改變。在大學裡，茉莉會冒她所謂「安全和可預測的」風險——任何「不會嚴重影響我，如果沒有成功，我可以把它隱藏起來」的事情。在上完「給反叛者的領導課程」後，茉莉領出她所存的一點錢，買了一張前往南非的來回機票。他為此拒絕了幾個實習機會，甚至直到擬好計畫後才告訴她的父母。「他們以為我瘋了。」她回憶道。

這個突發奇想的行動改變了她的生活。「我真的在世界的盡頭探索一個美麗的國家，而後我還知道，我的祖先來自這裡。我對它一見鍾情。我學會了過自己的生活，停下來享受美景，並在生活中做些適合自己年紀的事。」她在那次旅行中向自己證明的能力，幫助她度過充滿不確定性的求職過程。

當我與女孩探索如何冒有益身心健康的險時，我會問她們三個問題：

①可能發生最壞的事情是什麼？

②妳可以接受嗎？

③妳有辦法應對嗎？

她們對第一個問題的答案從「我不會得到那份工作」、「我這次考試會考得很糟」、「我會被拒絕」到「那些公司不會給我回音」。

當她開始變得更有自信時，林迪．韋斯特不斷擔心可能發生的最壞情況。她在《女大當自強》一書中寫道，當她沿著「從安靜到響亮」這條道路前進時，「『我記得』我感覺自己內在死亡的時刻，接著意識到我其實沒死，然後下一次，我的內在就可以少死一點。」她建議年輕女性在冒險之後問自己：「我死了嗎？我死過嗎？世界變得不同了嗎？我的靈魂是否分裂成一千個碎片並飄散在風中？」年長的人可能會覺得韋斯特關於「死亡」的比喻有點誇張，但韋斯特講的百分之百是女孩會用的語言。

在我輔導的數百名女孩中，也許會有一個學生告訴我，如果她冒險，「可能發生最壞的情況」真的會是一場災難，但大多時候，她們給的答案其實很常見，然後她們會有點驚訝地說，「啊，如果是這樣的話，其實我還可以面對。」

當她們真正面對時，她們還會更驚訝。

CHAPTER 5

妳不是往壞處想，就是想太多

「心理跑步機」讓妳焦慮和轉不停的腦袋疲累不堪

我是那種，當我上床睡覺時，
會重新回顧我在白天說的每句話，
然後對超過一半的話責怪自己的人。
——哈珀，十六歲

負面思考推著妳前進：防禦性悲觀

在考試前與一群女孩坐在一起，妳會聽到各種各樣的聲音此起彼落地預測最壞的情況：

「我一定會考不及格。」

「這會毀了我的學業成績平均點數。」

「我永遠畢不了業。」

心理學家稱之為「**防禦性悲觀**」（Defensive Pessimism），或「計畫失敗」。它運作的原理是這樣的：當你在面對挑戰時，預先設想一個負面的結果。如果事情如你所願，你會感到驚喜；如果沒有，那麼你也為失望的結果做好了心理準備。這與準備「緊急避難包」是一樣的心理，是你為了以防萬一而做的準備。

「我一直告訴自己最壞的情況就是那樣，所以即使我做得不那麼好，我的感覺會好一點。」十六歲的阿維莎告訴我。摩根是一位二十二歲的大學畢業生，她對我描述她在申請工作時按下「發送」按鈕的心情。「我說，『好吧，有這麼多人申請，大多數的人都比妳更有資格，而妳只做了這個和那個，所以妳不會得到這份工作。』」

「妳參加考試，然後對自己說，『我會失敗，這堂課我不會過』」，二十一歲的米菲比說，「或是『我可能必須採用不會顯示分數的通過／不通過的選項』，或『我畢不了業或找不到工作。我必須準備好面對失敗。』」她補充說，預期被拒絕，讓她能提前對任何可能發生的痛苦感到麻木。

威爾斯利學院（Wellesley College）的朱莉．諾瑞姆（Julie Norem）教授在研究中發現，約有百分之三十的人會運用「防禦性悲觀」，主要為了排解焦慮的情緒，而防禦性悲觀者在工作上的表現往往更有效率。十六歲的哈珀說得更簡潔：「負面觀點推動我前進。」換句話說，這不一定是壞事。

然而，每當我聽到女孩大聲宣布她們會失敗得多慘，我都對這個說法抱持懷疑的態度。**「防禦性悲觀」意味著你將負能量邀請進你的生活中，這樣你才能應付挑戰**。心理學家認為這是一種管理焦慮的有效方式；但研究證明，防禦性悲觀者經常對自己產生負面的想法。緊接在「我將會失敗」之後的是「我可能沒那麼聰明」，或是「如果我失敗了，沒有進入我想就讀的學校，讓我的父母失望怎麼辦？」

這種消極的思維模式會降低一個人的自尊心，並提高發生抑鬱症狀的機率。低落的自尊心可能使一個女孩更加倍努力——也許她還會把它當作一種自我懲罰。所以她努力了、成功了，並快速提高了她的自尊心；但如果她預測自己會失敗，那麼，她就會因為對自己的缺失做出正確判斷，而獲得小小的勝利。她會告訴自己，「我不是說過了嗎？」當下一個挑戰來臨時，這個循環又重新開始——就像你每天洗澡時往身上抹肥皂又沖掉一般，日復一日。

這是我們希望女孩學習的方式嗎？是基於對失敗的恐懼而不是對成功的希望所驅動？思考她們不想要什麼，而不是對她們想要的懷抱更大的夢想？研究顯示，被「逃避表現目標」——避免比別人表現更差的渴望——激勵的人，更有可能努力實現目標。他們不太會有內在動機，比起學習並享受它，他們更擔心形象受損。二〇〇三年的一項研究發現，大學女生明顯比男生更擔心表現得比別人差。

基於多種原因，女孩更容易有「防禦性悲觀」。女孩將失敗看得特別重，並將失敗解釋為自己缺乏能力的標誌——她們實際上感受到的焦慮比男孩嚴重得多。當女孩比男孩成功時，她會貶低自己的才能，這表示成功並不能使她們變得更有自信（對男孩來說，成功則會讓他們變得更有自信）。如果女孩感覺自己面臨失敗的威脅越來越大，她們更可能採取自我保護的立場，而不是侵略性——我做得到——的態度。

我們不要忘記，女孩的世界喜歡防禦性悲觀者。她們預想最糟的結果，是在實踐社會認可的謙虛。「我把那個考試考砸了」也是女孩在說「我不是那麼聰明、成功、精通」的代名詞。女孩的謙卑，長期以來一直受到同儕朋友和成年人的獎勵。沒有什麼比喜劇演員艾米・舒默（Amy Schumer）在爆紅幽默短劇《讚美》（*Compliments*）中描述得更好，她在其中展現年輕女性如何以貶低自己來回應善意的話語。「我試圖讓自己看起來像凱特・哈德森（Kate Hudson），」一個剛染過髮的女人聳聳肩說，「但最終我看起來卻像一隻毛打結的黃金獵犬。」當人們告訴她她看起來有多漂亮時，艾米回應道，「我他媽的是一頭牛……我會在一片草地上站著睡覺。」

女孩關於「我很醜─不─我最醜」的對話，是很接近「防禦性悲觀」的表現。一個女孩大聲表達她擔心自己的職業夢想不會成真，這時，她的朋友會安慰她：「妳在開玩笑吧，我相信妳一定沒問題，我表現得比妳差多了！」兩個女孩都獲得同儕的認可和壓力釋放。她們可以透過將自己的恐懼外放來停止再想它。因為她們通過了女孩世界的「謙虛測試」，她們馬上會更喜歡對方。

「這是種扭曲的社群感，」十七歲的喬安娜告訴我，「知道妳並不孤單，令人感到放心。妳們一起完成了所有事情，也一起做好了準備，並一起經歷了這一切，之後它很自然地變成共享失敗的同溫層。」

但是，當你深入探究，你會看到表面下潛藏著不那麼具有姐妹情誼的東西。**隨著女孩分享她們的恐懼，競爭的種子也開始萌芽**。「妳拿自己與其他人做比較，」喬安娜說：

即使當妳聽到別人說「我搞砸了」，妳會說些讓她們放心的話，但妳可能在心裡會說，「哦，她把這個搞砸了，但我沒有。」這讓我站在更高的位置上。有一點點像是……貶低別人來抬高自己。

女孩悄悄地從盟友變成競爭對手。一直在說她們的缺點，會讓女孩感到自己不夠好和有所缺乏。這是一個「比較」的有害配方。為了真正感到放心，她們可能需要知道另一個人已經失敗了。如同戈爾．維達爾（Gore Vidal）說過的，「成功還不夠，其他人必須失敗。」

然而，更令人不安的是，這種行為會成為一種習慣，讓女孩每次面臨未知且結果可能會令人失望的挑戰時，都傾向於依賴這種心態。如果女孩不是真的期待會成功，她們如何對新的可能性保持完全開放的心態？**「防禦性悲觀」可能會讓女孩感覺更好、更確定，但它不可避免地限制了好奇心和成長的可能**。這不是對她們成功機會所進行的深思熟慮，只是用「反正我可能會失敗」來面對每一個重大問題。它也可能會影響信心；正如我們所看到的那樣，**當女性低估自己的能力時，她們不太可能冒險並探索新的機會**。

女孩在學習成長上能感受到的喜悅很少，尤其是表現最好的人。太多人似乎認為苦難等於成功。如果它沒有傷害你、嚇唬你、給你關於失敗的噩夢，或是讓你壓力大到瀕臨極限，你一定是不夠努力，這樣你也不配成功。

「防禦性悲觀」是這種痛苦次文化的一部分。這是一種大幅減低焦慮並將謙卑最大化的方式，但它犧牲的卻是女孩的勇氣。畢竟，女孩無法在面對風險時，透過快速拉上她們的思想和靈魂之窗，並祈禱免於遭受甚至還沒發生的失敗，來變得更強大。不，當她們能確實地思考失敗可能意味著什麼和看起來是什麼樣子，而不是轉向她們想像中那些不真實的災難畫面，她們才會變得更強大。

幫助女孩不僅想像挫折，也想像她們對挫折的反應，會是取代防禦性悲觀並增加其信心的方法。幾十年來，運動心理學家透過在競賽前將賽事具象化的方法來培養菁英運動員。運動員對賽事進行「意象」（Imaging）*是一種訓練方式，讓參賽者在不可預測的情況發生前，制定應對策略。

「你試著讓它在你的腦海中保持新鮮，所以當你臨場時，就不會是從頭開始。」一位奧運雪橇選手向《紐約時報》表示：「你能在腦海中進行這麼多事，真是太神奇了！」這樣做的效果十分強大，幾乎每位運動員在比賽前都會進行賽事的「成像」訓練。

紐約大學的心理學教授加布里爾・奧丁根（Gabriele Oettingen）關於「心理對照」（Mental Contrasting）的研究，要求人們想像達成目標的障礙，以及克服障礙時的感受。不論年齡、種族和職業為何，可以同時看到兩種潛在結果的人，比那些只有想像失敗或成功的人更有可能成功。這項練習只讓你在願意看到它並做出富有成效的反應時，才允許你想像挫折——它與完全想像失敗，有著顯著的不同。父母有時可以和女兒一起試試看。

如果你的女兒擔心可能被拒絕，無論是工作上或在學校裡，和她一起討論聽到「不」的感受。她想像自己會有什麼感受？她會想到什麼？她在接到被拒絕的消息後，如何關照自己？她接下來還能做什麼來推動自己前進？

現在和她一起想像，她在聽到「是」的時候會有什麼感受。她會感覺什麼和想到什麼？為什麼這個勝利對她來說是重要的？她會如何慶祝？

擁有這兩種情境將有助於提醒她，為什麼她起初會關心這件事（或者，在某些情況下可能是不關心）。這可以幫助她記得，對於如何處理發生在她身上的事，她是有所選擇的；同時你也可以向她保證，無論如何，你都會在身邊支持她。

*「意象訓練」是在腦中演練曾經實際進行的訓練動作，利用各種感官在頭腦中創造或重塑某種經驗。

在我開始教導女孩有關「防禦性悲觀」之前，預期最壞的情況也是我的祕密策略，而我從未對它多做思考。然後，我開始在學生的話語裡聽到自己。聽著這些聰明勤奮、未來正在等著她們的女孩告訴我，她們將會輸得多慘，給我帶來很大的刺激——它讓我很生氣。

我開始面對自己的壞習慣。每隔幾個月的時間，我會向《紐約時報》提交一份社論。每次我按下「發送」按鈕時，我會對自己竊竊私語：「他們會拒絕它。」我確實被拒絕過：一次、兩次、三次、四次。當然，它令人失望。然後，有件奇怪的事發生了。有個影像突然進入我的腦海中：影像中的人是我，手上拿著《紐約時報》，並看到我的名字印在上面。

想像成功對我來說是完全陌生的經驗。但是，我已經被拒絕了很多次，因此聽到「不」的經驗，對我而言已經不再陌生——我不僅知道它，還知道它不會把我殺了。

在沒意識到的情況下，我揭露了「奧茲大帝」（Great and Powerful Oz）的真面目（我要聲明，我以此比喻「失敗」，而不是《紐約時報》），並且發現「失敗」就如同電影中的奧斯卡，不是奧茲王國預言中的奧茲大帝，而只是一個在馬戲團耍小手段的騙子魔術師。

練習面對「失敗」、「不」、「拒絕」、「失望」的心態：這是放棄「防禦性悲觀」心態的關鍵。一旦我害怕失敗的感覺消退，我就沒什麼理由需要保護自己；我可以更專注於冒險帶來的樂趣，而不是建立認知障礙來保護自己免受風險。

讓我再說一遍：我可以真的享受自己在做的事。我可以抓住機會，享受樂趣，並從挑戰中學習。

如果你是個防禦性悲觀者，你可能已經向女兒傳達過一些類似的觀念。我們很容易幫孩子和學生寫好面對風險的劇本，正如一位大學生告訴研究人員：「我的父母總是說，『不要將目標設得太高，因為妳只會感到失望。』……他們總是小心地不想提高我的希望，這樣我就不會感到失望。」在與女兒談她的習慣之前，花一些時間反思自己的習慣。

諾瑞姆設計了一份調查問卷，目的就在於衡量「防禦性悲觀」。其中的問題包括：

- 儘管我應該會做得很好，但我經常在一開始就預期最壞的情況。
- 我花了很多時間想像可能會出現什麼問題。
- 我會在這些情況下，小心不要變得過度自信。
- 有時我更擔心自己看起來會不會像個傻瓜，而不是擔心是否做得好。
- 考量可能出錯的情況，有助於我做好準備。

我們大多數的人不會為了打擊孩子，告訴他去預期最壞的情況。我們在建議女孩不要對目標感到太興奮時，我們認為自己是在保護她們。但是，我可以確定地說，社會已經在那個部分做很多了，女孩需要從父母那裡得到的是，幫助她們設想從失敗中恢復和成功的能力。

過度思考

前幾天，在我們的孩子都上床睡覺後，一個懷孕的朋友來拜訪我。丹妮爾將她腫脹的雙腳放到矮腳椅上，用力將湯匙插進我遞給她的一盤冰沙裡，然後大聲說著她擔心這第三個孩子將如何影響她的另外兩個孩子。她看起來快哭了。

「哦，他們會沒問題的，」我明快地告訴她，「妳還記得，在妳第二個孩子剛出生之後，妳也很害怕嗎？但最後一切都很好，這次也會一樣的。」

當我看著丹妮爾的車倒退離開車道時，一顆焦慮的種子在我的內心裡發芽：我是不是太冷酷無情了？我應該對她表現更多的同情嗎？她會不會在生氣，但沒有說什麼？也許她沒有說什麼，是因為她本來就知道我會無視於她的痛苦？每個人都這樣看我嗎？

我給她發簡訊道歉，然後等待，但沒有得到回覆。當我回顧我們的談話時，我的焦慮開始生根萌芽：先是在我穿上睡衣時、再來是在我刷牙時。我躺到床上檢查手機，還是沒有收到什麼簡訊。當她離開時，我相信她是真心擁抱我的……是吧？

這種過度思考有一個名稱：「反芻思考」（Rumination）。**反芻思考或過度擔心問題的前因後果，阻礙人們解決問題的能力和動力**。這個現象首先由耶魯大學的蘇珊・諾倫—霍克西瑪（Susan Nolen-Hoeksema）提出，並發現它在女性和小至十二歲的青少女中最為常見。當研究人員要求超過六百名青少年回答他們有多常擔心像是外貌、友誼、安全和家庭問題這類事情時，除了在運動比賽中獲勝外，女孩在所有項目上都比男孩來得焦慮。

反芻思考的現象在青年期達到高峰，但我還沒遇過一個知道它是什麼的青少女。相反地，大多數的女孩最多認為她們只是無法停止思考，而在最壞的狀況下，則會感覺自己有點瘋狂。反芻思考是一件嚴重的事——你的女兒須知道它是什麼，並能加以辨識；它與抑鬱症、焦慮症、暴飲暴食有關。到了成年，反芻思考者比非反芻思考者有四倍以上的機會容易罹患抑鬱症——他們對自我的批評十分嚴苛。

「我絕對是我自己最糟糕的評論家。我對我所做的一切吹毛求疵，」哈珀告訴我，「我是那種，當我上床睡覺時，會重新回顧我在白天說的每句話，然後對超過一半的話責怪自己的人」。夜晚是反芻思考的高峰；獨自待在宿舍或臥房裡也是（看「網飛」（Netflix）不能算有人陪伴）。

十九歲的凱蒂是一所公立大學的大一新生，向我說明她會如何進行內心的獨白。「為什麼我沒有更努力？為什麼我沒有這樣做而是那樣做？如果我有一天晚上出門參加派對，但其實我應該留在宿舍裡為一個考試做準備，我就會怪自己，妳怎麼那麼蠢，妳應該更懂事的。」

十九歲的凱拉說，犯錯是最難熬的時候。「妳會回顧妳做錯的事情，而不是妳做對的事情。妳對自己感到不滿，妳對自己感到失望，而這種感覺會不斷地回來。」**反芻思考是一種被偽裝成「自我反思」的「自我批評」**。

透過社群媒體，一種新的、虛擬的反芻思考型態出現了。十八歲的瑪雅會花幾個小時反覆讀著前男友的訊息。「妳知道妳可以透過播放列表來瀏覽照片嗎？」她問我（而我不知道）。訊息、聊天紀錄、電子郵件，甚至照片，栩栩如生地展示我們的思想和發言；線上的互動會留下紀錄，我們可以像在自己腦海裡重播一樣，仔細地檢視對話。「我重讀了他顯然還愛著我時的所有訊息，」瑪雅告訴我：

> 我就想，「到底是什麼改變了？你怎麼會不再愛我了呢？」我看著他發給我道晚安的訊息；當我心煩意亂時，他發給我的訊息；以及他發了多少次「嗯」或「好」，而不是完整的句子。

在經過一場她形容「真的很可怕的虛擬旅程」後，瑪雅刪除了前男友所有的訊息。

女孩多半認為，反芻思考意味著妳對問題很關心，而且妳也能更快地解決它。但諾倫—霍克西瑪發現，**過度思考放大了我們已經承受過的壓力**。她將其描述為「酵母效應」，並認為，**你越是過度思考，問題就會開始看起來越大**。**反芻思考導致人們忽視過去的正面記憶，將他們的視野導向任何消極的事物上**。過度思考「不會讓你清楚和洞察你的過去或解決你當前的問題，」她寫道，「相反地，它會以消極的態度汙染你的思維，以至於你還沒開始就已經被打敗。」

在執著於解決一個問題並為此責怪自己之間，存在一條很微妙且經常難以察覺的界線。二十二歲的克萊爾這麼說：「如果我不對自己嚴苛一點，誰會對我嚴苛？但我越是這麼想，我實際上能做完的事情就越少——因為我是如此沉溺在自己的思緒中。」

當史丹佛大學的學生被要求解決一系列假設性的個人問題時，那些會反芻思考的學生不僅動機低落，解決問題的技巧也不好。他們做決策的速度較慢，對自己的選擇比較沒有信心，並且經常無法執行解決方案。

諾倫—霍克西瑪認為，反芻思考現象的性別差異，很大程度上是文化造成的。女孩的父母更有可能關注並支持女孩表達悲傷和焦慮，而在男孩身上則不鼓勵這些情緒的表現。女孩的父母喜歡與女兒而不是與兒子分享自己的負面情緒，為消極思考奠定了基礎。研究顯示，到了成年，認為像悲傷和焦慮這類情緒是無法控制的人，更有可能會反芻思考，而絕大多數的女性相信這一點。

女孩更有可能透過人際關係來定義自己——比男孩更常思考關係，並更加重視它們，因此，女孩的自尊心容易受到關係穩定或出現問題所影響。這種「過度關注關係」使女孩長期擔心與他人關係中的細微變化，並過度關心人們為什麼會這樣做。

反芻思考也是一種文化上認可女孩面對悲傷的方式。如果妳安靜地思考妳的負面感受，妳仍然可以維持他人眼中受人喜愛的照顧者角色；如果妳努力堅持自己的權利或意見，就像許多女孩那樣，反芻思考就是處理無法找到出口的思緒的方式。

語言學家黛博拉・坦南（Deborah Tannen）發現，女性以進行「麻煩談話」來作為一種連結方式：她們會透過分享自己的挑戰來回應朋友的問題，諾倫—霍克西瑪稱之為「負面回報的過度思考」。

反芻思考可以有好處。「對事情審慎思考，是女性可以為職場帶來的貢獻，」《信心密碼》一書的共同作者克萊爾・史普曼告訴我：「我們不要跟著所有男性沒頭沒腦地往前衝，團隊裡需要有人擔任智囊。」然而，反芻思考不是一種想通事物的方式，這是大腦中深思熟慮的部分自行開啟的時候。

反芻思考者往往認為他們在面臨「長期的、無法控制的壓力源」，表現出完美主義和神經質等人格特徵——這特徵很符合我遇到的許多有抱負的年輕女孩。

菲比是一名大四學生，她幫忙安排我到她的大學參訪。雖然她放假在家，但仍和我約在她那邊西海岸上午六點的時間，從她的臥室裡打電話給我。在我們互相介紹認識時，她描述了她的家庭生活。她說自己像是一個

「只會作秀的人」，年紀較大的父母是來自中國的移民，「中國文化非常重視階級。我總是在表演——被期待要漂亮、可愛、善良，能在鋼琴上彈出一首優美的協奏曲，談論我參加的所有活動，並在聖誕節之前變得超級苗條。」她在學校參與組織工會、執行培養女性領導力的計畫，並與學校行政單位合作，以增加校園經濟的多樣性。然後，她說：「我週末也很努力。」這意味著她也會參加派對。

我抵達校園後，菲比跟我約在附近的咖啡廳見面，她穿著一件色彩繽紛的連衣裙和靴子。她有那種比她實際年齡大上兩倍的穩重感。但是當我們坐下來談話時，另一個聲音出現了——一個在她腦海裡的聲音。

菲比描述了她在簡陋的單人宿舍裡每天進行的深夜儀式。「我在睡覺前會花二十分鐘左右回覆電子郵件，然後，我會在腦海裡重播自己的一天。」她說。如果某些事情進行得不順利，她會問自己可以如何做得更好。假設她對某個朋友坦誠相告，她會擔心自己是否太強勢。她坐在床上擔心和懷疑，筆記型電腦螢幕的光映在她臉上。「我會問自己很多不公平的問題，而我真的沒有答案。」她慢慢地說，好像在這樣說的當下，第一次理解到這一點。

她今天在課堂上問了一個蠢問題嗎？她在發言之前應該做更多功課嗎？別人會對她所說的怎麼想？「不確定性真的快把我搞瘋了，」菲比告訴我，「我總想把球控制在我的球場上。」

過度思考的一個吸引力是，它為女孩在幾乎沒有控制權的情況下提供一種控制感。如果妳不能改變已經發生的事情，反芻思考是讓妳焦慮和快速運轉的腦袋可以從事理想活動的最佳場所。它提供了一台心理跑步機，永遠不會朝著解決問題的方向前進，但足以讓妳產生嘗試過後那種疲累感。

當我在菲比的學校的午餐研討會上授課時，她寫下狂怒的筆記——只是學到「反芻思考」這個字，就帶給她解放的感受。她突然明白，自己重複性的思考方式並不是隨意的行為，也不只有她在其中掙扎；它有一個名稱、原因和解決方法。

現在，深夜時分，當菲比思緒的齒輪開始轉動時，她嘗試以下策略：

- 畫一個巨大的紅色停車標誌，一個實體圖像，告訴她停止正在做的事情，停下來，馬上停下來，去做點別的事情。

- 為反芻思考安排時間。她說，「我會規定自己想這個問題只能想到十一點三十分為止。然後我必須停止，去做點別的事情。」
- 專注於呼吸來減緩思緒，並試著數到十，然後再數到一。
- 問自己問題，堅持她知道屬實的證據，而不是猜測她不知道但可能會反芻思考的事情。如果她擔心某個朋友生她的氣，她會問，「這位朋友是不是習慣不告訴我她真正的感受？」或是「她離開時，是不是看起來很冷淡或孤僻？」菲比問自己的其他問題包括：「這件事或行動是否真的會影響到我畢業？」還有「如果我做這個選擇，愛我的人會不再愛我嗎？」
- 問自己，敬佩的某個朋友會怎麼想這種情況：「我最好的朋友會告訴我如何評估這件事？」

這些方法讓菲比不再沉溺於自己的缺陷，而是專注在隔天早上醒來後可以採取的下一步行動。

阿奴有一本筆記本，她在上面寫下她從非常在意的錯誤中記取的教訓。

「當我回頭讀它時，」她告訴我，「我更可能去思考接下來想做的事情。」

在參加了我的一個工作坊後，二十歲的凱西寫下她執著的想法，並將它們放進宿舍床邊自製的「思想盒子」中。盒子上有木製字母拼寫出她的名字；盒子內放了一塊天鵝絨豹紋內襯，裡面還貼了一首關於勇氣的詩。「這個想法是，當我過度思考我無法控制的事物時，我可以把它寫在一張紙上，放進盒子裡，然後放手（把蓋子翻過來闔上，投降），」她在給我的一封電子郵件這樣寫道，「實際這樣做，讓放手變得更具體且真實。」

它並不總是有效。有時她連續幾天寫下同樣的想法，把幾張紙釘在一起、放進盒子裡。「這不是萬靈丹，」她告訴我，「但是『思想盒子』讓我覺得，我可以擺脫對我無法控制的事情的責任。我不是宇宙中最強大的力量；有些東西在那裡運行，它的力量比我強大得多。當我不再試圖控制一切，把愚蠢的想法放進盒子裡，然後放開拖累我的東西時，我生活中發生的事往往進行得更順利。」凱西的盒子讓她不再沉溺於自己的思緒中，而能將它們置於身外；這使她明白，反芻思考並不能定義她這個人。

共同反芻思考

密蘇里大學的阿曼達．羅斯（Amanda Rose）教授正在校園裡研究青少年，而她的研究發現讓她感到困惑。一方面，她知道女孩之間強烈、緊密的友誼，以奇特的方式滋養著她們。「我所進行的文獻回顧，真的突顯出女孩在友誼中有多敏感，以及她們之間有多麼相互支持。」她告訴我。社會性別最大的差異之一是揭露：女孩比男孩更能對彼此敞開心房。她解釋說，這些因素應該要能保護女孩免於遭受一些情緒問題。

但實際的情況並非如此。研究結果一致顯示，女孩比男孩更容易有情緒問題，發展出焦慮和抑鬱症狀的機率更是男孩的兩倍以上。

羅斯試圖了解這個矛盾。經過多年的觀察研究，她開始注意到，女孩花了多少時間一對一地討論她們的問題（相比之下，男孩更常花時間待在群體中）。對彼此傾訴問題，對女孩來說很有吸引力，她們這樣做似乎是為了讓感覺變好，讓彼此更親近。羅斯開始猜想，這樣做其實讓她們感覺更糟。

「也許有些女孩和朋友一起做的事，反而會破壞她們的『情緒幸福感』——這就是我為什麼開始對這個想法感興趣的原因。」她告訴我。

二〇〇二年，羅斯發表了她第一篇關於「共同反芻思考」的論文，她將此定義為「朋友之間廣泛談論問題、擔憂問題的起因、關注負面情緒，並鼓勵彼此繼續這麼做」。

「他喜歡我嗎？」「她對我生氣嗎？」「如果我沒得到那份工作，我該怎麼辦？」這些都是女孩會花上幾個小時來思索的問題——我記得自己在高中和大學時期也會和朋友們一起談論這些問題（如果我誠實的話，在上週也是）。

在針對青春期女孩和男孩的研究中，羅斯發現女孩最有可能和朋友「共同反芻思考」。她們也是唯一一個其行為預示著抑鬱症狀的群體，並且隨著年齡增長，共同反芻思考的現象會更明顯。

羅斯意識到，女孩確實可能擁有親密、關愛的友誼，但同時這些連結也會破壞她們的情感。在克里斯汀・卡爾姆斯（Christine Calmes）和約翰・羅伯茨（John Roberts）關於大學生的研究中，**女性比男性更有可能與朋友「共同反芻思考」**（也許是因為男性在人際交往中會避免對彼此示弱）。這種行為導致**「偏高的抑鬱症狀」**和**「更強的友誼滿意度」**之間的正關聯，而這種情況只發生在女性身上。

我想知道，這種現象的發生，是否因為女孩認為「麻煩談話」是閨密情誼的基礎。閱讀羅斯的研究，讓我想起了我和女孩針對她們在友誼中重視什麼所進行的無數次對話。大多數的女孩說，她們珍惜有個信任的人可以吐露心事。這也是羅斯看到的：所有在操場上的耳語和祕密談話，會變成在宿舍房間和學生中心進行的對話。它們增進了女性朋友之間更多的親密感和更深厚的情誼，但卻需要付出代價：這些談話也會令人感到沮喪。

共同反芻思考可以在任何關係中發生，但若發生在這兩種關係中，對青少年來說特別不利：與朋友和父母。在卡爾姆斯和羅伯茨的研究中，研究人員推測，相較於和他人分享憂慮，這些談話可能更加「被動、重複和消極」。羅斯於二〇一三年發表的調查結果顯示，與母親共同反芻思考的青少年，更有可能與朋友一起這樣做，並發展出「內化」的抑鬱和焦慮症狀。

羅斯在她的研究結論裡建議，「與青少年孩子共同反芻思考的母親，應該意識到她們可能在示範一種溝通方式；如果孩子與朋友一起複製此方式，可能會對他們產生負面的情緒後果。」

當女兒來找妳時，面對她的最佳方式是什麼？答案是，不要停止回覆她的訊息或避免談論她的問題；但是，妳可以檢視自己是否與女兒在她的問題或妳自己的問題上共同反芻思考。思考羅斯提出的幾個問題：

- 妳是否將大部分的寶貴時間花在談論她的問題，並且談很長一段時間？每次看到對方或交談時，都會這麼做嗎？
- 妳是否花很多時間談論她因為遇到的問題而感覺多麼糟糕？
- 妳花很多時間試圖釐清她問題中妳無法理解的部分、問題發生的原因，以及因為問題而可能發生的每一件壞事？
- 妳鼓勵她繼續談論她的問題，即使她沒有提出來嗎？
- 妳們傾向這樣做，而不是一起做其他活動嗎？

不論我們是自己進行或與其他人一起做，反芻思考是會不斷循環的：**我們不斷在懷疑、猜測和誇張地表達情緒之間循環，而我們沒做的是解決問題、**

做出決定，或只是一起找到一些快樂。避免與女兒共同反芻思考，意味著放下她不知道（或無法知道）答案的問題，擁抱她可以控制、改變的東西。妳還需要同理她的感受，但不是跟她一起沉溺其中。

不做反芻思考的談話

你的女兒可能更喜歡共同反芻思考的一個跡象是，當你催促她行動而不是談話時，她會反駁你。這是你可能聽到這個信號的表達方式：「這沒有希望」、「我沒有什麼可以做的」、「我不敢相信她把髒衣服留在我的床上」，或是，「我知道我應該去上另一所學校」。

很多父母都認同，只有在孩子快樂時自己才會真正的快樂。為了幫助你的女兒停止反芻思考，你需要召喚你平時儲備的力量和能量，讓你在心疼孩子時，仍然保持清楚的頭腦、溫暖的態度和一顆同理心。

這是你可以回應的方式：「我知道妳很沮喪。我了解，換作是我，我也會。但到了某個時刻，我們必須向前邁進，試圖解決發生的事情，並讓情況得到改善。我們前進的最佳方式，是找出妳的下一步。讓我們一起做吧。」同理心在幫助她把注意力從反芻思考轉移開來時至關重要。當她相信父母真正了解她的感受，而且你們正在努力理解她的經歷時，她更有可能傾聽。

客觀性（Objective）、反映性（Reflective）、詮釋性（Interpretive）、決定性（Decisional）——是一種解決問題的方法，該方法設計的目的是幫助個人和團體擺脫優柔寡斷，清晰地解決問題。我發現它是一個有用的方法，可以扭轉過於反芻思考的對話。

假設你的女兒正在和你談論她不喜歡的室友——室友不體貼、不友善，最重要的是，似乎沒有意識到她很粗魯。你的女兒看起來很沮喪。這只是學期的第二週，她將如何度過一整個學年？

- 首先，你要問的是「**客觀性**」的問題：問你的女兒她實際知道的事情是什麼——發生過什麼事？室友說了或做了什麼？她在回覆對方時說了或做了什麼？確認「誰」、「什麼」、「何時」、「何地」和「如何」，但不談「為什麼」。不要讓你的女兒開始做評論（你能相信她有多粗魯嗎？當她這麼大聲說話時，我該如何學習？）。將對話保持在證據明確的基礎上，以及她現在知道屬實的情況上。

- 你的下一組問題是關於「**反映性**」：你的女兒對此有何感受？她生氣嗎？感覺被背叛嗎？失望嗎？讓她針對「分配室友的過程充滿問題」，或是「在操場上搭帳篷是否合法」的問題發洩一下情緒。
- 現在，你可以進入「**詮釋性**」的問題：這對她意味著什麼？有一個不體貼、不友善的室友帶來什麼影響？這將在她的情緒、人際關係和課業學習上造成什麼影響？
- 最後，進入「**決定性**」的問題：她想怎麼處理這個問題，需要你什麼樣的幫助？她可以利用的學校資源有哪些？最好的下一步是什麼？直接面對她的室友、與舍監談話，或嘗試換房間？宿舍生活的政策和規定為何？決定一個可在一天內進行的具體步驟。

反芻思考在本質上是一種消極的思維模式——這不是遺傳，也並非不可避免的。你可以將反芻思考（和共同反芻思考）想像成思緒沿著快速前進的軌道行進；而我們必須將其轉移到更積極的認知軌道上，才能開始產生更好的想法。

反芻思考的人經常針對事情自責，這就是為什麼學會「停止反芻思考」並不像「思考其他想法」那麼簡單。有一個關鍵的折中步驟是：你也必須**學著原諒自己**。只有這樣，你才能跳下這輛反芻思考的列車說：「夠了，事情沒有那麼糟糕，我不是那麼糟糕。」這就是我們即將前往的下一個地方。

CHAPTER 6

將「自我批評」轉化成「自我同情」

保持正念、善待自己，挖掘內心的勇氣之泉

……………

妳的意思是我應該對自己好。
但這不就表示，
我可以整天穿著睡衣坐在房間裡看「網飛」？
——詹妮，二十歲

堅定信念，不為難自己

在華盛頓特區一個為剛畢業的大學生舉行的工作坊上，我掃視著一個安靜的房間，試著找到一位可以幫忙暖場的參與者——我沒看到什麼可以協助我的人。每個女孩都安靜地坐在折疊椅上，眼睛正視著講台，大腿上放著一盤生菜沙拉和智慧型手機。

「好吧，」我開始了，「想像一下剛學走路的搖搖晃晃的孩子。」這些女孩們用疑惑的眼神盯著我，她們都是二十多歲的人，不會和學步兒童玩在一起。

我繼續。

「當他們第一次學走路時，妳知道他們總是會跌倒嗎？」在座一定有一些人當過保姆。終於，有幾個人點了點頭。

「所以當孩子跌倒時，妳會對他說什麼？」我問。

「沒關係！」有個人主動回答。

「讓我幫你。」另一個女子建議。

「妳會跟孩子說他是個白痴嗎？」我問她們。她們的眼睛睜大，然後笑了起來。

「妳當然不會，」我繼續說，「因為對寶寶兇，會把他弄哭，而且讓他不想再嘗試。」

這些女性開始慢慢意識到，她們經常以這種方式對自己說話。

我們當中有許多人相信這個看似有說服力的迷思，亦即「自我批評」是建立紀律最有效的途徑。鬧鐘響了，可是妳不想起床？妳會罵自己「妳真的很懶，快點起床啦！」妳在考慮吃第三片披薩？妳會對自己說「不行，妳這個胖子，把視線移開，去吃條胡蘿蔔。」妳看到朋友傳來簡訊，央求妳去她家一起看電影，這時妳會怎麼想？「妳如果進不了一所好的研究所，妳就徹底失敗了，妳好好繼續待在圖書館裡兩個小時吧！」

自我批評的性別差異在青春期加劇。女孩往往更有自我意識，更會為難自己，並且比男孩更容易以消極的方式進行自我對話。她們過度思考她們的挫折，花太多時間在想可以做哪些不同的事情。

許多女孩積極將「沒有痛苦就沒有收穫」的想法套用在自己身上，確信打擊自己，會激勵她們做出改變；而不自我批評，她們將不求進步、沒有表現。

我在常春藤名校舉辦的研討會上，這一點對我來說再清楚不過了。我正在挑戰一群女性領導人，讓她們不要對自己那麼嚴苛。學生們聽得津津有味，然後一個人舉起手、歪著頭看著我，好像我要求她們穿著美人魚裝來上課一樣。「所以妳的意思是，」她慢慢地說，「我應該對自己好一點。」這不是一個問題。

「是的。」我說。

「但這不就表示，我可以整天穿著睡衣坐在房間裡看『網飛』？」

她的同學們笑了，我不能責怪她們。「自我批評」是她們祕密的「紅牛能量飲料」，而她們對於這麼做並不覺得有錯——它已經幫助她們這麼久了，現在她們不打算放手。

現在是時候幫助你的女兒**打破「自我批評將使她更努力、更好」的迷思**。

許多研究結果一致顯示，「自我批評」會削弱女孩的動力，降低做事的效能，並對自己可以勝任各種特定任務的信念造成損害，而這都是構成信心的關鍵部分。

在大學裡，一個愛自我批評的學生不太可能在她的目標上取得進展，並會出現更多的拖延問題。自我批評也會使女孩不快樂：研究顯示，它與青春期女孩抑鬱症發病率較高有關。在青少年和成年人之中，自我批評與對社交和運動技能缺乏自信、飲食失調、對生活不滿，以及難以維持人際關係有關。

負面的自我批評，也會限制女孩冒健康的風險——畢竟，如果我們不重視自己，就不會向外展現自己。這就是為什麼一個自我批評的人，一般都會避免那種可能導致轉型成長的風險。

泰拉．摩爾（Tara Mohr）在《妳就是大器：十個完整練習，帶妳活出女性優勢》（*Playing Big: Find Your Voice, Your Mission, Your Message*）一書中寫道，對自己嚴苛「可以激勵你成為一名細心的員工，但它不能激勵你成為一名創造改變的人。」它確保我們繼續走在一條狹窄、安全的道路上。

「自我批評」事實上不太可能讓女孩努力做事，它更有可能助長的是她們在努力時的恐懼：害怕失敗、被發現是無能的、讓別人失望。**恐懼不會激勵女孩朝著她們珍視的目標前進，而是讓她們逃避許多害怕的事情。**

每天我都教導女孩，不必把自責當作一種管理焦慮、倦怠或悔恨的方式，還有其他方法可以面對挑戰。這一章要談的就是這些方法。首先，我將說明你的女兒與自我批評之間的關係；然後，我會介紹兩種簡單有效的做法，來幫助女孩面對「自我批評」。

為什麼女孩容易「自我批評」？

有三個主要的風險因素，使女孩更容易「自我批評」。

第一：青春期

隨著身體的變化，女孩變得更有自我意識。她們擔心自己的外表是否符合媒體、父母和同伴設定的標準，並承受追求纖瘦理想的壓力。在此期間，她們還接收了文化賦予她們如何當個「好女孩」的期望——首先，要受到別人的喜愛，以犧牲自己為代價來取悅別人、不要讓別人生氣或難過。這使得她們更容易抑鬱和焦慮，並沉溺在過度思考中；所有這些因素都增加了女孩自我批評的傾向。

第二：女性感受羞恥的程度遠大於男性

羞恥基本上是「自我批評」的極端表現。布蕾妮·布朗（Brené Brown）教授將羞恥定義為：「一種強烈的痛苦感，或相信自己有缺陷，因此不配得到愛和歸屬。」以現實情況來說，就是你的女兒犯了錯誤，然後因為這個錯，而認定自己是個可怕或無能的人。這是她將較溫和的「內疚感」——一種她做了壞事的感受，這種感受比較容易從中恢復——直接加深，並直接責備自己的做法，也可稱之為「**過度悔恨**」。

一旦陷入羞恥感中，女孩更有可能與他人疏離，特別是那些可以幫助她前進的人。當她深陷在羞恥感中，幾乎不可能感受到任何真正想改變的動力或靈感。

第三：完美主義

不斷地追求完美主義，往往無法達到高標準，同時讓失敗或成功定義她的自我價值。**「完美主義」基本上提供「自我批評」養分**。如果再多的成功都不夠，她將一直認為自己做得還不夠；如果再多的努力都不能讓她感到滿意，她就會一直感到倦怠。這樣的循環將不斷地重複。

值得注意的是，自我批評有一些好處，至少在女孩心中是如此。儘管是假象，但責怪自己會給妳一種對生活有所控制的真實感受。如果問題在於妳，這背後預設的想法是，妳一開始就可以對全部的事情有所控制，而妳只是還不夠努力。對於野心勃勃並將每天的生活看作是一連串等待被實現的成就的女性來說，這種信念具有催眠效果，它也是一種自我強化的循環。

這一切當然全是假的。儘管女孩可能被告知可以主宰世界，但她們無法控制一切。認為她們可以控制一切的想法，將讓她們陷在虛假希望、短暫的勝利和自我批評的無限迴圈裡。這種心態與「女力」訴求的正好相反；這是一種「女毒」。

有些女孩被「自我批評」所吸引，因為這讓她們在被別人批評之前，先批評自己。在一個她們會因為占據太多空間而被懲罰的文化裡——不論是她們說話的聲音、想法或身材——「自我批評」可以是她們一種自衛的行為。

二十一歲的大三學生朱莉婭說，她經常在吃冰淇淋時笑自己有「多胖」。她解釋道，「在別人有機會想到這個並批評我之前，我自己先說出來。如果我說出來了，那就是我說的，而不是別人。」

所有這一切都在「大學申請產業複合體」的全視之眼下展開。「產業複合體」每天都傳送訊息給它的學生，包括那些已經上了大學但仍然受其影響的人：妳永遠不可能、也不會夠好。在這場「驚人的比賽」中——一個根據他人定義的標準，盡可能讓妳變得驚人的競爭——女孩在追逐一種永遠不可能實現的生存狀態。她們生活在一個持續「自我批評」的狀態中，因為自己未能實現一些神話般的成就而自我打擊。無論她們做什麼，她們都會覺得自己做得不夠。

自我同情的承諾

「我們對待其他人幾乎不會像對自己那樣地嚴苛。」克里斯汀．內夫（Kristin Neff）博士這樣告訴我，這位在德克薩斯大學奧斯汀分校任教的教授有親身體驗。在她讀博士班的最後一年，經歷了一場過程混亂的離婚，還要一邊耗盡心力撰寫論文，並進行令人害怕的工作申請。淹沒在絕望和自我厭惡中的她，報名參加了一週一次的禪修班；在那裡，內夫學到了「慈心」（Metta）——一種關愛和慈悲的練習，或是對他人展現無私的愛與同情。

有一天，老師提出一個簡單的觀點：如果你不能對自己有同情心，你永遠無法將它與別人分享。內夫知道老師說的是她。她開始在自己的生活中探索「自我同情」的做法。

當時，內夫一直在研究「自尊」；然而，她對「自尊」的價值抱持懷疑的態度。她的同僚發現，高自尊與自戀有關，包括自私、浮誇，以及渴望得到認同；它讓一個人感覺良好，是的，但它似乎還包括需要感覺「比其他人更好」。事實上，許多具有高自尊的人，為了讓自己感覺良好，需要感覺自己比其他人更好或更優越。

你如何在不貶低他人的情況下，讓自己感覺優越？當我們需要「感覺特殊和非凡，才能感受到自己的價值」時，這就是一個問題，這時「任何看起來不足的東西似乎都是失敗的」。內夫認為**「自我同情」可以提供更好的東西：它讓我們避免有害的自我批評，而且不需要變得完美或感覺比其他人優越。**

在過去的十年間，內夫和她的同僚已經看到了令人驚訝的結果。**「自我同情」與幸福、樂觀、動力和情商有關**。一份針對二十份研究所做的綜合分析發現，該練習顯著降低了焦慮、抑鬱、反芻思考和壓力。二〇一一年，內夫發表了《自我同情：對自己好的力量》（*Self-Compassion: The Proven Power of Being Kind to Yourself*，暫譯）。

我在職業生涯中，致力於將外界鮮少會閱讀的研究作品，轉化成影響數千名女孩的原創課程。尋找「自我同情」就像挖掘原油和意外找到間歇噴泉一樣；我看過它如何立即改變女孩看待自己的方式。這種做法改變了我的學生和我自己的生活。

如果我必須用一句話總結「自我同情」的好處，我會說它幫助我和我的學生明白：

- 無論在我們冒險或遇到挫折時發生什麼，我們都知道我們夠好了。
- 我們知道我們仍然值得，即使我們走得跌跌撞撞。
- 我們意識到我們比我們的成功或失敗更重要：在我們內心深處有一些東西超越了學業成績平均點數或考試成績、減掉的體重或跑了幾公里。
- 我們不必用我們的自我價值來換取挫折。

二〇〇七年，由馬克・利瑞（Mark Leary）與其同僚所做的一項研究發現，**「自我同情」的人「較少極端反應、較少負面情緒、有更接納的思維，並且更能客觀看待問題。」這種做法是緩和負面事件影響的有力工具。**布朗寫道，「自我同情」的訊息是「**你不完美，你會有掙扎，但你值得被愛和歸屬。**」

內夫發現，儘管差異很小，成年女性的「自我同情」一般來說不如男性。在過去的幾年裡，研究人員已經開始針對青少年研究這項特質。在二〇一五年一項針對中學生和高中生的研究中，凱倫・布魯斯（Karen Bluth）指出，高中女孩比其他任何青年群體有著顯著低落的「自我同情」。二〇一七年，布魯斯擴大了她的研究，這次她發現，男孩的「自我同情」在所有年齡階段仍然保持相同的程度，但年紀大一點的女孩在中學和高中時的「自我同情」程度卻降低了。在七百六十五名受試者中，有將近百分之四十不是白人。

由伊莫金・馬許（Imogen Marsh）針對十七份青少年研究所進行的分析（未出版）發現，「自我同情」對心理的痛苦程度有著重大影響。不過，值得注意的是，隨著男女青少年年紀的增長，「自我同情」的效力也變得較低。布魯斯的研究也呼應了這個結論，她寫道，到了青春期後期，高度焦慮的女孩「可能更難相信『自我同情的訊息』，亦即她們值得被善意對待」，而她們並不孤單。

儘管如此，在關於女孩的研究中，仍有幾個比「自我同情」帶給人更多希望的發現。布魯斯設計了一個她稱為「**與自己交朋友**」的課程。與對照組相較，完成該課程的高中生顯示出更高程度的韌性、生活滿意度和社會連結。為了了解「自我同情」是否可以幫助女孩冒更多健康的風險，我請布魯斯在她的研究中納入相關的問題。結果顯示，當學生學會「自我同情」，不僅能展現更多的好奇心和探索精神，在課程結束後，她們繼續表現這些特質的程度也更高。

我在一份由瓦薩學院（Vassar College）的米歇爾．圖加德（Michele Tugade）和阿比．希勒（Abbi Hiller）針對三百名高中女孩進行的調查中，發現了類似的結果：**女孩擁有的「自我同情」越多，她們就越能承擔有益身心的風險**。

鄭重聲明，我從未想過我會寫關於「自我同情」的主題，更不用說教導和實踐了。這正是我父親喜歡稱之為「一堆廢話」的那種「新紀元運動」會講的東西。對於我曾經在雜貨店冷凍肉櫃區工作，以單親媽媽的身分獨力撫養兩個孩子的移民祖母來說，「自我同情」似乎毫無用處。如果她今天還活著，她無疑會使用不同的詞彙來稱呼它；即使是五年前，我也可能會對它翻白眼。我會說「自我同情」只是在找一堆藉口，是一種將錯誤合理化而不願承認它們的狡猾方式。

研究結果並非如此。原諒自己的錯誤和保持追求卓越的高標準，實際上可以並存。內夫和她的同僚發現，會「自我同情」的人和不會「自我同情」

的人一樣，對個人要求的標準都很高；唯一不同的是，當他們達不到要求時，他們不太會自責。比起他們身旁自我批評的同儕，他們更傾向將注意力放在個人的成長上。他們少拖延，制定具體計畫以達到目標，並在生活中建立更多的平衡。

更重要的是，「自我同情」經常出現在具有清楚目標或有內在學習動力（是一種最佳的動力，與幸福感和長期的成功有最密切的關聯）的人身上。這是有道理的：如果你在失敗時不自責，失敗就變得不那麼可怕。你會更願意挑戰自己的腦力，並隨著你的好奇心探索世界。

「自我同情」為你燃起對生活做出重要改變的渴望。以學習而不是表現作為目的，使「自我同情」的人更有動力，在面對失敗時更具韌性，也對冒些健康的風險感到更自在。

當「自我同情」的人失敗時，他們不太可能感到羞恥和沒價值。他們相信自己有勝任能力的信念不會受到打擊。「這絕不是一種『自我放縱』，」內夫寫道，「『自我同情』和真正的成就相輔相成。」

如何向女孩傳授「自我同情」的技巧

「自我同情」與青少年心理的困境出奇地契合。包含以下三個步驟：

① 保持正念，或不帶評判地觀察你在思考和感受什麼。

➡ 你必須留意呼吸和關注當下；這有助於限制困擾年輕人的反芻思考。

② 善待自己，或對自己說些好話。

➡ 要求女孩擺脫她拿來作為動力的「自我批評」。

③ 人類共性，或想想與你分享類似經驗的人。

➡ 布魯斯與其同僚寫道，它會挑戰「個人神話」：一個在青少年發展階段會抱持的信念，認為自己的掙扎與他人相比是獨一無二且嶄新的。

你可以透過自己生活中的故事來示範練習，幫助你的女兒發展「自我同情」。這裡要注意的是：避免在她面前表現太強烈的感受或脆弱；特別是，如果她不習慣看到父母如此表現時。如果你表現得太強烈，讓她感覺不舒服的話，她就可能會放棄練習。選擇一種你可以展現「自我同情」又能讓她感到安全的情況。這樣，她可以專注於學習，而不是感到尷尬。

我選擇告訴我的學生，一個關於我在幾年前特別艱難的分手經驗。在那段時間裡，我因為「自我批評」而遍體鱗傷。我在誇張的想法——這表示我很有問題，我將永遠自己一個人——和否認——管他的，誰在乎，我跟其他人約會就好了——之間來回擺盪。前者讓我陷入悲傷和焦慮的漩渦裡；後者用憤怒強化了我，但並沒讓我更有效療癒。

保持正念

為了練習第一步「保持正念」，**我必須不帶評判地正視我當時的感受和思考**。我必須把我預測這次分手對我的生活在更大層面上所有戲劇性的影響（「我一定會孤獨地死去」）、接下來會發生在我身上的事（養很多很多隻貓），以及我認為它表現出我是一個怎樣的人（「顯然是不完整的」）等等全部拋開。

「保持正念」尤其對傾向於否認問題或誇大問題的女孩至為關鍵。雖然她們大多數都知道，否認不是一種有效的應對方式，但與此同時，也有很多人相信，誇大問題才表示妳關心它。父母要為女兒指出的是，「對問題感到沮喪」和「面對問題」完全是兩回事。前者會將妳的想法和感受劫持到一個預期最壞情況發生的地方。這會導致災難性的結果，讓妳不能專注，更遑論開始解決問題。

在停止誇大問題後，我問了自己一個問題：此刻我真正的想法和感受是什麼？當我傾聽自己的想法時，我聽到：「這很痛，真的很痛。我感到悲傷和被拒絕。」

善待自己

第二步是「善待自己」，或體貼自己。如果你開始想像《週六夜現場》（*Saturday Night Live*）*的斯圖亞特・斯莫利（Stuart Smalley，那個站在鏡子前面說：「因為我夠好、夠聰明，而且……管他的……人們就是喜歡我」），沒問題。不過，請再讓我多解釋一下。

令我驚訝的是，有多少女孩在這個步驟上掙扎，她們很難為自己找到溫暖貼心的字眼。當女孩和我一起面對這個掙扎時，我會要求她想像，如果親密的朋友或父母聽到她自我批評，可能會如何回應她。他們會說什麼？這時，我經常想像我的朋友丹妮拉。在我的情況裡，她的聲音聽起來會像這樣：「妳在這段關係裡盡力了。妳也學到了很多關於自己的事情。」這是我在同樣情況下會告訴朋友的話，這是事實。

人類共性

「自我同情」的第三個也是最後一個步驟是「人類共性」：與其他有類似或更糟糕經歷的人建立聯繫。這一步讓具破壞性並折磨許多青少年的「只有我一個人是這樣」的疾病消聲匿跡。

＊美國一檔喜劇小品類綜藝節目。

為了練習「人類共性」，我是這麼告訴自己的：我知道我不是此刻唯一一個心碎的人，我也不是世界上唯一一個單身的人。老實說：我當時在谷歌上搜尋了「給心碎的人的建議」，並得到了一百五十萬個結果。顯然，我並不孤單。另外，我提醒自己，我的女兒和我都很健康。這並不意味著我在告訴自己，我的感受是微不足道的，不過，它確實帶給我一些如何看待自己的痛苦的觀點。

培養女兒「自我同情」能力的另一種方法，是將這些步驟融入日常對話中。例如，我可以對女兒說：「我真的很失望，我今天沒有得到我想要的東西（保持正念），但我盡力了；而且當時我在處理其他有壓力的事情（善待自己）。」我或許也會說：「我對搞砸了那份食譜，晚餐味道不是很棒，感到尷尬（保持正念）。事實上，我的朋友上週也做了同樣的事情（人類共性），我們可以找些其他東西來吃。」透過展現一種健康的方式來應對困難，你便在為女兒提供一個重要的腳本，讓她可以在生活中以無數種方式加以應用。如果她能受益於你的「自我同情」，她更有可能維持「自我同情」的做法。

當你試圖培養「自我同情」的能力，有身邊愛你的人以溫和的信息與你共鳴時，將內在負面的聲音轉化為更友善的聲音會更加容易。

透過練習「保持正念」來學習冷靜地辨識你的想法和感受，這意味著拋棄誇張的心態──一種許多女孩在感到不安時容易陷入的心態。相反地，正念讓你與真實的情況連結，而不是與你害怕它可能成為或演變的情況聯繫起來。它將你的痛苦客觀地擺在你的眼前，讓你得以直視它。結果是，你很快就會意識到，你的麻煩不會把你淹沒；你越常這樣做，就越容易面對自己真正的感受，而不是試圖逃避它們。有趣的是，它們可以幫助你前進並變得更強大。

我們如何詮釋我們的挫折，是一種需要學習的技能，而且部分是藉由觀察父母來學習的。如果我們在成長的過程中，看到的是每晚七點半就上床睡覺、以麻木心態來面對工作挫折的父親，或是在廚房裡走來走去，說自己把購物清單搞丟有多笨的母親，我們得到了一個明確的信息：一個錯誤的威力有多大。如果我們希望女孩停止總是把一切的責任攬在自己身上，那麼，改變將取決於我們和我們的女孩。

叫內心的評論家閉嘴

女孩們經常認為她們的「自我批評」定義了她們。自我批評不只讓女孩思考最痛苦的想法，她們還吞下所有的自我批評，將負面的、甚至妄想的想法轉化成關於個人的真理。這些話是女孩告訴我的，「我就是知道我不會在這個班級（或學校、或工作）中取得成功，所以這一定是真的。」

有些專家認為，為了禁止內心惡魔的咆哮，你必須先面對它。摩爾會敦促她的個案直視「自我批評」，甚至將它擬人化，並將其轉化成在他們內心活生生的東西，可以直接命名和面對。摩爾寫道：

你不是批判的聲音，你是意識到批判聲音的人。你是為它感到困惑或沮喪或相信它的人。你是試圖了解它、與它合作並擺脫它的人……這個內在的評論家並非你的核心。你的核心是你的抱負、你內在的智慧。評論家是一個入侵者。它只是恰好在你的腦海中播放的聲音，但並不是真正的你。

摩爾寫道，將內心的評論家視為一個獨立的實體，有助於你了解你內心評論家只是你的一部分，而不是身為人的你。

當她看到她第一個「法學院入學考試」的成績時，凱爾西的內心評論家是最惡毒的。「我很沮喪，」她告訴我。她坐在餐桌旁啜泣，她的母親試圖安慰她。凱爾西是家裡第一代大學生，當她在桌上用手撐著頭時，她的思緒開始快轉。「妳不夠資格上法學院。這就是因為妳太傲慢，以為妳可以上大學，就可以做得更多。」

幾年前，我輔導凱爾西的策略會專注在如何幫助她走出「自我批評」。我會告訴她，她很聰明、有資格，並一定會有大成就，甚至連採用經驗證可以讓人感覺變好的方法的認知行為治療師，都會敦促凱爾西去看看證據：她的高學業成績平均點數、擔任法律社團的社長，以及在校園裡擔任意見領袖，都讓她成為被法學院錄取的優秀候選人。

但在不安全感和自我打擊的扭曲心態裡，事實並不重要。摩爾提出一種不同的輔助方法，亦即**直視問題的核心**。凱爾西必須為她內在的感受命名，而不是轉身離開。

「這是妳內心評論家的聲音。」她的母親可能這麼說。為她內在的感受命名，是在告訴凱爾西，她的想法有個名字，而且它們不是她，它們是她的一部分。為她內在的感受命名告訴凱爾西，她的經歷並非獨一無二的，其他人也有一個內心的評論家。這會讓她放心，她在受苦時並不孤單，這將有助於她在「人類共性」中找到立足點，讓她從羞恥感的痛苦掙扎中脫困。

凱爾西的媽媽也可以幫助女兒了解「自我批評」的目的：演化心理學家認為這是一個自我調節機制，是我們在數百萬年前開發，為了防止個人自負並保護我們的身體免受傷害。今天，自我批評的功能很類似。我們仍然用它來保護自己，以避免我們害怕的東西；只是這個東西不是毛茸茸的猛獁象。

媽媽可以問凱爾西，為什麼她的內心評論家正在對她尖叫著要她放棄法學院的夢想？它可能試圖在保護她避開什麼？屈辱？失敗？害怕與父母都上過大學的學生合不來？摩爾建議我們問內心評論家，它最擔心的是什麼，並指出其動機。然後我們可以回覆：「非常感謝你的意見，但我已經處理好這個問題了。」

凱爾西的母親可以幫助她將這個聲音視為存在她內心的許多聲音之一，而不是試圖將有害的聲音完全排除。事實上，當我們告訴自己不要去想或感受什麼時，幾乎總會得到相反的效果。

「自我同情」不會讓不好的感受消失，但它確實能減輕這些感受。在夜深人靜時，當生活有時令人感到無比淒涼，「自我同情」會給人撫慰的力量。但也許這項練習真正的禮物是**找到客觀的視野**：當一個女孩將自己的經驗與別人的經驗聯繫起來時，她開始了解其他人也在面臨同樣的情況，並克服了它。這可以給她一種希望感，對她所擁有的懷抱感激之情，並且，也能減輕她的羞恥感。

面對艱難的挑戰，不僅是她在某個重要、令人畏懼的時刻所做的事情，在那之後她做了什麼——當事情不如計畫時——同樣地重要。如果女孩在面對挫折時不知如何與自己對話，如果一犯了錯就滿懷羞愧、過度思考和只想獨處……在這種情況下，誰還會有力氣試著變勇敢呢？

這就是為什麼我在工作坊和課程結束時，都會問學生一個問題——這是一個特別針對在早上五點半就在橢圓滑步機上健身的女性，以及在深夜宿舍裡就著手機螢幕亮光在閱讀的女孩的問題；是為從八年級就開始參加週日「學術水準測驗考試」準備的女學生，以及今天已經喝了第二瓶能量飲料的二年級女生準備的。對於這些在不間斷的壓力下努力並想做到一切的女孩，我的問題是：「為什麼妳這樣就夠好？」我每次在輔導一個團體時都會這樣做，而我在離開教室時總會感到喉頭哽咽。

我告訴學生我夠好，因為我是我女兒的母親；因為我是一個有愛心的朋友；因為我記得大家的生日。

在我最近進行的大學定向輔導課程裡，一群緊張萬分的十八歲女孩這樣回答了這個問題：

我夠好，因為……

- 我有愛我的朋友。

- 我試著面對我的挑戰。
- 學習新事物讓我充滿喜悅。
- 我會嘗試。
- 我讓我的家人感到驕傲。
- 我愛人和被愛。
- 我關心我所做的一切，以及周圍人們的感受。

我的學生和我會一直回到這些認知上，因為它幫助我們找到隱藏的勇氣之泉，讓我們用對自己有意義的方式挺身而出、勇於發言、向前邁進，並抓住機會，而且不論發生什麼事，都相信我們是有價值的人。

CHAPTER 7

追求「毫不費力的完美」&祕密展開「壓力奧運會」

勇敢展現妳的脆弱，尋求支持和幫助

我覺得我的生活
就像被捆綁在所有人對我的期望中，
我不知道我是如何做到的。
——佐伊，十六歲

追求完美，妳累了、倦了嗎？

在二〇〇〇年代初期，唐娜・利斯克（Donna Lisker）博士發現杜克大學的女學生出現一個令人不安的趨勢：女學生在經歷「『不僅』要在學業上優異，而且要有健美的身材、時尚的穿著、完美的髮型、恰當的朋友圈、合適的暑期工作，更不用說在課後的派對和性生活」——全都要看起來毫不費力。利斯克的一個學生稱此為追求「毫不費力的完美」。

女孩的完美主義已經不是什麼新聞。但是，杜克大學當時由南妮兒・基歐漢（Nannerl O. Keohane）擔任主席一的「女性倡議」（Women's Initiative）團體，則見證了一個新的突變，一種完美主義二・〇版。在這個版本中，在學校表現優異已經不夠；學生現在會說，妳必須在任何領域都擅長，從外表、課外活動到成績，同時要表現得好像——如同碧昂絲說的——妳「醒來時就是這樣。」好像妳在沒有得到任何幫助或努力的情況下，就擁有亮麗的外表、出色的成績、豐富的履歷，以及活躍的社交生活。

今天，對「毫不費力的完美」的狂熱追求，從孩子上高中時就顯而易見，並且在男孩和女孩身上都觀察得到。社會學家沙姆斯．汗（Shamus Khan）觀察到，在聖保羅寄宿學校的學生中，「成就似乎是被動地『發生』了——好像學生自己沒有做什麼或沒有為它付出太多的努力。」這裡的重點是「努力嘗試，但要看起來不是那麼努力。」一位女校的高中生這樣向我解釋。她的同學補充說，「就像妳很容易、很自然就做到了。」在強調紀律和成就的學校裡，越來越多學生被期待要表現得好像他們並沒有真的在努力。

「我給自己很多壓力，去表現得好像一切都在我的掌控之中。」十九歲的諾拉說。她來自俄克拉荷馬州，就讀一所東北部的大型公立大學，「我每天都在努力，因為我不想有任何外表上的缺陷。在我參加的『女學生聯誼會』的女孩子外表都很好看，並表現得好像一切都在我們的掌控之中——儘管我們並沒有。」

在這個世界上，表現太過努力的樣子，就表示你不夠酷，甚至沒有能力。這個邏輯是這樣的：如果你這麼擔心失敗，你一定不是那麼聰明；如果你必須那麼努力整理頭髮，你一定不是那麼漂亮；如果你對成績那麼有壓力，你一定不是那麼自信。如果一個女孩對她生活中的某個讓她感覺困難的部分表現得太沮喪，就會讓其他人感到不舒服——因為如果她的完美不是毫不費力的，那就意味著妳可能也不完美。

有一天在吃午餐時，諾拉和她女學生聯誼會的姐妹們，在取笑她們桌旁的一個女孩。這個女孩穿著一件露臍上衣、緊身牛仔褲，髮型和化妝都很誇張，講話也特別大聲。「我們都覺得，她在努力吸引人注意，你可以看得出她很喜歡自己。」

諾拉和她女學生聯誼會的姐妹們稱這樣的女孩是「拼命三娘」，會招來同儕的厭惡，一部分是因為她的企圖（她想要人們的關注），一部分是因為她的自滿（她以為她是誰啊？）。她告訴我，人們多半對這樣的女孩「感到氣憤」。

在另一所新英格蘭學院的宿舍裡，學生們給那些太努力想和每個人成為好朋友的人，頒發「最佳大一新生」獎。

崇尚「毫不費力的完美」的現象，不僅僅是一心追求卓越的同儕文化一個令人不安的副作用，它還快要成為現代社會對「女性氣質」的標準定義：妳要看起來很好，但表現得像妳不那麼在乎或不認為妳值得一樣。事實上，女孩們也太容易陷入「毫不費力的完美」的規則了。「毫不費力的完美」推崇**謙卑**（讓妳的才華看起來就像「自然地」發生）、**獨立自主**（妳自己做到了這一切，所以妳不需要尋求任何人幫忙）。

「毫不費力的完美」崇尚瘦身的理想，這是女孩們不成比例地追求的目標。而「毫不費力的完美」在社群媒體上被廣泛地行銷——透過無數穿比基尼的美照、令人難忘的深夜派對，以及漂亮的度假美景——女孩也在其中占了主導地位。

這一切都不是沒有代價的。伊莉莎白．阿姆斯壯（Elizabeth Armstrong）和勞拉．漢密爾頓（Laura Hamilton）教授在其著作《派對的代價》（*Paying for the Party*，暫譯）中，探討一所中西部大學裡「不平等」的問題。在這裡，競爭非常激烈的年輕女性被高度階級化：妳需要錢維持外表、出去玩、吃得好。如果妳在校園工作或在家照顧某人，妳就比較少有時間去健身房和做妳的頭髮。作者所研究的女學生聯誼會的入會儀式，往往是最能展現「毫不費力的完美」的地方，「大多數比較缺乏資源的女性，可能因為無法有『可愛』的外表而馬上被淘汰。」因為女孩從來不知道誰能入會或為什麼，她們將被淘汰視為個人的失敗，「而不是將它歸因於一個根據社會階層和其他特質所進行的排序系統。」

然而，校園裡有許多女性積極地拒絕「毫不費力的完美」，特別是代表性不足的學生。針對這個讓她們的努力「看起來很簡單」的想法，對家中第一代上大學的女孩和有色人種的女學生進行訪問時，許多人似乎感到困惑。這些女孩被教導要引以為傲地利用她們的努力，作為目標和動力的來源；假裝它們不存在的想法，對她們來說很荒謬。

「毫不費力的完美」是社會對女孩成長潛力感到矛盾不安的一種副作用。它延續了我在《好女孩的詛咒》中，關於「女權」所描述的「是的，但是」的心態：社會告訴女孩「是的，妳要成功，但是，請不要大聲宣揚」；「是的，妳要堅強，但是也要性感」；「是的，妳要有信心，但是請妳安靜地做到這一點」。「毫不費力的完美」已經將這些相互衝突的特質，重新塑造成現代年輕女性必須追求的目標。

角色超載

對「毫不費力的完美」的追求，讓女孩陷在一條永無止境且崎嶇難行的道路上，朝著一個遙不可及的成就標準前進。它破壞了女孩的信心，造成女孩彼此競爭，並阻礙她們尋求支持的能力。換句話說，它使「自我傷害」成為「自我賦權」的先決條件。

「毫不費力的完美」要求女孩在一天二十四小時內承擔許多令人吃不消的義務，這不僅是要求女孩做很多工作，而且是做很多種不同的工作。

佐伊是一個綁著馬尾、穿著緊身褲的高中生，她是三鐵運動的選手，對於環境探索和戶外活動充滿熱情。她坐著吃披薩，與一群學生一起接受我的訪問，可以一口氣背出這個世界期待她每天做到的任務清單。

「妳必須擁有完美的成績，妳必須在所有感興趣的領域中表現出色，」

佐伊說著，她的長腿在椅子上交叉放著。

當妳做完這個世界對妳要求的一切時，妳還必須強大，但是要瘦、有個翹臀，並且要有吸引力。但與此同時，這說來很複雜，妳還有壓力要當個派對女孩，加入約炮文化。但如果妳約炮太多了，妳會被視為一個蕩婦；如果妳處於穩定的關係，它就會變得無聊。那麼，學業和運動要排在哪裡呢？

佐伊幾乎沒有時間見她的男友；她因為錯過他的曲棍球比賽，而覺得自己像個「壞女友」。她的朋友們也覺得被她忽略了，她只有在必須趕回家裡拿東西，才會不小心在晚餐桌上看到她的家人。佐伊沒有沮喪、焦慮或掙扎；事實上，她表現得完全相反。「我覺得我整體來說是一個樂觀的人，」她告訴我，「我有一個非常陽光的性格。如果我是情緒上不穩定的人，我想就沒辦法應付這一切。我覺得我的生活就像被捆綁在所有人對我的期望中，我不知道我是如何做到的。」突然間，她的手機響了。

「我得走了，」她突然說道，「我得在回家之前，幫我媽媽買牛奶。」

這是典型的「角色超載」。利斯克稱其為，「『毫不費力的完美』將人們刻板印象中『駭客』的頭腦與『愚蠢的金髮女郎』的美麗結合起來，並告訴女性要兼顧兩者。」這其中的不協調性會耗損一個人的能力。

美國心理學會在二〇一四年提出報告說，在所有美國人中，青少女睡眠時間最少的狀況並非偶然。睡眠不足與青少年的行為和心理健康問題息息相關，包括抑鬱、焦慮、冒險和情感脆弱。

在二十世紀九〇年代，我可以穿著運動服到大學課堂裡上課。今天，這種像是剛從床上爬起來的外觀已經和教室裡高架式投影機一樣消失了。

在安娜就讀的波士頓學院中，上課不成文的規定是要打扮。運動服是唯一的例外，所以學生們即使沒有去健身房，也會為了打破著裝要求而穿著運動服來上課。安娜的一個朋友對我吐露，如果她那一天的自我感受很糟，她會走到街尾的那間超市，讓自己「記住學校以外的人看起來是什麼樣子。」

安娜告訴我，週末會帶來「各式各樣與週間不同的工作」。在圖書館待了一天後，她解釋說：「妳會思考妳要去的地方，並與別人制定計畫，妳永遠要為參加派對做好準備，然後妳會熬夜。」去哪裡、跟誰去，以及該做什麼，都是被迫切討論的問題，而且許多女孩有著嚴重的「**錯失恐懼症**」——

害怕錯過「正確的」週末經驗。

妳不能只窩在宿舍裡看網飛。「妳在週末該做什麼有一份腳本，」安娜告訴我，「有一系列的活動是妳該做的，用意在於達成『我們應該這樣做』的慣例和理想。」然後，她說，「到了週一，妳還必須在課堂上表現得很好。」原本週末應該是減壓的時間，現在卻與平日一樣，充滿了「應該」做的事。必須跟上一切所需的多工處理能力是很驚人的。

十九歲的凱拉是一所公立大學榮譽學院的學生，她告訴我，「我經常在想我接下來要做什麼，我下個月要做什麼，我需要做什麼，以及為什麼我需要做。我的思緒從來不曾真正休息。」凱拉有棕色的長髮並戴著眼鏡，說話時顯得嚴肅且有些戒備，她在她就讀的公立學校裡成績班級排名第十四，並拚命渴望擠進前十名。她的媽媽曾經排名第九，她刻意告訴我。凱拉承認她很難活在當下，因為她已經開始在想接下來該做的事。「我甚至在寫一篇論文時，就開始思考我必須寫的下一篇論文，我必須學習的下一件事，」她說，「我就像一隻在輪子上跑的倉鼠，永遠沒有結束。」

當我與母親們談論她們的女兒對「毫不費力的完美」的追求時，她們馬上表示認同。母親對於同時扮演好許多角色的壓力並不陌生：養育者、管教者、養家者、家管和協調日常行程的人。如果她們來自富裕家庭，她們也會被期待要瘦、與人比較穿著打扮，並定期在社群媒體上上傳照片。母親被認定是她們孩子「主要的社會化代理人」，換句話說，女孩正在模仿學習她們的母親。

然而，很少有人談論這個問題。在二〇一六年，一項針對超過一千兩百名大學生的研究中，有四分之三的受試者是女大學生；研究結果發現，努力追求「毫不費力的完美」的學生會感覺與同儕更疏離。研究人員寫道，**保持不費力的形象需要極度的「自我隱藏」，你無法抱怨一切有多難，也不能尋求支持**。你不得不對自己的不安全感和恐懼保持沉默。

利斯克在對杜克大學學生的訪談中突破了這道沉默。她發現，女孩在爭取「毫不費力的完美」的表現時，心裡總會想著兩件事：她們將無法維持它，以及有人比她們更加毫不費力。**無止境的追求更多、更多、更多，是一個**

沒有解決方案的殘酷循環：無論女孩們多瘦、多聰明，她們仍然會羨慕同儕更平坦的肚子、更出色的成績。「這裡的每個人都比我更聰明、更好、更努力，我討厭它和我自己，因為我永遠跟不上。」在菁英學院的「告白」網站上，一則典型的匿名貼文這樣寫著。**毫不費力的完美是徒勞的，它是一個永遠無法享受的勝利；**它讓女孩不斷感受到自己的不足。

「我花了很多精力擔心為什麼我週末不出去，這本身就是一種工作，我會一直想，其他人都在做哪些事情，而我卻沒有做，我到底有什麼問題。」安娜告訴我。她在大一那年每天花數小時耗神費心管理這種焦慮。「我覺得我是唯一一個沒有做正確或超酷事情的人。」

酒精在這時成為許多人的逃生出口。對女孩來說，喝酒可以消除「自我批評」的雜音，讓她們可以對壓力聳聳肩。莎拉・海波拉（Sarah Hepola）在她強而有力的回憶錄《關機：回想我藉酒遺忘的事》（*Blackout: Remembering the Things I Drank to Forget*）中寫道：「我們需要葡萄酒來消除自己完美主義的噪音，透露我們藏在內心的祕密。酒精有幫助，哦，天啊，它有幫助。在我用空啤酒罐砌起的堡壘裡，我免受恐懼和批評的威脅。酒精鬆開我的臀部，撬開我的拳頭，經過多年焦慮的折騰，這種解脫令人難以置信。」飲料提供有效的釋放：它會迅速紓壓，也很容易進入過度安排的生活。

酒精還能快速緩解女孩對角色衝突的困擾。如果女性氣質束縛了一個女孩最真實的想法——酒精可以釋放它們，以及她最瘋狂的衝動。海波拉寫道：

酒精允許我做任何我想做的事。我生命中大部分的時間都是無止境的循環：「妳想去哪裡吃晚飯？」／「我不知道，妳呢？妳想去哪裡吃晚飯？」但如果我倒一點酒精到我的嘴裡，我的嘴巴就停不下來。「我現在想吃塔可鐘*。我現在想要捲菸。我現在想要帥哥馬特奧。」

解開「好女孩」的枷鎖令人振奮。「直闖世界的感覺多麼令人興奮，不需要為自己在其中的位置道歉，也不需要任何人的許可和認同。」海波拉寫道。

酒精在「約炮文化」裡更顯重要、更受歡迎，而這導致最激烈的角色衝

＊塔可鐘（Taco Bell），世界上規模最大的墨西哥式連鎖餐飲品牌。

突——它要求女孩在不附帶任何條件的性接觸中表現出不尋常的大膽，同時又要她在其他生活領域能自我控制。酒精大幅地緩解了這種壓力。如同佩吉・奧倫斯坦（Peggy Orenstein）在《女孩與性》（*Girls & Sex*）一書中寫道，酒精為女孩們提供「放縱性慾的許可，放鬆禁忌，麻痺其對親密關係、尷尬難堪或需要負責任的感受。」

酒精還為女孩暴露出它試圖緩解的衝突。「當我清醒時，隱藏自我；當我喝得醉茫茫時，卻脫掉所有的衣服，這表示什麼？」海波拉問道，「我崇拜我的室友，但在喝了七杯酒後，卻開始抨擊她，這表示什麼？」

去年，蘇妮雅・盧薩和她的同僚發表了一份在高成就社區裡（特別是在女孩身上）頻繁出現的爛醉現象和大麻使用的調查結果。研究人員追蹤兩個新英格蘭地區富裕家庭青年長達十年的時間。在對這個群體的最後評估中，當受試者到了二十六歲時，女性被診斷為藥物或酒精成癮的比例，高於全國平均值的三倍（男性被診斷的比例則是全國平均值的兩倍）。總體而言，這個群體使用古柯鹼和興奮劑〔像是「阿得拉爾」（Adderall）〕，是對照組中年輕人的兩倍多。

然而，有一些值得注意的好消息：該研究表明，當他們的父母在孩子青春期階段，對藥物使用採取嚴格（但不嚴厲）的政策——專注執行和孩子共同協議的規定——孩子濫用藥物的頻率便會明顯降低。

完美的女孩，不完美的友誼

自我隱藏和不安全感，是女孩友誼中一杯有毒的雞尾酒。

諾拉是一所大型公立大學女學生聯誼會的一年級學生，她經常與最好的朋友互相較勁；她最好的朋友也是她的室友。「我們不斷地互相競爭，只是沒說出來。」她告訴我。在健身房，她們試圖比對方做更多重訓、更會做地板運動。當她的朋友抱怨她的外表時，簡直快把諾拉搞瘋了。「我對她很生氣。」她告訴我。當諾拉抱怨時，她的朋友也生氣了。在她們宿舍的冷戰中，不安全感迅速地轉為競爭和怨恨。

一九八六年，心理學家凱瑟琳．斯泰納－阿代爾（Catherine Steiner-Adair）觀察到，高成就的年輕女性「不斷地和他人比較自己的尺寸和身材，並且怨恨『瘦得像紙片人』的女人——除非她們把對方看作是飲食失調，而將她歸類為異常。」將近二十年後，一名杜克大學女學生聯誼會的女同學向利斯克吐露，當她看到一名患有「神經性厭食症」的同儕時，她會有一種複雜的「又嫉妒、又優越」的感受：

這幾乎就像——哦，謝謝上帝，她是飲食失調，這表示她並不完美……有時候妳會把事情合理化，就像當妳走路經過一個超瘦的人身邊，妳甚至不知道她是誰……然後妳聽到人們說，「哦，我的天，她看起來應該有厭食症。」……妳真的不在乎她是不是有厭食症，更重要的是，因為她讓我看起來很胖，所以她一定有問題。

我不確定哪個更令人不安：是不安全感讓女孩不想互相支持，或是看到一個厭食的女孩「讓我看起來很胖」。

我們經常說，擺脫嫉妒的最佳方式是承認它。但坦承自己嫉妒，對女孩來說並不容易——它違反她們被教育要遵守的規範：好女孩應該大方，不貪戀別人所擁有的。她們應該慶祝同儕朋友的成功，而不是感覺被她們威脅。此外，**在「毫不費力的完美」之地，嫉妒看起來像是妳太在意應該看起來很容易的東西**。

女孩會反過來將她們的感受內化。在她任職的高中裡，一名受人愛戴的學姐獲得知名大學的獎學金後，學校心理師麗莎．拉普卡．克蘭德爾在她的辦公室裡分別見了這名得獎學姐的兩個朋友。「她太棒了，我非常愛她，」其中一人告訴她，「但是為什麼我沒有那麼厲害呢？我應該再更努力一點。」妳可以感覺嫉妒，這個女孩確實實現了一個非凡的成就，克蘭德爾輕聲建議。「我不是說她不配，」另一個女孩說，「她很值得。」

「她們無法承認自己有多想要，」克蘭德爾告訴我，「這不是一個好女孩應該感受的事。她們反過來認為，『我是一個糟糕的人，我絕對進不了大學，我有問題』。」如果抑鬱症是內化的憤怒，那麼，這就是女孩吞下嫉妒時的樣子。「妳把它拿來對付自己，用它來自我打擊，這令人不忍卒睹。」克蘭德爾說。透過打擊自己，並延伸到彼此身上，女孩並沒有把她們的憤怒轉向那個一開始造成她們彼此競爭的文化。

在艾瑪・克萊恩（Emma Cline）的小說《女孩》（*The Girls*）中，青少女艾薇一開始偷偷地與她的親密好友康妮競爭，但很快地就轉為怨恨：「我記得第一次注意到她講話有多大聲，她的聲音粗啞又刺耳，」克萊恩寫道，「一旦我開始注意到這些事情，我們之間就出現了一道鴻溝，我開始以男孩的眼光來羅列她的缺點。我很抱歉我是如此心胸狹窄，但我覺得只要在我們之間拉出距離，我可以擺脫她有的那些問題。」

聽到不堪重負的女孩為了有害的文化信息而責怪自己，確實令人感到極度沮喪。她們將壓力淡化為「事情就是如此」，她們怪自己是「過於完美主義」。布蕾妮・布朗寫道，責怪自己的傾向助長了「完美主義」。「女孩不去質疑完美主義的錯誤邏輯，」她寫道，「甚至更執著於追求讓所有事情都看起來正確並做得正確。」我們質疑自己，而不是現存的社會體制。

引用社會學家雪莉・特克（Sherry Turkle）的話，有太多女孩是「在一起孤獨」（Alone Together）：她們越是在他人面前假裝堅強，她們就越感到孤單，即使她們身邊有願意幫助她們的大人和同儕。

值得注意的是，在二〇一六年那項「毫不費力的完美」的研究中，女學生認為她們得到的社會支持度很低。女孩的孤立感值得特別關注的原因在於，人際關係對於女孩保持韌性，有著獨特的重要性。根據二〇一七年的「女力指數」，三名高中女孩之中就有一名表示，她每週有四天或更長的時間感到悲傷或鬱悶；然而，說她們與其他女孩相處得很好，並相信其他女孩的悲傷和抑鬱程度的女孩們則最少。友誼為女孩提供了支持、指導和情感力量，並讓她們有機會自我揭露和自我驗證。她們還保護女孩免於遭受抑鬱、寂寞和低自尊等問題。

在我為這本書的寫作進行研究之前，我以為壓力是個人的問題——我擔心壓力會如何影響著一個女孩的睡眠、飲食和感覺。然而，我很快就意識到，壓力也正在侵蝕她的人際關係。

壓力文化的新規則

女孩在面對壓力和人際關係時，會小心地遵守五個不成文的規則。這些規則讓她們看起來忙碌且無懈可擊，使她們在最需要支持時，阻礙了與他人建立親密且滋養的關係。

① 不知所措是新常態。

如果你不是經常忙於學習或參加會議，那麼你這個人、你的時間表，或你的工作倫理一定有問題。持續增加的忙碌程度，意味著女孩能夠閒逛和聯繫的休息時間變少。正如一名大二學生告訴我的那樣，「我不能休息，如果我什麼都不做，我就覺得我做錯了什麼。」

② 壓力等同於價值和生產力。

你越有壓力，就表示你越成功。正如二十一歲的妮可告訴我的，「我喜歡當一個總是在忙碌的人，我希望人們注意到這點，而且我認為自己很勤奮。這樣當有人看到時，他們會想，「她是如何做到這一切的？」」從這樣的邏輯來看，花時間和朋友出去玩就是懶惰的表現。

③ 如果你很快樂，必然意味著你還不夠努力。

如果痛苦等同於價值，那麼快樂就是自私的追求。一名學生告訴我，「我居然有自己的嗜好！我想，這表示我的大學生活可能哪裡過得不太對勁。」

④不要與同儕分享你的好消息。

你不想聽起來像在吹捧，而且它可能讓你的同儕感覺不好。正如一位大學生告訴我的那樣，「我覺得我不能談論做得多好——聽起來不像個混蛋。有時我覺得當我身邊有其他人時，我必須把我的情緒降低一點。」她的話讓我想起了貝蒂．蜜勒（Bette Midler）談到自己的職涯生活時說：「成功最糟糕的部分，是試圖找到一個會替你感到高興的人。」

⑤不要把自己的壓力加諸在同儕身上，因為這可能也會給他們壓力。

拖累他人是不行的。一位大學生無意中聽到一位同學突然對她的實驗室同學發火，「今天別再談你那些狗屁倒灶的事了，我自己才剛度過了我生命中最糟糕的一天。」

總結一下這種心態：你的工作比任何事情都重要；不能表現得太開心，也不要太難過，否則犧牲的就是友誼；如果你快樂，就表示你不夠努力；如果你現在不忙，你基本上就是懶惰。這些規則直接破壞的是，可能在困難時刻互相扶持度過難關的女性情誼。這些規則甚至讓女孩連做基本的自我照顧——如睡覺、洗澡和清理房間——都覺得罪過。

壓力奧運會

在全美各地的高中和大學，在走廊上、圖書館裡和網路的動態牆中，正在祕密地進行一場比賽。「壓力奧運會」是一場抱怨的競賽：在馬拉松式的工作期間，抱怨你睡得多少、吃得多少，以及你的工作比其他任何人都更多。它聽起來像這樣：

學生①：「啊……我太累了，我昨晚只睡了五個小時，因為早上九點鐘有一份報告要交，而我凌晨兩點才開始寫。」

學生②：「我知道，呃，我只睡了三個小時，今天早上六點還做了越野跑步的練習。」

學生③：「明天我有三篇論文要交?!我只完成了一篇?!接下來的二十四小時我得一直灌咖啡。」

哥倫比亞大學的學生部落格發布了一張「壓力奧運會賓果卡」，上面的選項包括：「我的八個期末考都在上午九點舉行」，「我在水瓶裡小便以節省時間」，以及「我已經幾天沒吃任何東西了，除了每天五小時的能量棒之外。」

「壓力奧運會」是對精神和身體抗壓力及成功機率的測試。約翰．霍普金斯大學的大三學生卡羅琳．范德莉在學生報上寫道，「像『昨晚我只睡了四個小時！』之類的短句，想表達的是驕傲而不是遺憾。」「壓力奧運會」咖啡因上癮的「選手」，會對自我照顧嗤之以鼻。十九歲的安娜告訴我，「我並沒有從中學到很多東西，但仍然對我可以做到這樣，有種病態、扭曲的驕傲感。」

乍看之下，「壓力奧運會」似乎是無辜的、豁出去的人在相互打氣。但這種儀式充其量只是提供虛假的歡樂氣氛；對話不會以同情、擁抱或提供支持作結束——他們不是要傾聽，或對同儕的掙扎表示共鳴。「壓力奧運會」在本質上是領先同儕的痛苦一步——比賽成為「最有壓力的」人，這樣會讓其他人覺得自己不夠有壓力或不夠努力。

「壓力奧運會」選手的努力當然並非「毫不費力」。然而，他們卻表現得可以不流一滴汗水地面對壓力，並能在最後一刻之前達成目標。**「壓力奧運會」明顯迴避了表現脆弱和尋求援助**。「在隔天有兩個考試和一篇論文要交的學生，炫耀著他們眼前龐大的任務帶來多大的壓力，卻沒有寫電子郵件向老師要求延期以減輕工作量。」范德莉寫道。如果你在凌晨兩點才開始寫論文，然後在早上九點就交出去，表示你很放鬆。你看起來絕對不像從一個月前就開始寫論文的「焦慮安妮」，如果她必須花那麼多時間和精力完成它，那麼，對她來說事情必定真的很難。

「壓力奧運會」是我們文化長期推崇忙碌的徵兆。研究人員發現，人們談論生活的方式發生了變化，從推特到度假卡片上到處出現包括像「瘋狂的時間表」或「我沒有生活」這樣的短語。過去以富人休閒為特色的廣告，已被過度工作和缺乏休閒的圖像所取代。

二〇一六年，來自哥倫比亞、喬治城和哈佛大學的研究人員發現，表示你有多忙，會讓其他人認為你有很高的地位。作家西爾維婭・貝萊扎（Silvia Bellezza）這樣告訴記者，「『忙碌』在含蓄地告訴對方，『我很重要，我的人力資本受到追捧，這就是我如此忙碌的原因。』」值得注意的是，只有美國人這麼覺得。義大利人的感覺完全相反，他們認為休閒才是讓你看起來很酷的事。

談論「壓力奧運會」，甚至給它一個名字，可以幫助改變學生交談的方式。在史密斯學院，學生正在放棄這種比賽並改變對話方式。

在我的工作坊中，我們會**練習三種「積極傾聽」的技巧，而不是將談話焦點轉回自己身上。我們與對方進行同理，重述我們聽到的東西，或是提出一個問題。**

● **當一個同儕說：「我明天有兩篇論文要交，還有一個考試要考。」**

＊同理的回應方式是：「你一定很有壓力。」

＊重述的回應方式是：「聽起來，你現在有一堆事情要解決。」

＊以提問的方式回應：「我能幫你什麼嗎？」或「你學習告一段落時，想休息一下嗎？」

● **當一個同儕宣布，他們睡了多少或明天之前要寫完多少篇論文時……**

＊新的回覆方式是一句鼓勵的話：「你做得到」、「你會很棒」、「我知道你會表現得很好」。

＊或表示一點同情：「明天你有十四個考試？哇，我也替你感到辛苦。」或「人生好難！」

＊你也可以給予支持：「你想和某個人談談這個嗎？」

我們在史密斯學院舉辦了幾晚的「壓力奧運會賓果」。我們贈送了幾頂冬帽和上面寫著「退休的壓力奧運選手」的紋身貼紙。現在學生告訴我，當他們聽到時會知道是什麼，然後會試著不參加。

但是他們自己內心的那本劇本，以及他們對同儕進行的評論，也必須改變。**「壓力奧運會」被扭曲的恐懼所驅動，亦即你沒有跟上同儕。當你環顧四周，並發現每個人都以自己的方式在面對掙扎時，就更容易停止競爭。**

直到菲比快畢業的那年，她才意識到，「好吧，妳不是唯一一個還沒找到工作的人。妳不是唯一一個有壓力和勉強撐住的人，」她繼續，「這並不表示，我不會有個家可以住了，這又不是世界末日。而且那些愛我的人會停止愛我嗎？我曾有過那些非理性的想法——在參加考試前說我會失敗，或是我這堂課不會及格，或是我畢不了業，抑或是找不到工作。不過，事情最後總能順利進展。」

「輕鬆」女孩不需要幫助

「毫不費力的完美」不僅是為了看起來有能力，而且也要看起來很開心。二〇一六年，高中女孩們告訴研究人員，她們感受到的壓力，不僅是要對每個人好，還要對各項活動充滿熱情，藉此脫穎而出。

在大學裡的男男女女都在談論著，他們在課間看到的那種「無懈可擊」的笑容。這一現象在全美各地的校園內都有各自的綽號：在史丹佛大學，它被稱為「鴨子症候群」——鴨子在水面上優雅地划行，但在水面下則拚命地踢水；賓夕法尼亞大學稱此為「賓州臉」；波士頓學院則稱其為「波士頓完美」。

近年來，「輕鬆」女孩的形象正在流行。衛斯理大學的學生卡米拉·雷卡爾德在她的畢業論文中寫道：要顯得「輕鬆」，就要對性關係表現得「隨性、獨立、開心和不在乎」。

在約炮文化中，不成文的規則是「沒有附加條件」，「輕鬆」是一種對性關係表現「平易近人但同時不在乎的態度」，以免妳被視為瘋狂或不受歡迎。雷卡爾德將「輕鬆」稱為「刀槍不入的成就」，其中衡量成功的標準是，妳如何成功地壓抑情緒，並且無論如何都能表現出「妳很好」的樣子。

「輕鬆文化」是一個過度忙碌的世代，沒時間為「關係」騰出時間的副產

品。要「輕鬆」，就是去擁有一個未下定義的「關係」，只在那個當下有意義，並卸除對另一個人實際上要負的義務。**「輕鬆」清除了連結中的情緒和責任，在沒有依賴的情況下建立親密關係，在毫無義務的情況下相互分享。**

除了對性愛關係開放外，「輕鬆」的女孩也很有趣。她是可以肆無忌憚地吃墨西哥捲餅，看起來瘦削健美卻從不去健身房的「酷妹」。吉莉安・弗琳（Gillian Flynn）在她的暢銷書《控制》（*Gone Girl*）中寫道：「熱辣、才華橫溢、風趣幽默的女人，喜歡橄欖球、撲克牌遊戲、黃色笑話、打嗝，會玩電子遊戲、喝便宜啤酒，喜歡『三人行』和肛交。」女孩們一致推舉奧斯卡影后珍妮佛・勞倫斯為終極版的酷女孩。她拒絕為一個角色節食減重，並說她討厭健身，而且非常喜歡吃烤起司辣味玉米片。她不僅僅是「毫不費力的完美」，還是「輕鬆酷」。

女孩新的原型，表面上看起來很吸引人，但卻暗藏著一個令人不安的性別歧視。「輕鬆女孩」壓抑著不得體（其實就是：咄咄逼人）的意見和情緒。女孩有時會透過說「我不像其他女孩一樣」來表現她的「輕鬆」。雷卡爾德寫道，不放鬆，「表示妳深情、固執己見、憤怒、貧窮和脆弱。」事實上，新的「輕鬆女孩」可能只是乖巧「好女孩」的分身。

無論你怎麼稱呼它，隱藏脆弱的壓力，迫使女孩隱瞞並與她們最強大的感受保持疏離。

二〇一五年，在一份針對瓦薩學院女學生的調查中，我們發現符合「完美主義」標準的女孩，更有可能說她們在尋求支持時遇到了困難。不願意尋求幫助的學生說，她們寧願「隱藏自己的感受」、「表現得像是一切都在掌控之中」，或「試著自己想辦法」。

許多女孩擔心別人會因為她們需要幫忙而評判她們——這幾乎總是一個女孩內心評論者的聲音。「我不想成為一個負擔。」二十二歲的瑪姬告訴我。

我應該知道怎麼做，我覺得自己很愚蠢。我會將我對自己所有的判斷，投射到他人身上，然後想他們會怎麼看我。我擔心：我問太多了嗎？在不被視為愚蠢或貪心的情況下，我可以提出的問題數量是否有限定？至少對我來說，這是因為我缺乏自我價值感和思考。然後我會想，好吧，我很抱歉，我不想浪費你的時間；而且幾乎認為，我的時間不如其他人的那麼重要。

羞恥主導了瑪姬的推論，她對自己需要幫忙這件事進行自我打擊，所以她不太可能尋求援助。她不只認為她的困難不值得別人幫助，還認為自己不值得。基於這個原因，我現在會問女孩：「妳確定別人會因為妳需要幫助而評判妳，或者，有可能是妳在評判妳自己？」

尋求支持，你必須相信你有權在遇上困難時得到別人的幫助。有時，那個人必須是「你自己」。但是，自我照顧——練習維護自己的幸福和健康——在一個女孩自認做什麼都不夠的世界裡很快就消失了。「壓力文化」已經把自我照顧從一種權利降級為一種特權，一種只有當你做了足夠多的工作，才有資格獲得的東西。

「我昨天應該做完我的功課，但我沒有做到，」一名二十歲的大學生告訴我，「所以現在我在考完試之前，都不配洗澡。」

她的室友在旁邊點頭同意。「這是一個循環，」一個人說，「我需要睡覺，這樣我才能做得更好，但我沒有時間睡覺，所以我不能做得更好。」這些學生把最基本的自我照顧當作一種奢侈來談。一個人談到梳她的頭髮需要花多少時間。「因為我有一段時間沒有梳頭髮了，它需要花三十分鐘。妳可以利用那三十分鐘完成工作。」這些女孩根本不允許自己放鬆。

當然，有時她們會在學習上遇到困難，但許多女孩仍會堅持並拒絕離開她們的房間或圖書館。「妳覺得妳應該出去做點什麼好玩的事，但妳覺得妳應該做功課。可是妳的壓力大到無法做功課，但妳也不想出門。」這感覺起來像個煉獄？我問。女孩點點頭。

聽到這麼多年輕女孩告訴我，她們不「值得」自我照顧，讓我很心痛。自我照顧不是特權，也永遠不應該是可選項目。妳不是「值得」清理房間、午睡、淋浴、散步，或打電話給朋友，妳做這些事情，是因為妳的身體和靈魂需要它們的滋養。妳應該將它們視為維持自尊的日常行為來進行。確保你的女兒知道這一點，並確保你隨時隨地進行示範。

尋求支持的能力是一塊肌肉，當女孩失去伸展它的機會時就會萎縮。有些女孩從來沒有長出這塊肌肉。

「女孩總是要靠別人幫她尋求協助，」一位女子學院的學生會會長告訴我，「我們發現我們大多數的學生，還沒有機會在沒有父母支持的情況下自己尋求幫助。」父母身為女兒最熱情的支持者，可能沒意識到他們忽略了教女兒如何為自己尋求支持。

並非所有女孩都這樣，有些女孩確實會不斷尋求幫助，但經常是為了她們應該可以自己解決的問題。教育工作者形容這是一種「**習得的無助感**」（Learned Helplessness），這些女孩尋求支持，更多是為了得到別人對她的認可或提升自尊，而不是為了獲得能幫助她們實現目標的資源。

妳不好，沒關係

說他們感到孤獨的青少年人數是前所未有的。最令人心疼的是，有許多人認為他們的孤獨是個人的失敗。這並不讓我感到驚訝：女孩的社會地位取決於她們所擁有的朋友數量，她們必須有一群朋友，才能在少女遊戲中勝出。用「小隊」的形式一起行動現在被認為是不可或缺的，如同網路上出現的#**死黨**一樣。

提醒你的女兒，每個人都難免會感到孤獨，即使是她想像不到的人也會。大學校園裡一些最受歡迎的人物，包括學生會會長和宿舍舍長，都向我吐露他們感到孤獨——它發生在每個人身上。重點不是永遠不要感到孤獨，而是知道在發生時你需要什麼。一個有趣的事實是，**有時我們需要感到孤獨，它可能是一個信號，告訴我們哪裡不對勁，這可以幫助我們改善生活**。

孤獨不是她的錯。提醒她，現行社會導致全國性「安靜地孤獨」流行病：智慧型手機高度的使用率，讓更多年輕人掛在網上，比以往任何時候都更少和朋友聯繫，再加上不斷工作的壓力，以及普遍存在學生之間的「完成再多工作也遠遠不夠」的感受。

告訴你的女兒要抵制這個制度，而不是修正自己。鼓勵她看清「大學申請產業複合體」以及「毫不費力的完美」的運作邏輯，這兩者都會讓休閒被視為懶惰而不是恢復活力。敦促她擁有「自我照顧」的權利，並肯定螢幕外與朋友面對面進行活動豐富的互動連結的重要性。問她這個週末計畫做什麼，鼓勵她出門去。

最重要的是，奉勸她**不要對孤獨感表示沉默——隱密助長了孤獨，這意味著羞恥就緊隨在後。羞恥會放大她的孤獨感，並徹底破壞可以改善她生活的動力**。當我們吐露並分享我們害怕的事情時，我們就削弱了它大部分的力量。

我們還發現其他人也有相同的感受。妳要敦促女兒告訴別人——任何人——關於她是如何感受的，甚至寫下來都能有所幫助。

一直保持忙碌並不會讓她感覺不那麼孤獨。女孩會感到孤獨，部分原因是她太害怕離開她們的筆電或走出圖書館。**她們確信「每個人都比我更努力」、「我不能停下腳步」，這兩個錯誤的信念都會助長她的孤立感**。當她們休息、散步或打電話給朋友時，孤獨感便會開始消退。

女孩尋求支持，會使她變得更聰明、更勇敢。她可以結合支持的力量、得到他人的鼓勵，幫助她面對恐懼。

我總是告訴我的學生，她們可以對自己說的最糟糕的一句話是：「我是唯一一個……的人。」因為它幾乎從來都不是真的。「支持」為她提供了實實在在的證據，證明「她並不孤單」：如果事情進行得不如預期，會有真實的人安慰她，給她買一些薄荷巧克力碎片冰淇淋。它也能為女孩提供不同於自己的觀點，在她不知道的盲點上指引光亮。

在參加完我的「勇氣訓練營」後，格蕾絲決定在她收到第一志願大學錄取結果通知的那天尋求幫助。她事先告訴一名學校的心理師和她的朋友，並提出一個明確的要求：「如果我聽到的結果是『不』，我需要你們的支持來幫我度過這個難關，並告訴我沒關係。」

結果格蕾絲沒有被錄取，她很難過，但她提前建立的支持系統改變了一切。「一般來說，我會在讀到那封信後，感到徹底地崩潰，然後繼續沉浸在悲傷和淚水之中，」她告訴我，「我會貶低自己說：『妳不夠好，這就是他們拒絕的原因。如果妳說這個或做那個，妳就會被錄取了。』」相反地，透過有意識的選擇，格蕾絲避開了在獨自面對失敗時偶爾會萌生的羞恥感。儘管她遭遇挫折，但能向她信任的人坦承自己的感受，並感覺被尊重和被愛。

在我的工作坊上，我經常要求女孩告訴我，如果有個陷入苦惱的朋友，請她開幾個小時的車陪她回去看她的父母，她們會怎麼做？幾乎所有人都說「會，她們會開車載朋友去」，她們說，「因為她需要我」，或者「這就是該為朋友做的。」

然而，當我把情況反過來，問她們是否會「為自己」向朋友提出一樣的要求時，她們卻沉默了。「我不想顯得太需要別人的關心。」女孩經常這麼說。「或煩人。」

「或把問題加在別人身上。」

這些女孩中，有許多人幾乎可以為朋友做任何事情，但她們害怕對他人提出哪怕是很小的請求。部分原因是，她們學到好女孩應該只會付出，但仍有些女孩避免尋求幫助，因為她們覺得自己不值得。

賈莉斯在她就讀的小型通勤女子學院裡主修兒童心理學。她在一間日間治療中心實習，也在一間律師事務所打工賺取學費，她同時還是重踏舞隊的隊長，並在她的學院裡擔任研究助理。二十一歲時，她將成為家族中第一個自大學畢業的人。自從她開始上大學以後，她的母親和妹妹也到當地社區的技職學校上課。

賈莉斯的父親是非裔美國人，她的母親是波多黎各人，賈莉斯大部分的時間都與住在附近的拉丁裔家人在一起。八年級時，她的父母讓她就讀大學預科特許學校。他們告訴她，她的工作就是進大學，並找到她在這個世界上喜歡做的事情——他們並不在乎那件事是什麼，或她一路上會考到多少個A。賈莉斯說：「這為我減輕了許多壓力。」

賈莉斯的大學生活很活躍，儘管她經常感到焦慮和不堪重負。她在學校十分忙碌，以至於忘了照顧自己。有時她的背會突然僵直疼痛。她吃得太多，更談不上什麼運動。「如果我可以為我住的宿舍樓層舉辦一個活動，為什麼我要去健身房？」她說。

賈莉斯說，她很少依賴別人。但她這麼忙，也不會找人幫忙嗎？我問。「我寧願自己想辦法。」她回答道。她不確定為什麼。「我很固執，」她沉思了一會，「我甚至不會讓別人幫我把書帶到我的車上。」

她從母親那裡學到了這些習慣。她的母親是九個兄弟姊妹中年紀最小的，而且比較不會為自己發聲。賈莉斯說：「這是因為在波多黎各的文化中，婦女大多扮演『順從角色』。我媽媽會先確保其他人都得到照顧，然後才會照顧自己。」賈莉斯補充說，這是她獲得很多自我價值的地方。

研究表明，在傳統的非裔美國和拉丁裔家庭中，女孩更有可能在家裡承擔照顧的責任。

在非裔美國家庭中，女孩可能會受到成年女性所施加的壓力，要她們默默地承擔責任。愛麗絲・沃克（Alice Walker）描述說，黑人女性被稱為

「『世界的騾子』（源於柔拉．涅爾．賀絲頓（Zora Neals Hurston）的小說《他們眼望上蒼》（*Their Eyes Were Watching God*）」，因為我們被交付其他人都拒絕承擔的責任。」首先是面對奴隸制遺留下來的脅迫，再者是經常要承擔一家之主的責任。「堅強的黑人女性」成了一種理想，其中包括一種無懈可擊的外表。

當我要求賈莉斯評價她的工作，而不是描述她有多少工作時，我開始了解為什麼她——以及那麼多像她一樣高成就的女孩——會避免尋求幫助。賈莉斯會強烈地自我批評。「我總是覺得我對我照顧的人做得不夠。」她告訴我。在她眼中，她做什麼似乎永遠都不夠，而她經常對自己很嚴苛。當我要求她進行「自我同情」的測試時，她在「孤立感」和「與他人的連結較少」上得分很高。

在成長過程中，被告知必須照顧他人和承擔家計的女孩，面臨著特殊的掙扎。

薩迪婭是她孟加拉裔美國籍家庭中第一代上常春藤盟校的人，對她來說，為別人提供幫助不是問題：學校放假期間，她會在位於紐約市一間小公寓的家裡幫忙煮飯和清理環境。她把她在學校工作的一部分薪資交給她的父母，而她喜歡在學校裡為人輔導課業。

尋求支持則是另一回事了。當她的腳踝受傷，薩迪婭甚至開不了口請朋友扶她走到門口。「我不知道，我覺得自己很不值得別人的幫助，」她告訴我，「如果我生病了，我不會要求朋友幫我送湯。我不希望別人因為不得不幫我，而感到負擔。我會想，我算哪根蔥？我不希望他們掛心我，我寧願幫助他們。」

父母需要確實讓女兒了解，當她養成「不要求別人幫忙」的習慣後，會發生一件奇怪的事情——妳開始認為別人不會有興趣幫助妳。「我覺得別人對我來說更重要，更甚過於我對他們的重要性，」薩迪婭安靜地告訴我。而當我追問她為什麼不請人幫忙時，「我不知道該怎麼做。」關於這種「關心落差」有任何證據嗎？我問她。她搖了搖頭。

你越少要求幫助，你得到的就越少，於是當其他人沉默時，你就越會編造這代表什麼意思的故事。

尋求他人支持對女孩來說，是一個形象問題；重新定義這個概念，將有助於女孩以嶄新的眼光來看待它。

首先，我們可以將它與「自我價值」連結起來：**尋求幫助是一種自尊和自信的行為**。哲學家康德寫道，「為了爭取你的幸福，你必須先感到自己值得幸福」（你還必須相信，幸福不是懶惰的標誌）。**當你告訴別人你需要什麼時，你是在說你值得擁有它**。那種「自我價值」是讓你在這世界上更勇敢、更有信心的養分。當我們相信我們具有根本的重要性，就更能好好面對冒險和落後帶來的挑戰。

告訴女孩「她不好也沒關係」；「不好」不會讓她們變成弱雞。**這將使她們在生活中重新找到平衡，進行「自我照顧」，並充分利用周圍的資源，讓她們有機會練習表現脆弱**。

如同那位參加我的「勇氣訓練營」的高中芭蕾舞伶喬安娜所說的：「學校一直告訴我們要善用我們的聲音。我以為我已經擁有一些表現出自信或至少顯得有自信的技能。但是，當妳告訴我們『勇敢』是去表現妳的脆弱；向人們尋求幫助，是去尋找導師，而不是試圖獨自完成一切，真的完全改變了我的想法。」

史丹佛大學教授凱利・麥克高尼戈爾（Kelly McGonigal）發現，當你處於壓力之下，與他人進行連結可以讓你恢復得更快。壓力導致「催產素」的釋放，即所謂的「結合激素」，這增加了與人接觸的欲望。「當生活困難時，」她在TED演講中說，「你的壓力反應你希望被關心你的人所包圍。」換句話說，**連結讓你保持彈性**。

女孩必須了解這一點：尋求幫助不僅是我們在危機中做的事情，這也是一種強大的領導技能；利用周圍的資源來實現目標，讓妳做起事來更有效率。

在越來越依賴專題式團隊合作的資訊經濟中，知道如何呼叫求援或發出警報是重要的技能。二〇一五年，哈佛商學院的研究人員發現，在人們眼中，尋求建議的人比不尋求建議者更有能力；特別是當任務很困難，而你可以親自尋求別人的意見、針對問題諮詢專家建議時。

與你的女兒談談「合作」對你和她的生活帶來的好處，挑戰「獨自做到的成功」比較好或比較有價值的假設。當我們感覺自己脆弱到願意說「我無法單獨做到某件事」時，我們獲得了什麼？提醒她，**在她的個人生活和工作中，在脆弱時建立的連結，通常是最真實且持久的。**

最後，如果我們希望女孩尋求支持，我們也必須這樣做。我知道這對一個成年人來說，學習起來有多難。

我被一位全職工作，且幾乎承擔所有家務的母親帶大。我的弟弟和我只需要做一件事：在吃完飯後把碗盤放到水槽裡——一個大約三十秒就能完成的工作。我母親自己做所有的工作，卻拒絕讓我們在廚房或其他任何地方幫助她。

我沒有成為一個被過度溺愛的搗蛋鬼。我變得和她一樣：非常獨立，大部分時間都拒絕別人的幫忙。我到了三十六歲還單身，並決定自己生孩子——這件事也許不是巧合。我很容易就懷孕了，繼續過我的生活，好像沒什麼改變。當艾琳颶風吹倒我住的街區的行道樹，讓我沒電沒暖氣時，我頭上戴著探照燈，穿著孕婦的長內衣，躲在大羽絨被下瑟瑟發抖。我很害怕，但我沒有打電話給任何人。我告訴自己我可以處理，我一直都是。

幾個月後，當我開始生產時，我花了六個小時在智慧型手機的應用程式上追蹤我子宮收縮的情況，而一位男性朋友則睡在沙發上。我的老狓犬躺在我的腳邊，專注地看著我。即使我很害怕，也沒有喚醒我的朋友；在我真的需要幫忙之前，我不想麻煩任何人。

今天，當我想像自己的女兒要做這樣的決定時，我眼眶中含著淚水。我希望她成為一個可以在生活中需要時尋求支持的人，並認為自己值得得到別人的愛和慷慨付出，正如她以此待人一般。要做到這一點，我必須繼續自己的旅程，並學習如何以身作則。

CHAPTER 8

離家時刻——青春年少的過渡與掙扎

允許自己踩剎車：轉換跑道或休息一下

我覺得被困住了！
我會在早上醒來，然後想，
「哦，我的天，我簡直不敢相信我在這裡⋯⋯」
——艾瑪，十八歲

「停頓」，重新思考自己的路

我在大學畢業兩年後，獲得著名的羅德獎學金。羅德獎學金是一個剛從大學畢業的學生可以獲得的最受矚目的獎項之一，而圍繞著它有一種魔咒：得到羅德獎學金以後，會成為總統、職業運動員和諾貝爾獎得主。當你贏得羅德獎學金時，你周圍的氣氛會起微妙的變化，人們會對你表示崇敬。

紐約市長——我當時的老闆，在一個擠滿了人的新聞發布會上公開讚揚我。《每日新聞》（*The Daily News*）稱我為市政廳的「天才」。我的大學指定我做他們招生文宣上的封面女孩；我前往牛津大學攻讀兩年的研究所，所有的費用都已支付。我滿心驕傲，立志成為最好的羅德學者。

在抵達牛津後不久，我坐在書桌前，看著霧茫茫的庭院，心裡升起一股深深的恐懼。我不喜歡這個地方，一點都不喜歡。我課堂的指定讀物和教授一樣過時，我沒有交朋友。幾週的時間過去了，我發現研究生的生活格外寂寞。我大部分時間都待在洞穴般的博德利圖書館裡，或在牛津細雨朦朧的路上跑步，然後不知道自己怎麼了。為什麼我不能像我的同學一樣快樂？

但我沒辦法想像離開。誰會放棄羅德獎學金——這個最稀有的禮物？我怎麼能讓我的家人失望？我的母親和她的家人是東歐難民，身無一物地來到這個國家。我長期以來背負著他們美國夢所帶來的壓力和承諾。但我不再認識自己，我很脆弱、困惑、害怕。

待在牛津九個月後，我從研究所退學了，搬回家和父母同住。我曾毫無動力地在床上一躺就是幾個小時，盯著如今滿布灰塵的童年時期的獎盃，被抑鬱和羞恥感吞噬。當我打電話解釋時，我的大學校長告訴我，我讓我們的學校蒙羞了。我曾在大四一整年擔任她學生助理的工作。

我找到了一位治療師，並開始服用抗抑鬱藥。不久後，我明白了兩個痛苦的事實：

首先，我成為一名羅德學者，不是因為我想在牛津學習，而是因為我想成為一名羅德學者。**驅使我做決定的動力，並非來自於我對它如何感受，而是別人如何看待我的下一步**。我正在做我認為該做的事——往下一個成就衝刺。我從來沒想過要問自己，我真的想做這些事嗎？我已經忘了我是誰，以及我重視什麼。

其次，我的自尊是建立在獲得的獎項上。**我幾乎完全依我的成功來定義自己和我的自我價值**。當我突然遇到失敗時，我被徹底打敗了——**我缺乏應對挫折的內部資源，我不知道如何失敗**。

在退回羅德獎學金後，十年之間，我都在自己的履歷上將這段黑暗且複雜的經歷隱藏起來。我擔心如果其他人知道我是羅德獎的中輟學者，他們會詆毀我的職業生涯。我確信卸下定義了我的性格，彷彿之前的多年努力突然付諸東流。

我現在知道不是這麼回事。**青春期是一段以艱難的過渡為印記的時期**，我們之中有一些人會做出錯誤的決定。本章將探討選擇轉換跑道、中輟，以及是的，放棄——在擁有正確的支持和反思的情況下——可帶來與遺憾相反的結果。這可能是你的女兒可以表現出最勇敢的自我尊重的行為。在弄清楚她是誰的道路上，錯誤的轉彎很少會遇到死胡同。無論原因為何——不合適的學校、不合適的工作、不合適的時間——一個過渡的危機可以讓你的女兒有機會重新開始，並弄清楚她是誰，以及她真正想要成為的人。

「恆毅力」不一定總是好的

美國人一向推崇堅持不懈，近來幾乎快成為一種信仰。「**恆毅力**」（**Grit**）**代表堅持實現長期目標的性格力量**，蔚為流行。心理學家安琪拉．達克沃斯（Angela Duckworth）大量的研究顯示，「恆毅力」是通往終身學習成就的途徑。

但有時「恆毅力」可能對你不利。加拿大康科迪亞大學（Concordia University）的卡斯滕．弗羅施（Carsten Wrosch）在針對青年人、成年人和老年人的研究中發現，拒絕放棄「無法實現的目標」，會導致生理和情緒上的壓力。當你的技能與目標不符合，或是一旦有壓力因素（無論是與年齡有關，還是來自突發的生活事件）介入，目標就可能變得遙不可及。

弗羅施發現，拒絕轉換方向的青少女，會有C-反應蛋白數值升高的現象，這是與糖尿病、心臟病、骨質疏鬆症，以及其他疾病相關的全身性發炎指標；這些女孩經歷更多沮喪、疲憊、矛盾和抑鬱的情緒。

相比之下，對目標做停損的女孩幸福感更高，而壓力荷爾蒙分泌量更低；她們也更有可能重新設定更可行的新目標，並提升她們的使命感。研究人員得出結論，「在面對無法實現重要的生命目標的情況下，為了心理和身體健康，最好的做法可能是放棄該目標。」

作家和教育工作者艾爾菲・科恩（Alfie Kohn）質疑，在我們專注於恆毅力時，可能失去了什麼。「重要的不只是一個人可以堅持多久，而是為什麼堅持，」他寫道，「孩子們喜歡他們正在做的事嗎？或者，他們只是被一種迫切需要（並引發焦慮）證明自己的能力所驅使？只要孩子持續鞭策自己，我們就被鼓勵點頭表示同意。他指出，**按照你被告知的事去做，是「最沒有阻力的道路」，踩下剎車並選擇走自己的路才需要勇氣**。

尤其女孩，很早就學會按照吩咐去做——順應他人的期待，她們會贏得同儕和大人的獎勵；如果她們拒絕遵從，便會受到懲罰。反抗者很快就被貼上「自私」或「自負」的標籤。這就是為什麼女孩會在操場上放棄盪鞦韆，讓她們的朋友在週末挑選想看的電影或想逛的商場，甚至在她們感覺受傷時忽視自己的感受。她們這麼做，不僅是為了與人和諧相處、受歡迎或維持她們在團體裡的地位，這麼做也為了生存，而這個方法奏效。

當這麼做的回報是好的時，這種習慣將滲入女孩做的其他選擇中：她們選擇的課程、她們選擇的專業、她們申請的學校和她們從事的工作。當她們這樣做的次數夠多，並得到足夠的回報後，她們就會停止思考自己真正想要的東西；那條將她們與其最強烈的渴望連結起來的線會磨損、變細，然後分解消失。她們的選擇越來越受到自身之外的力量所影響。隨著賭注越來越高，如果事情不成功，後果也越來越嚴重：她可能失去學費和存款，更不用說健康和時間了。

讓人更有壓力的是，她還要表現得好像一切都在掌握之中，再加上以為其他人都把事情掌控得很好的錯覺，這使得許多女孩默默地受苦——受困於她們已經開始後悔的決定，即使她們在社群媒體上仍維持著美好的表象。

讚揚恆毅力，反映出一種價值判斷：專注於一項任務，比努力嘗試新事物、實驗和吸收廣泛的知識更可取。我們在主導大學招生的「找到你的熱情所在」的迷思中，最能清楚地看到這一點。然而，你的女兒在青春期最重要的發展任務之一，是形塑她的**自我認同**。這段具有探索性質的旅程，許多她追求的目標可能最後是無法實現的。「大學申請產業複合體」可能期望學生正確無誤地發展，但這並不表示實際的生活會如此運行。弄清楚她是誰，是一個持續在進行的過程，而非一開始就確定下來。有時，放棄可能不僅是明智的，也是適當的。

還有其他的問題是，她對生活接下來的重大變化——上大學、跨州居住和全職工作——做了多少準備。她在履歷上的表現，可能和她實際的樣子不相符合。她的學業成績平均點數遠非一個決定性的指標——表明她已經準備好面對新機會所帶來的一切。

當我們的孩子年紀很小的時候，我們被鼓勵從連續性的角度看待他們的發展。我們學到，我們的孩子會翻身、坐直、走路，在不同的時間開始說話。在此過程中的某個時候，我們卻強加給他們一個嚴格的時間表，希望孩子成為什麼樣的人，以及何時能做到。緩衝的空間被跟上他人腳步的焦慮所填滿。到了高三，你們家中產階級的孩子將在接下來的九月進入大學，然後循著與他人一樣的道路，走向開學、就業和買新房的里程碑，一切似乎已成定局。但孩子們並非都是一樣的，再多的期待、壓力、獎勵誘惑或治療，都無法使他們跨越他們尚未準備好跨越的發展界線。

艾瑪總是很焦慮：關於標準化考試、她高段班大量的課業，以及她的足球隊的競爭力。最重要的是，她擔心大學。艾瑪很少有離家的經驗，她很少在別人家過夜，也沒有參加過夏令營。「她是一個宅女。」她的母親朱莉告訴我。

但艾瑪選修很多課程，有份忙碌的運動訓練表，並花時間陪伴男友。當她提出申請，並在第一輪甄試中就被一所菁英大學錄取時，她很驚訝——她沒預期自己會被錄取。艾瑪盡責地在社群媒體上大肆宣揚這個好消息；但單獨待在房間裡的她，卻必須擊退慢慢在她心裡形成的恐懼感。她想著：「每個人都要上大學，別害怕；當我真的要去的時候，我會變成一個不一樣的人。」

身材修長、性格穩重的艾瑪，現在在咖啡廳裡坐在我對面，婉拒我給她的咖啡，並回憶起在高三一整年持續的恐懼感。她記得曾告訴自己，「妳從未聽過有不上大學的人。」不上大學不是一個選項。

冬去春來，艾瑪讓自己融入同儕對上大學日漸強烈的興奮感中。她的朋友及他們的家人宣布錄取結果的方式，簡直像馬戲團般狂歡。「我們有這個想法，一旦上了大學，它會立即變得有趣，」艾瑪告訴我，「你將成為一個新的人！結交新朋友！並擁有許多美好的體驗！」當她的朋友吹噓著他們所知的消息時，艾瑪也試圖這麼做。「我心想，『既然每個人都這樣做，我確定這是正常的。』」

朱莉看穿女兒外表的假象。她知道艾瑪直到現在都表現得很好，是因為她一直待在舒適圈裡。上大學將是一個激烈的變化。「妳真的準備好了嗎？」朱莉輕輕地問了艾瑪，「也許妳應該留個『空檔年』。」

「不可能，」艾瑪說，「當其他人都去上大學時，我自己留在家多尷尬。誰會這樣做？」朱莉沒再說什麼，只是暗地裡擔心。

到了八月底，這家人在車裡塞滿了所有艾瑪可以帶的東西。當艾瑪輕手輕腳地走進宿舍時，她的室友沉默不語也不表示歡迎。朱莉的心往下沉，但她知道該怎麼做。幾個小時後，她和丈夫喬希走下樓梯，讓艾瑪展開自己的大學生活。

到了第三天，艾瑪的否認粉碎了。有一天，她醒來，整個人感到驚慌失措，了解到這個新生活現在是她的。「我覺得被困住，」她記得焦慮感在她的內心蔓延開來，直到她能感受到為止。「我會在早上醒來，然後想，『哦，天哪，我不敢相信我在這裡，而不是在家裡』。」她告訴我。

艾瑪在她的房間裡哭泣，想像著她的家人在沒有她的情況下如常過著日子。她每天都會突如其來地感到驚慌失措，一天平均打五次電話向她的父母哭訴。「我不能留在這裡，我好討厭這裡，我討厭宿舍，我討厭這裡的操場，我不能吃東西，我討厭這裡的食物。」她哭了。

新生訓練對她來說是一場災難：強制性地交友活動，過度組織化的日子，「所有她無法忍受的東西，」朱莉回憶道。艾瑪用盡了大部分的精力，才能忍住不在公開場合哭泣——抱著尷尬的活動快結束了，她很快就能開始上課的希望。

她非常想回家，卻無法想像實際上真的這麼做。「妳從未聽過誰這麼做。」她告訴我。她會讓父母損失天知道多少學費。如果她離開，她要做什麼？最令她害怕的是尷尬和別人對她的評判。「如果我中途輟學，人們會怎麼想？」她回憶自己當時的想法。「我只是覺得自己像個怪咖。」

艾瑪在校園裡看了一位心理治療師。她的父母則在距離兩百四十公里遠的家中爭論著該怎麼做。喬希說，再讓她堅持一個月看看，朱莉則反駁說，現在就帶她回家。當艾瑪上完第一天的課程後，她感覺自己像個幽靈。為她贏得一個夢寐以求的大學錄取名額的紀律和動力已經消失了，剩下的只是一個破碎的女孩。

一名駐校學生顧問帶艾瑪去見負責新生事務的院長。院長對艾瑪的情況並不陌生，她說明了學院關於輟學的政策。「她表現得就像它一點都不奇怪一樣，」艾瑪回憶道，「我就想，等等，這也發生在別人身上嗎？」

是的，確實如此，院長告訴她，她想讓艾瑪和一位學生見面。這位年輕女孩在上學的頭幾週輟學，在歷經充實的一年後，如今在校園裡表現優異。「聽到她的故事，給了我可以回來的希望，」艾瑪說，「她想必一直和我有相同的感受。」

院長主動打電話給朱莉和喬希，並說明艾瑪崩潰的來龍去脈。她向他們保證這種情況並不特殊，他們的女兒可以花時間休息，然後在她準備好時，隨時歡迎她回來。「這才是他們真正改變的地方。」艾瑪說，金錢上的損失是微不足道的。

初到校園的三週後，艾瑪的家人拆除他們仔細為她裝飾的宿舍，再次收拾她所有的裝備放上車。艾瑪現在知道兩件事：她並不孤單，以及她並不瘋狂。沒有了這些負擔後，她開始用新的眼光看待輟學的選擇——也許這並不是逃避。「我意識到我並不是在逃跑，而是在為自己做點什麼。」她說。她第一次開始感到充滿希望。

一方面，朱莉為她的女兒能拒絕以既定方式上大學的壓力感到自豪；另一方面，她也會問自己，讓她回家是否做錯了？到目前為止，艾瑪從大學輟學的消息已經傳到他們的親朋好友那裡。出乎意料地，他們的反應平淡。「你不會相信的，」朱莉告訴我，「有多少人說自己不傳統、很前衛，卻對有人去上大學又中途輟學的想法感到震驚。」

無論如何，她告訴自己，專注於真正的問題：艾瑪是否能再復出？她太脆弱而無法離家嗎？

然後，朱莉決定重新劃定她與女兒關係中的界線。她會讓艾瑪輟學的決定帶有附加條件，那就是她必須面對自己的焦慮，並接受她在離家自立時需要的幫助。這是一個對母親和女兒來說都很關鍵的時刻。

「她必須去看治療師，釐清她的焦慮來源，並想清楚她要做什麼。」朱莉告訴我。她會確保艾瑪完成這項工作，而她知道這並不容易。「我必須往後退一步。」她回憶道。

擁抱她的復原

青春期大腦最殘忍的把戲之一是，它能夠說服年輕人，無論他們處於哪個時刻，他們永遠都會被這個時刻定義。過去和未來不僅變得無關緊要，而且似乎完全從心智的儀表板上消失，只剩下現在、現在、現在。

回到家裡，艾瑪的決心動搖了。在這次崩潰之前，她是個什麼樣的人？她曾經為了進一所好大學那麼努力，或者她是一個有創意、聰明和交遊廣闊的人，似乎都不再重要。她現在所能感受到的只有恐慌——害怕自己可能會一直被困在高中和大學之間的煉獄中。

「我的生活一直到現在都活在一個泡泡之中，『這就是妳接下來會做的事，從這所學校到這所學校』。我從來沒有自己做出什麼選擇」，她告訴我，「這一切都很容易，但現在我不得不問，『好吧，我能做什麼來推動自己前進？』」

像離家上大學一樣的過渡儀式，是青少年重要的里程碑。它們在壓力和不穩定的期間建立生活常規。**當青少年欠缺內在資源時，社會壓力就成了推動他們前進的動力**。但對那些終於必須對其他人期望她們做的事情踩剎車的女孩來說，還有第二層的痛苦要忍受：自我懷疑、孤立和羞恥。

羞恥是一種極端的、有害的表達悔恨的方式。它在女孩面對挫折時，造成她的雙重負擔：她感受到的不僅是「我在某項任務上失敗了」，也是「我作為一個人也失敗了」。對艾瑪來說，她的雙重負擔是：我討厭大學，但我討厭自己討厭大學。認為她是個糟糕的人，只會削弱她處理挫折的能力。這讓她深陷在一個她很脆弱、可憐、不值得和孤獨的故事中。

為了復原，艾瑪不得不面對兩個挑戰：一、她必須學會控制阻礙她過渡到大學的焦慮；二、她必須改變對自己經歷的詮釋——艾瑪必須停止對發生的事情自我批評，並改變她跟自己談輟學這件事的方式。她甚至還得做更多：**她必須將這一刻視為潛在的學習機會，而不是災難性的終點；她必須擁抱這個過程，並對自己的復原負責**，因為沒有人可以幫她這麼做。

與院長見面，然後見到那位康復的學生，是兩個健康步驟的第一步。了解她不是「唯一一個」，而她的問題並不特殊，為她釋放了自我批評的壓力，開始原諒自己，並在心理和情緒上清理出她重新開始前進所需的空間。這讓她放棄了不斷表現出色的詭計，並允許她尋求支持。

下一步是從大學輟學。為此，艾瑪必須接受她尚未準備好上大學的事實。現在上大學的目標暫時無法實現，而且這個經驗迫使她與內在的自己疏離。最後，艾瑪不得不相信，除了這個令人痛苦的時刻，還有更多。

當她不受任何打擾安靜地坐在家裡時，她的心裡浮現出兩個問題：我能承認我有事情需要做嗎？我如何推動自己朝比今年更好的方向前進？她感到一種熟悉的東西開始在心裡萌芽：**決心**。她過去的動力和紀律開始重新浮現。她開始每週接受心理治療，並繼續進行藥物療程。她明白離家生活必須是循序漸進的。艾瑪在附近的城市找到了一份工作，她搭公車通勤，並經常在一位家庭友人那裡過夜。

幾個月後，當艾瑪想拜訪全國各地的朋友時，她對獨自展開長途旅行的想法感到害怕。但這一次，艾瑪以不同的方式面對挑戰——她不是將感受推開不理，而是密切關注逐漸加劇的恐慌和害怕的感受。她專注於使用她在治療中學習到的新方法來面對她的感受。「如果發生這種情況，我會這樣做，」她會告訴自己，「如果發生那種情況，我會那樣做。」她將不再只是以「焦慮」來面對她生命中的挑戰。艾瑪找到了她焦慮的源頭。

當艾瑪在行李領取處看到她的朋友時，她高興極了。這是一種不同於她以前所認知的成功。它不倚賴投射一個完美的形象，而是以謙卑、踏實的態度接近目標。這是她努力獲得的勝利，而不是期待自己毫不費力地做到。

艾瑪修改了她的標準，並在完全接受自身限制的情況下冒險——正是她不否認自己弱點的態度，給了她繼續前進的勇氣。

艾瑪發現從「**脆弱**」**中生出的勇氣，以及允許自己**「**普通**」**所帶來的**「**成**

功」。當她準備重返大學時，再次採取這種態度。她降低了她的目標：她給自己一學期的時間，如果事情不順利，她會轉學到離家近的大學，然後原諒自己。她繼續接受治療，學習承認自己的恐懼，並努力面對她的焦慮。「這和之前那個夏天我否認一切的時候，大不相同，」她記得，「我現在有了許多可以使用的方法，真的感覺很好。」

艾瑪的新方法，以及去年那些令人不愉快的事件，影響了她的父母從旁觀看的方式。他們也改變了他們的期望——他們開始從不同的價值觀出發，從女兒的角度定義屬於她自己的成功和幸福，而不是社會所定義的。現在，他們甚至會慶祝最微小的勝利。艾瑪今天過得好嗎？她是否通過了課程（注意：不是考試得到Ａ，只是「通過」）？這些都成為成功的新基準。

艾瑪告訴我，所有這一切都混合著尷尬和驕傲的情緒。「這有點令人難過，」她羞怯地說，「但這樣也真的很棒。」

過渡危機的教養

將自己放在你女兒的立場上想一想：大學第一年的秋季，大約十七歲或十八歲的年紀，她不僅要切斷與原生家庭的日常連結，也要切斷一位心理學家稱之為「第二個家庭」的日常連結：她在一段時間內建立的同儕培力網絡——它提供給她一張社會安全網、活動同伴和課業支持。然後，她必須搬家，有時是到一個新的氣候區或時區，並學會適應新的時間表和具有挑戰性的課業量。她必須從頭開始建立一個社交網絡，同時努力應對與舊社交網絡分離的挑戰。

對女孩來說，這可能是一個特別混亂的過程，尤其當你想想她與高中閨密的友誼關係時——她們友誼的特點是一對一的連結和經常彼此吐露心事。跟男孩比起來，女孩的朋友發生問題時，她們更容易替她們感到痛苦和難過。此外，**女孩的自尊容易受到友誼起起伏伏的影響**。

脫離、分開、個體化——這對大多數的女孩來說，都不會是一個順利的過程，特別是在人人都擁有智慧型手機的時代。現在的社群媒體讓女孩全神貫注地將全副心力寄託在舊的網絡上，而那是她們應該建立新社交網絡的時刻。對於大多數離家的女孩來說，這種分離很難是絕對的，過渡時期的情感包袱，有時可能超過她們帶到宿舍的事物。

家庭中第一代上大學的女孩，或是來自低收入家庭的女孩，可能會對她們因離家而產生的痛苦閉口不談。與艾瑪那種自我導向的恐懼——她最擔心的問題是她的聲譽和自我意識會受損——不同的是，這些女孩最擔心的是讓她們的家人失望。

「她們絕對不允許自己掙扎，」史密斯學院的學務處處長助理，負責監督家族第一代大學生和大一學生的瑪吉．利奇福德（Marge Litchford）說，「她們是那些走出去的人，肩膀上扛著家庭對她們的期望。她們不想讓她們的媽媽失望。」轉換跑道對這些學生來說，是在輕忽家人為了實現其成就所做的犧牲。如果她們將自己視為家庭擺脫貧困或脫離工人階級的「出口」——許多女孩肯定如此認為，那麼，對她們的痛苦採取行動，感覺起來會是最自私的表現；在最糟的情況下，還會讓整個家庭都面臨風險。

她們的父母可能同樣不願意說出來——這些母親和父親擔心他們在大學

管理人員面前看起來太專權。他們很少像有社會優勢的父母那樣，會很快地代表他們的女兒打電話。他們傾向於順從學校的權威，而不是質疑它。諷刺的是，利奇福德說，家族第一代大學生和低收入家庭女孩的父母，往往最不注重追求成就：「他們希望女兒快樂，並做自己喜愛的事情。」她告訴我。

當孩子遇到困難時，大學希望聽取父母的意見。如果學校和父母缺少這種合作夥伴的關係，女孩們可能會撐到疲憊不堪以至無法繼續時才求救。至少每週一次從父母那裡接收到「強烈支持」（情感、經濟或實際協助）的年紀較大的青少年，比沒有接收到父母支持的青少年，表現出更高的生活滿意度和更好的適應力。

我們可能很快會譴責所謂的「直升機父母」，但重要的是你得明白，教養的階段不是問題，有問題的是特定的教養方式。「直升機父母」為孩子做他們已經可以自己做的事情。當你的女兒在過渡中掙扎時，你必須採取一種不同的教養方式。

你必須接受挫折並非偏離正軌的觀點。這是她的道路。在此期間，有三個介入的重點將能幫助她穩定，並做好前進的準備。

①如果自我批評正在阻止她前進，鼓勵她原諒自己。

教她「自我同情」的做法（參見第六章）。值得說明的是，你並不是在假裝這一切沒有發生；你正在向她展示，打擊自己並沒有成效，而且不會激勵她向前邁進並改變現況。

②幫助她與自己的價值觀做連結。

當她能夠與自己的核心價值、她的真實感受、還有她捍衛的立場做連結，而不是試圖為了滿足其他人或其他事情而變成誰時，她會變得更強大。你可以先問她，到目前為止，她在面對這個過渡危機上，做了哪些讓自己感到驕傲的事。她展現出的力量說明她是個什麼樣的人。對我而言，當我離開牛津時，我為我願意接受治療，並反思自己的選擇感到自豪。對她的態度表達欣慰，將能為你的女兒提供動力和希望。

接著問她，現在在她的生活中，最想履行的三種價值觀是什麼。友誼？家庭？誠實？服務他人？一起談論如何履行這些價值觀，將提升她的自信和自我意識——這兩者在這個階段可能都不足。這項工作的目標不是讓她走到下一步，而是為了在她現今的處境穩定她，給她一個與自己做連結的軸心。

③徵求她的意見。

詢問她對如何處理這種情況有何想法，鼓勵她腦力激盪出一些可能性。不接受「我不知道」的答案。在這一刻，好的教養感覺就像自己掌握方向盤。事實上，她最需要的是與自己的內在智慧重新連結；她還需要意識到這一刻不會永遠持續下去。如果她願意，一起腦力激盪出一些可能的選項，它們不必百分之百可行或是很高明，只需要是由她想出來並願意接受的即可。

這不是呼籲你們放縱她。你們還是她的父母，可以保留行使作父母的權威，並闡述你們的價值觀的權利。與往常一樣，你們要負責當那個劃界線、說「不」，以及設定截止日期的人。當她在努力弄清楚什麼是對、什麼是錯時，你們仍然是承接她壓力的人，但她需要先穩定下來。

你們也要知道，可能需要花一點時間來確定穩定她和推動她前進之間正確的平衡。如果你們在此期間，也能找到同時滋養和挑戰女兒的平衡，將能幫助她重建她在恢復和重新出發時所需要的信心。

她需要你說出來

大學期間的一個夏天，我會在馬里蘭州父母家附近的波托馬克河（Potomac River）上參加划獨木舟的課程。我喜歡激流泛舟的刺激感，但卻難以保持身體的直立。教練告訴我，訣竅就是把身體貼近水面。

「貼近水面？」我問，「如果我把身體貼近水面，不會翻船嗎？」

「感覺起來是如此，」他說，「但妳不會的，妳可以試試看。」

我把身體傾斜了一點點，馬上感覺我的身體快掉進水裡了，於是我很快地就把自己拉回來。「再試一次。」教練說。

最終我感受到他想教我的東西：**當我讓身體確實去做它想要抵抗的動作時，我會在河流上找到最強而有力的位置**。

對處於過渡危機中的女兒所進行的教養也是如此。你可以給女孩最好的禮物之一——特別是整天處在一個身邊都是高成就女孩的環境裡——**是允許她掙扎。看見她、愛她原本的模樣，而不是妳希望她成為的樣子。**

給女兒悲傷的空間，感覺起來是反直覺的做法。如果你讓她沉溺在她的情緒中，她不會更消沉嗎？答案是「不會」。承認某個人的痛苦情緒和鼓勵它之間存在著差異。**當你對女兒表示同理時，你為她奠定克服挑戰的基礎，而不是讓她因為挫折而自我打擊。**你允許並認同了她的經驗。當她聽到你說，她並不瘋狂、也不孤單時，將更有可能在危險的激流中保持身體的直立。

但女孩在環境中聽到的、在手機上看到的，或是她們在思考的方式，都不是「她不瘋狂」或「她不孤單」的訊息。大多數的大一學生接收到的訊息，都是同儕前程似錦的成就：她班上的同學有很多高中畢業生致詞代表、班長、菁英運動員、特技體操選手，榮譽社會成員等等。

在每個階段，人們對一名年輕女性的期待是，她有足夠的智慧能聰明地選擇進入合適的大學，選擇完美的專業，找到最令人印象深刻的工作，在最時尚的社區擁有最好的房子，有最棒的室友，並享受其中的每一刻生活（或至少在社群媒體上這麼說）。沒有失敗的空間。

有效教養的父母會挑戰這種神話，並揭露它欺騙的本質。有些父母在送孩子到大學時會給予警告說，這不見得會成為他們生命中最好的四年。他們說大學就像其他地方一樣，有生活起伏、挫折失望和美好的時刻。他們會告訴女兒，當她們建立新的社交生活時要有耐心，並做好心理準備——可能會參加到很糟糕的派對、遇見無聊的人，還會想家想得很嚴重。

這些父母說，每個人都會掙扎，所以不要被「妳是唯一懷念舊生活或難以適應新生活的人」的假象欺騙。這些父母允許女孩在下一步被撕毀，撕毀。他們吐露自己在大學生活和早期面對現實世界的不幸故事。他們告訴女兒，感覺不快樂並沒有錯，我們所做的任何一件新的事情，特別是一個新的學習經驗，本來就應該是困難的。這使它成為學習經驗的一部分。

這些父母讓他們的女兒不再認定「成功」意味著「永遠不會犯錯」。**找出妳不喜歡或不想做的事情，跟學習妳所做的事情一樣有價值。道路上的彎路是過程的一部分；一旦我們內心的指針知道它不想去的地方，它就會變得更加準確。**

按照你自己的時間到達某個地方，並不意味著你不會到達那裡。我對學生使用的比喻是「超速」。當然，我可以在高速公路上開車開到時速一百八，以便到達我要去的地方——但是我卻冒著被開罰單或出事故的危險。如果我依速限規定開車，我可能會晚個十或十五分鐘才到，但在安全、金錢和維持理智方面，時間上的損失是值得的。

人生的旅程也是如此。你是否值得冒著健康風險來跟上別人的步伐？這是降低女兒門檻的時刻，作為她的父母，你扮演著非常重要的角色，長久下來將對她大有幫助。為她在生活艱難時還願意面對、做出哪怕是很小的努力，給予她肯定。專注在她這一天或這一週完成的小事：她去健身房了嗎？按時交報告了嗎？小考考得好嗎？

同樣地，與她一起設定合理的（是的，小）目標。如果她與她學系裡一個新的同學交談，或者與朋友一起去看電影，而不是獨自躲在房裡看「網飛」，給她鼓掌——這些都是值得被肯定且有價值的步驟。

幫助女兒明白，她不需要在上學的第一個月就成為一年級新生；你可能會認為她已經知道了，但再說一遍——是的，即使她會翻白眼。當你以這些較簡單的方式定義成功，你就給了她同樣這麼做的權利和腳本。

彎路變成了路徑

對於艾瑪來說，有效治療需要透過學習管理焦慮來達到。我的挑戰是不同的：我不得不停下「成就跑步機」並找到回歸自己的方式。我的內在動機，那個部分的我，因為真的想要而做的我，幾乎消失了。我決定，如果我要改變這種情況，必須弄清楚對我來說真正重要的是什麼，而不是因為有人想要我做到，或因為它會為我贏得獎勵。這個答案來得很快。

這許多年來，一件發生在小學三年級的事一直在困擾著我：一個名叫艾比的女孩，在操場上讓我最要好的朋友從我的身邊走開。為什麼這件事讓我感到如此地苦惱？

我開始研究女孩的侵略性，發現關於這個話題的研究極為缺乏。我開始採訪我認識的女性，訪問她們關於女孩霸凌的記憶。我仍然很難過，且對於生活的下一步感到困惑，但我建立了一系列的學習目標，被掌握技能的渴望所驅使，而不是為了贏得他人的認可。

在家裡經歷了幾個月的極度絕望之後，我遇到一位對我的寫作感興趣的編輯。不久之後，我從出版商那裡得到了一小筆的預付款。我從父母希望我讀的法學院退學，這次他們非常地憤怒。父親對我大吼：「妳在浪費人家給妳的每一個機會。」

我被動搖了，但還是堅持走下去。我猜想這本書的研究計畫會療癒我，讓我回歸自己。為了賺取額外的錢，我做了幾個短期的粗活工作。我搬到了布魯克林一間老鼠為患的公寓裡，並累積了不少信用卡卡債。但我知道這是我到目前為止覺得最投入的工作，而我正在這樣做。當時，這對我來說已經足夠了。

當我致力於真正關心的事物，讓我的心來引導我（而不是我需要完成什麼）時，我找到了真正的成功。

研究動機的研究人員已經證實了這種現象：當你移除掉外在獎勵時，你被迫找出從內部驅動你的東西。羅徹斯特大學的愛德華．L．德西和理查德．瑞安教授，決定追蹤大學生畢業後兩年的生活。他們發現，被生活目標感驅使的學生——渴望「幫助他人改善生活，學習並成長」——比在大學時快樂、對生活更滿意，也比較不會焦慮和沮喪。追求外在金錢獎勵的學生，更有可能沮喪、焦慮，並展現出其他幾個幸福感的負面指標。

「那些最沒有動力追求外在獎勵的人，最終會獲得這些獎勵。」《動機，單純的力量》一書的作者丹尼爾．品克這樣寫道。

我花了更長的時間才意識到，有些成功不值得擁有，而放棄並不是可恥的事。根據弗羅施的說法，**知道何時放棄是一種重要的自我調節形式，最適合在青春期這個階段學習**——當所謂「放棄目標」的後果往往不那麼嚴重時。

我的痛苦是一個關鍵信號，意味著我生活中某些事情迫切需要改變。今天我很感激它。

當女孩聽到自己內部發出的求救信號時，有三種選擇：假裝它沒發生；將它視為自己不對勁的訊號；或意識到它意味著某些事就是……不對了。

如果女孩將求救信號視為她們自己有問題的信號，便會錯過深入理解自己的真實需求和以智慧來行動的機會。她們還會回歸社會比較，執著於為什麼其他人看來不像她們那樣不開心或不幸福。在這些情況下，父母必須敦促女兒聚焦在她們自己的生活和選擇上——而不是擔心教室裡其他人怎麼想，或其他人看起來有多開心。每個人都是不同的，並在自己的軌道上；比較是毫無意義且痛苦的。

取而代之的是，女孩可以選擇將這個內心訊號，看作是某些事出錯了的跡象，就是這樣。

作為父母，我們必須幫忙定調：當我們幫助她們繞過羞恥感和自我批評時，會讓她們更能對自己的選擇進行更清醒的評估，並幫助她們將生存危機轉化為機會。我們可以從語言開始：在談話時使用「轉換跑道」或「休息一下」，而不是使用「輟學」或「放棄」。

暫時離開學校休息一陣子也有幫助。根據「美國空檔年協會」（American Gap Association）的說法，高中生活的倦怠感和想「更了解自己」的渴望，是學生在開始上大學前想休息一下的兩個主要原因。「空檔年」的三大好處之一是：「更透徹地了解我是誰」，並探索「對我來說什麼是重要的」。

你也可以問問女兒，她對上大學這個計畫有什麼看法。會問自己是否真的想上大學的人，通常都是必須經過努力奮鬥才能上到大學的人。但即使上大學對你女兒來說是既定的下一步，這並不意味著，她無法反思她為什麼要去，以及為了什麼。答案不一定要是「所以我可以成為一個『什麼、什麼或什麼職業的人』」——她還不需要知道這些——而是一個表明她在經歷中看到自己真正價值的答案。如果她無法回答這些問題，你可以讓她知道這值得關注，並將這些問題視為與她一起進行深入思考的機會。

幾年前，當我在南非的一所高中畢業典禮演講時，我決定第一次分享我是個羅德輟學生的故事（是的，我很害怕公開分享這個故事，以至於我必須在另一個半球上才能做這件事。）在我演講後，全場似乎有一個無休止的停頓，然後，學生和他們的父母一起站起來歡呼。

就在那一刻，我決定——我想成為一個「正在進行的工作」的榜樣。今天，我決心向我的學生和女兒展現，**衡量生活的標準不是分數，也不是一個人有多接近社會界定的成功願景。生活充滿了我們為了繼續前進而做的選擇，**有些愚蠢，有些明智；更重要的是，**我們如何看待我們發現自我的地方**。有時，放棄可以讓你自由。

CHAPTER 9

從青春期邁向成年，父母的陪伴與支持

以身作則和價值觀確立，引導孩子茁壯成長

孩子會在更高層次的問題上模仿我們：
她會觀察我們如何應對壓力並承擔風險，
我們如何在犯錯之後跟自己對話，
以及我們如何談論我們的外表。

給女兒的八個情感支持方法

養育一名青少年可能是一項吃力不討好的工作。一名年輕人的工作就是拒絕你的價值觀，經常為你感到尷尬，並自我沉溺到令人氣憤的地步。當他年幼時，你往往是他崇拜的對象；然後，翻白眼的日子到來了，你變成了一個討厭鬼。

幼小的孩子對你的教養提供明確且即時的回饋。當你告訴他們做這個、試試看那個，他們通常會遵從。年輕人卻不是如此。你想跟他分享你在這世界上生存這麼多年來的理性和理智的建議，卻只是換來他們指責你愚蠢。然後你開始懷疑，自己是否真的愚蠢，可能直到別人提醒你，才確定你不是。

「被你的女兒拒絕已經夠糟了，」心理學家麗莎・達摩爾（Lisa Damour）在《少女心事解碼：青春期不再難搞！給家長的準備之書》（*Untangled*）一書中寫道，「更糟糕的是，它發生在你覺得她最需要你的時候。」教養青少年就是在他們身上累積智慧、榜樣、紀律的日常存款，或是任何你可以灌輸給女兒的東西，通常要經年累月地持續進行，但卻收不到任何利息。她永遠不會因為你告訴她，她去哪裡上大學都會開心，或者「按讚」數量不該定義她的價值，而輕拍你的背。更有可能的情況是，她會告訴你「你不懂啦」，或是其他更糟糕的說法。

也許你已經知道，教養不是一場人氣競賽；但沒有人告訴你，你會坐在書呆子的桌旁。回報幾乎總是出現在孩子成年後——當他們記得你已經忘記的事，並感謝你曾經為他們掏空你的東西時。

因此，青春期需要的教養方式是提供孩子一個重要的主軸。首先，你必須接受你無法像以前一樣控制或解決女兒面對的挑戰——你的女兒會比你還早進入這種狀態。一段時間以來，她對你「認同」她的問題有多難解決的興趣，遠大過你對她的問題是否有解決能力。年紀小的女孩通常會需要你的幫忙，但年紀大的女孩則需要你的同理心。**她們希望自己的感受被認同；她們希望被人看見；她們希望你說，「這真的很糟糕」；她們並不總是想聽建議。**

青少年擁有——如同女孩喜歡說的——「所有的感受」。他們的感受多到可以揮霍或在網路上兜售。強烈的情緒不可預測地從青少年的大腦湧出，青少女想要做的是將這些情緒都發洩在你身上。

「對於青少年在面對的許多問題」，達摩爾寫道，**「發洩情緒本身就是一種補救措施。」他們把自己清空，然後毫無負擔地繼續前進。**身為父母的我們反而不那麼有彈性，需要比較長的恢復時間。我們接到訴苦的電話，聽到了砰的關門聲，只留下滿腦子困惑，頭上像是有卡通明星在盤旋，最好的情況只是頭暈，最糟的情況則是被當作人肉拳擊沙袋。

這些變化要你別再將教養精力投注在「讓我解決問題」的對話上，而是朝向更有同理心的互動方式，這會需要你學著接受女兒的痛苦，並承認一個立即的解決方案可能不存在。這是一個在概念上很簡單，但實踐起來很困難的策略。

身為父母的本能，不會是坐著袖手旁觀，看著我們的孩子痛苦。我們透過協助孩子來學習教養，而且不可避免地藉由我們是否好好地塑造了孩子的生活，來定義自己的成功。在不加以拯救的情況下，忍受孩子受苦並不是一件小事。

改善教養最有效的方式，永遠是從我們自己開始。在此期間，反思自己的習慣和行為——以當榜樣的角度，以及親子關係的角度——可以對你的教養能量進行有效的引導。

不過，如果你的女兒正在面對關於她身分認同的特殊挑戰時（包括歧視），你可以控制的事情就會受到限制。幫助孩子改變的責任可能更多地落在一個機構上，而不是家庭。我將在本章稍後探討，如果是這樣的情況，你教養的焦點可能會有所不同。

儘管如此，我仍會不斷地被布蕾妮·布朗的說法感動，**「我們不能給孩子我們所欠缺的東西。」**我們不能教女孩我們自己不知道的東西。如果我們希望女孩了解生活是有起伏和不完美的，我們就必須示範接受和自我同情。如果我們希望我們的女兒願意並能夠失敗，我們必須分享我們的失敗。所以父母必須學會調節他們的焦慮，並與女兒一起深思熟慮地調整自己的抱負。以下提供八個重要的情感支持方法，你可以在女兒從青春期中期過渡到後期時提供給她。

①—請記住，她還在看著你

最近我女兒的幼兒園老師告訴我，我女兒在沮喪的時候，突然轉向一個同學，對他霸道地警告說：「如果你繼續用那種語氣，你就必須到旁邊去休息一下。」老師和我都笑了，我臉紅了。我們都有一個這樣的故事：當我們的女孩滑稽地模仿我們，往往是令人尷尬的時刻。

隨著我們的女孩年紀漸長，我們在她們周圍說話變得鬆懈。我們認為「她們以前都聽過了」。我們之中有許多人不再思考孩子多半會模仿的事實，但我們不應該這樣。孩子仍然會在更高層次的問題上模仿我們：她會觀察我們如何應對壓力並承擔風險，我們如何在犯錯之後跟自己對話，以及我們如何談論我們的外表。

你還記得她學走路的時候嗎？那些她像酒醉的海盜一樣搖晃，然後重重地跌在地板上的時刻？她所做的第一件事就是看著你。她的眼睛在問一個問題：「我該如何是好？這很糟糕嗎？」如果你的臉因恐懼而扭曲，如果你倒抽一口氣或用手摀住嘴巴，她就得到暗示了，然後開始哭泣。如果你看起來很平靜、自在，讓她知道她很好，她就不受到干擾。

多年後，我們仍然以身作則，教我們的女兒如何應對壓力。父母和女孩之間的聯繫依然牢固，是的，即使她們是青少年，尤其當她們是青少年的時候。當你的女兒因為一個她期望更高的分數、一所沒有錄取她的大學，或是她沒有得到的工作而崩潰時，她仍然想知道，「我該如何是好？這很糟糕嗎？」不同之處在於，即使你告訴她沒關係，她也會反駁說不是這樣；即使你告訴她，無論如何你都愛她，她仍會像匹憤怒的母馬一樣哼聲甩髮。這是她青少年的樣子，但她還在看、還在聽。

當女孩進入成年期時，你希望為她示範哪些特質或習慣？想想在一天中哪些時刻，你可以如何有策略地為她展示與世界互動的不同方式。

如果你如同許多父母一樣，從本書女孩們的聲音中聽到了自己的聲音，這表示你要先自己做點功課。

一位我輔導的母親告訴我，她對犯錯的直覺反應是公然地指責自己，她以為這樣做是有趣的自嘲，而後才意識到，她正在示範不當的自我批評。

在我們共同的努力下，她決定重新思考如何在青少年女兒面前回應犯錯這件事。「如果在我準備開車送她上學時，找不到車鑰匙，我不會再大聲說我是白痴，」她告訴我，即使她會偷偷地這樣想，「我會深吸一口氣，說我感到焦慮，但我不會自責。」

另一位名叫黛安的母親，注意到上大學的女兒捲入朋友之間的爭吵，她不知道女兒會不會是因為個性太偏執，所以很容易對朋友生氣。當她們在手機上聊天時，黛安透過分享自己以前接納一位特別難相處的朋友的故事，來表達她的觀點：這樣做有多難，但在接受某人的真實面貌後，她獲得了多少寶貴的經驗。

另一位我輔導的母親，擔心女兒在遇到困難時不願意尋求幫助。這位母親設定了一個在女兒面前尋求幫助的目標。「我請妳的阿姨過來幫我照顧妳的外婆，因為這份工作太重了，我一個人做不來。」她告訴她十九歲的孩子。她希望女兒知道媽媽堅強能幹，但有時也可以提出她需要的協助。

青少年經常談論對自己的生活缺乏控制感。父母試圖回應女兒在日常生活中的起伏時，也經常有同樣的感受。選擇一種特質來做示範，可以幫助你們在混亂中定位和聚焦。

② 示範脆弱

在我每年都會前往工作的一所西海岸學校裡，我注意到一位經常參加我的工作坊的父親，他看起來很憂心。他要求發言的機會。「我覺得我太太和我真的搞砸了。」他這樣開始，他們夫妻兩人都是很成功的律師。有天晚上，他們就讀高中的女兒回到家後，因為在科學考試中得到C而極為傷心。他和妻子向她保證，沒關係，這個糟糕的成績對她整體的表現來說並不重要。就在這時，他們的女兒開始生氣了。

「她說，『你和媽媽什麼都做得好，你們永遠不會犯錯。』」他告訴我們，「我不敢相信她是這麼想的，這根本不是事實，我們經常把事情搞砸啊！」他和妻子相信，要教養出一個有能力的女兒，最好的方式是示範他們卓越的表現；而他們沒有意識到的是，透過忽略自己的挫敗，他們在對女兒暗示——她也不能有挫敗。

我很喜歡瑪麗安・賴特・埃德爾曼（Marian Wright Edelman）說的一句名言：「**你不能成為你看不見的東西。**」我們用它來鼓勵擔任領導職位的少數群體，讓其他人不論遠近都能受到他們的啟發和指導。但這句名言同樣適用於挫敗的故事。如果沒有人公開地說他們搞砸了，或是做錯了選擇，那麼女孩如何能知道，她事實上是可以掙扎的？更重要的是，如果她們沒有看到周圍其他人從挫敗中站起來或談論它，她們怎麼知道如何繼續前進？

當我們努力為女孩示範成功的榜樣，更不用說還為她們指出一條在實現目標上假想的直接途徑，我們便在不知不覺中助長了許多女孩生活中的沉默和自我批評。我們剝奪她們建立面對社會要求所需的內在結構，而這也是她們不可避免地對自己提出的要求。

只要女孩活著的一天，她仍然會看著你的臉，並提出這個問題：「這沒關係嗎？」但隨著她年紀增長，你可以用更多方式來回答這個問題——**以自己真實有力的生活故事來回應。**

不過界線是必須有的。我們講述的故事不應該太激烈，以免讓女兒覺得要反過來照顧我們。女孩可以成為非常好的傾聽者，甚至更懂得跟我們說可以依靠她。你的目的是表現「脆弱」，而不是「玻璃心」，這樣她可以確認你的真實性，而不會感到不舒服或想迴避。在這種連結所帶給她的安全感中，她會知道你們仍然是她的父母，而她並不孤單。這是你在她遭遇低潮時，可以給她最重要的禮物之一。

③ 不論任何年紀，鬧脾氣就是鬧脾氣

當女孩心煩意亂時，她們真的會很感謝大人問這個問題：「妳想要我的建議，還是想發洩？」給她選擇感覺起來可能沒什麼，但它可以讓女孩感覺被看見和被理解。不過，如果你真的採取這種做法，就要願意傾聽。

一名高中女孩向我傾訴，「我媽媽說她只會聽，但過了一會卻說，『妳想要我的建議嗎？』」順道一提，我非常同情那位媽媽，但如果她繼續這樣做，她的孩子很快就不會把她的話當真。

當女孩變得激動時，對話可能會越界到無法進行的地步。許多父母告訴我，他們的女兒容易被繁重的課業壓力壓垮，往往是在深夜、週日晚上，或

一些作業即將到期時。女孩在憤怒、絕望和悲傷的情緒之間擺盪，她們不回應別人的理性或溫柔，還會堅持說你不明白——她們無法被安慰。

就像幼兒時期的孩子鬧脾氣一樣，你不能縱容她。當你試圖與在那個狀態中的女孩談判時，你其實是在默許並獎勵她的行為。你在告訴她，當她心煩意亂時，這樣的溝通是可以被接受的，而且無論她如何任性，都能獲得你的支持。你還在向她傳達另一種訊息——她應該縱容別人的這種行為。

事實上，即使她透過攻擊你和其他人的方式來表現（或者，表現出另一種極端：退縮），她很可能陷在一種自我憎惡、自我羞辱的漩渦中。無論原因是什麼，她不能在這樣的狀態下有效率或有動力，而這才是她真正需要的東西。

無論多大年紀，鬧脾氣就是鬧脾氣。處理它最好的建議，是給一個人空間，直到他能夠以禮貌和自我控制的態度來溝通為止。

你的女兒必須自己經歷一些痛苦的事情，但需要你從旁提供支持。如果女兒還和你們住在一起，並能在你們的陪伴下面對掙扎，作父母的你們是幸運的（儘管並不總是那樣）。

在我與大學生的互動過程中，我看到許多年輕女性第一次離家數百里獨自面對掙扎。當我說這對每個人而言都困難得多時，請相信我。

沒有人喜歡看著他們的孩子受苦，尤其是當你有一個年紀更大、很會表達的女兒，她能以令人心碎的清晰方式，明確地告訴你她有多受傷時。儘管這是個父母難以面對的事實，但「痛苦」是孩子在任何年紀學習的關鍵。我們常常到了成年才明白，有些最重要的人生課題——讓我們變得更聰明、更堅強、更有能力的代價——是痛苦，甚至令人心碎的。

在為人父母的過程中，沒有任何時候應該刻意地讓孩子在學習中受苦，這無濟於事。但有一個例外是睡眠訓練，或讓孩子「哭出來」這類具有爭議的做法。根據支持者的說法，當父母每次在嬰兒哭泣時都拒絕立即幫助他們時，他們會學習整夜好眠的「技能」。在開始睡眠訓練之前，父母被指示要確保他們的寶寶吃飽和換好尿布，如此，他們可以確認飢餓或濕尿布不是引起哭泣的原因。當寶寶哭泣時，父母要袖手旁觀。最終，寶寶會放棄，並重新入睡，且在很短的時間內，就能一覺到天亮。

現在，想像你年輕的成年女兒處於鬧脾氣的狀態。她需要學習一項你無法教她的新技能——在這裡，是一種讓自己在壓力下冷靜下來的能力，讓她可以理性溫和地與你互動。你如何確保她的基本需求都得到滿足，同時仍讓她自己想辦法做到呢？你可以這樣說：「聽到妳在掙扎，我很難過，我真的能理解妳為什麼會有這種感受，我自己也曾經是這樣（如果這是真的）。我知道我無法完全理解妳經歷的過程，但我希望妳知道我愛妳，想以任何方式幫助妳。而且（不是說『但是』）當妳在這個狀態時，我真的很難幫助妳。所以我要回我的房間休息一會兒，我很快就會回來看看妳。」

然後，你離開現場，真的離開，而不是站在她的房門外。你會等個十分鐘，做幾個深呼吸，打電話跟你的朋友說說話，讀一篇部落格文章，啜飲幾口葡萄酒，然後再回來看看女兒的狀況，重申你對她的同理心，認同她所面對的挑戰。你還可以帶一點零食給她。

④ 對「災難性想像」重新定向

一旦女孩能夠平靜下來說話，接下來經常會出現的是「**災難性想像**」：

期待接下來可能發生的最壞的事情。我會把考試考砸了；我這堂課會得到B，然後我進不了某某大學；我的生活完蛋了。

她這麼做有幾個原因。首先，這是她和同儕之間廣泛使用的「**自我貶抑**」的語言，這是她們處理挫折並藉此建立聯繫的方式。其次，**當她誇大一些事情時，她就更容易與真正發生的事情保持距離**。她會說「我永遠上不了大學」，而不是「我感到沮喪、焦慮、害怕，而且我必須找到一種方法，在明天上課前讀完二十頁文章。」前面的說法讓她有藉口失控，對一些太遙遠而無法做什麼的事情胡思亂想；後面的說法則聚焦在一個具體的選項上：我現在需要做些什麼？

潛藏在「我的生活完蛋了」這首輓歌下的也是一種信念，亦即這不應該發生在我身上——我是值得的，必須能夠做得更多。許多成就卓越的女孩深信，只要她們夠努力，就應該能夠得到自己想要的東西。這並不令人驚訝，許多女孩經常聽到她們的父母和老師一再地這麼告訴她們。雖然讓女孩意識到自己的潛力很重要，但它也可能扭曲她們對自己的期望，當她們在認為應該勝出的地方失敗時，就會陷入困境。

在她廣受歡迎的「親愛的蜜糖」（Dear Sugar）的諮詢專欄中，作家雪兒・史翠德（Cheryl Strayed）斥責一名二十多歲焦慮至極的抑鬱作家。「為什麼我寫不出東西來了？」她問史翠德，「如果沒人在意我寫的東西怎麼辦？」史翠德並沒有給她鼓勵，而是直接喚醒她：「妳厭惡自己，但又被自己應該很偉大、很重要的想法蒙蔽了，」她寫信給這個女子，「妳要麼期望過高，要麼擔心過多，這種心態完成不了任何工作；要完成工作就要從基礎開始一步步地做。」

同樣的說法，也適用在會對事情做「災難性想像」的女孩身上。她們經常擔心太多，想像事情最壞的結果，有時卻又期望過高，期待自己有完美的表現。你的女兒需要父母的幫助來變得踏實。

試著以正念來回應女孩的每個陳述：不加以評判，專注於她的感受和想法。你可以讓她參與兩種有意識的對話：

第一種對話將焦點放在問題上：「現在發生了什麼事？」

如果女孩說，「我的生活完蛋了！」

- **專注於你觀察到的情緒**：「我知道妳現在真的壓力很大、很焦慮，我替妳感到難過。」你可以重述你聽到的東西：「聽起來，妳真的很擔心上大學。」
- **你可以同理**：「我完全明白妳為什麼會對這件事這麼生氣。」這種對話的用意在於讓她不再誇大，但又不這麼說。
- **好好地關注當下**：不要預測未來，告訴她一切都會好起來，也不要回頭看（「是的，妳可能應該更用功」）。
- **不要質疑她的感受或分析**：「妳為何對這件事這麼沮喪？」「妳每次都這樣。」
- **不要用理由來說服她不這麼想**：「看看妳的學業成績平均點數，妳當然進得了大學！」
- **不要否認或盡量減輕她的感受**：你只需要指出那些讓女兒歇斯底里的感受和想法，你在透過這種方式教導她，如何與她真實的情感和思想共處，而不是誇大（或否認）它們。

在第二種有意義的對話中，你可以解決比較棘手的問題

「這種情況意味著什麼？」在這裡，你可以幫助她合理地解釋所發生的事情，而不是以戲劇化的方式。它聽起來像這樣：「是的，這個考試成績可能會影響妳最終的學業成績平均點數，我明白妳為什麼會擔心這一點。是的，這可能會讓妳更難進入那所大學。無論如何，妳都能去到一所好學校。不，可能不是那所學校。」在任何情況下，你都不該暗示你認同她，而讓她繼續沉溺在災難性的想像中。**幫助她面對現實而不是扭曲事實；幫助她踏實地面對問題**。

一如往常，不要指望孩子會來拍拍你的背表示感謝。你可能會聽到一句惱怒的「你就是不懂啦」，那沒關係。你正在透過這個談話努力教她一些事情：**壓力是普遍現象，而且經常發生，重要的是我們如何面對**。你在告訴她，**挫折會伴隨著企圖心和動力而來；同樣重要的是，我們如何看待挫折**。如果她以全有或全無的方式解釋失敗，並認為一個糟糕的成績便代表「我的生活完蛋了」，那麼，她會因為充滿恐懼感和羞愧感，而削弱自己在這場競賽中的

生存能力。

這些對話是一種方法，讓你幫助女孩以健康的方式進行生活事件的詮釋。最終，希望有一天她會模仿你，就像她蹣跚學步時所做的那樣。

⑤ 提醒她，事情並不總是跟她有關

在種族主義、性別歧視和恐同症持續猖獗的文化中，女孩們必須知道什麼是她們可以控制的，什麼不是。這是「保持彈性」的關鍵之一。

父母可以從許多非裔美國同胞的生活汲取經驗。幾個世代以來，黑人的孩子在長大過程中被教導要擁有敏銳的種族意識，這是一個應對偏見和歧視的框架，為他們做好心理準備，對抗他們在成年後，幾乎肯定會在社會中遇到的心靈毒素。

「我不會讓你陷在自己的幻想中，」塔納哈希．科茨（Ta-Nehisi Coates）在《在世界與我之間》（*Between the World and Me*）一書中這麼寫給他的兒子，「我會讓你在這個可怕且美麗的世界中，成為一名有意識的公民。」

黑人父母從孩子年幼時，便開始培養他們一雙洞悉種族主義和性別歧視文化的眼睛，讓他們的孩子做好面對殘酷的刻板印象和輕視的心理準備。他們向孩子灌輸這樣一個觀念，亦即他們受到不同待遇不是他們的錯，而且他們並不遜色。他們是有價值的，只是成長在一個破碎的、不平等的文化中。

這種教養風格是非裔美籍女孩與其同儕形成鮮明對比的原因之一。一般來說，在女孩容易失去自尊的青春期階段，黑人女孩失去的程度最少。研究結果一向顯示，黑人女孩比白人女孩擁有更高的自尊。她們是所有青年群體中最野心勃勃的領導者，此一趨勢持續到成年。

夏洛特・雅各布斯（Charlotte Jacobs）博士在她的研究中發現，黑人父母不僅會透過提醒她們留心種族主義，也會透過加強她們作為黑人女孩的自尊和信心，來保護他們的女兒。

蕾妮是一位十二年級生，就讀一所以白人為主的學校，她告訴雅各布斯，她的母親經常告訴她，「**堅持妳的想法，保持妳的本性。**」在告訴雅各布斯關於她從一些同儕那裡忍受的批評後，蕾妮補充說：「我這樣很好。我有支持者，我知道我有朋友，如果我沒有得到每個人的認可，也沒關係，妳知道這就是——就是我。」

教導女孩並非所有事情都可以解決，有些體制甚至可能超出她們企圖心所能及的（現在），這可能是一種解放的經驗。

在我參觀了一所位於俄亥俄州的學校後，當校長助理打電話跟我分享，參加工作坊的學生從中獲得的最大收穫時，讓我感到十分驚喜。「妳告訴她們，試圖進入大學的所有有害的壓力和瘋狂，都不是她們的錯，而且她們不需要修正自己來面對它，」她說，「這對她們來說意義重大。我可以看到她們之後感覺輕鬆了多少。」

⑥ 練習自我調節

在《青春期大腦決定孩子的一生》（*Age of Opportunity*）一書中，心理學家勞倫斯．史坦堡（Laurence Steinberg）認為，青春期孩子的核心任務是，學習「自我調節」或控制衝動，以實現自己的目標。

學校心理諮商師瑪麗莎・拉杜卡・克蘭德爾（Marisa Laduca Crandall）博士說，青少年的父母也迫切需要學習相同的技能。她說，學著不要公開對女兒面臨的所有挑戰做反應，這是「最困難的事。身為父母，你有你所有的焦慮，你擔心你做了什麼或不做什麼，你希望孩子做什麼或不做什麼，以及害怕如果他們做錯事會發生什麼……最終，他們被困在河邊的一輛箱型車裡。這一切都是父母的災難性想像。」

焦慮會在家庭中傳染。兩名研究人員訓練不會受焦慮情緒困擾的母親，在陌生人出現時，對她們蹣跚學步的孩子表現出「冷靜」或「擔心」。看著母親焦慮的模樣後，嬰兒會變得恐懼並避免和陌生人靠近。兒童和成年人會因為各種原因而焦慮——遺傳、與生俱來的氣質，或創傷——但示範的效果也很重要。

林恩・里昂（Lynn Lyons）在《焦慮的孩子，焦慮的父母》（*Anxious Kids, Anxious Parents*，暫譯）一書中寫道，目標不是消除擔憂，而是「不讓焦慮的恐懼主導我們的家庭生活。」里昂寫道，焦慮是對需要確定性和舒適性需求的一種反應。問題在於，焦慮「希望立即且持續地獲得這兩種結果」，因而促使我們竭盡所能地消除讓我們感到失控的事情。

教養如果不是一段持續且充滿不可預測變化的漫長旅程，那它就不值一提。孩子在本質上就會時常給人帶來不確定感。他們會成為什麼樣的人？想像一下，孩子快把一杯牛奶灑出杯子外，或是他那本留在廚房餐桌上的作業簿。我們看著這些，然後好奇：孩子現在這些表現意味著什麼？我們通常很容易安慰自己，於是我們把牛奶放好、把作業簿收起來。當孩子年幼時，我們很容易本能地縱容他們。

在作業簿第二次、第三次被留在餐桌上之後，在老師寄電子郵件來之後，關於孩子更多令人害怕的問題慢慢浮現。你會問一個全世界的父母都會問的問題：這對我孩子的性格、潛力和未來意味著什麼？

隨著女兒的年紀漸長，這些問題也會跟著變化。如果她是家族中第一代上大學的人，只要她在學業上有了一次挫敗，就可能會引來你這樣的問題：「萬一她無法在大學裡表現優異怎麼辦？」你可能會接著懷疑：「這對她在生活中取得成功的潛力意味著什麼？」

在女兒搬到一座新城市居住，並努力結交朋友，你可能會想：「這對她的社交技巧意味著什麼？」很快地，「萬一」的問題來了。「萬一別人不喜歡她怎麼辦？」然後是「為什麼我沒有……」的問題。「為什麼我沒有安排更多的朋友聚會？我應該強迫她在那個夏令營工作嗎？」

在一個關於如何管理教養焦慮的研討會中，我要求參與者分享他們對女兒的一些普遍性的擔憂。他們的擔憂深刻且悲傷。這是他們針對「萬一我的女兒……怎麼辦？」這個問題的回應：

……沒有在她熱愛的事情上成功？

……帶著恐懼和不安在生活，並讓自己退縮？

……是一個學業成績不佳的人？

……不能承受自己做決定的壓力？

……是一個容易放棄的人，因為當她面對一項艱鉅的任務時，往往會感到挫折？

……對其他女孩來說，是個煩人的傢伙？

對許多父母來說，這些問題再一次成為他們思緒的跳板，讓他們跳進一種既痛苦又「自我批評」的想法：「這對作父母的我們來說，意味著什麼？」這是父母與我分享的：「我是不是……」

……太急於幫忙和過度擔心？

……縱容我的孩子依賴我，並且不允許她失敗？

……沒辦法讓她好受一點？

……我太嚴格、太兇，正在培養一個未來只會順從的女人？

……助長她的消極行為？

……沒有正確答案？

……自尊太低？

……大聲吼叫要她聽見？

難怪父母會掙扎。對未知事物的螺旋式思考，使得我們對確定性更加渴求；這股渴求令人如此地不舒服又如此強烈——它必須得到滿足。

父母如何消除這種不確定感？透過**為女兒解決問題**：修復、消除擔憂，並幫她把作業送到學校。透過**發脾氣**：以憤怒的形式釋放焦慮，並對她吼叫；或是透過**退縮**：躲進安靜的否認或羞愧中。我們會這樣做（我三種反應都有過），因為我們已經想不出辦法了，因為我們想要保護女兒，或因為我們想要讓自己冷靜下來。

但是這樣做，我們在對女兒傳達了不信任感。「它將我們從『是什麼』帶到『如果是』或『應該是』的思考裡，」謝法利．察巴里（Shefali Tsabary）博士在《覺醒家庭》（*The Awakened Family*）一書中寫道，「我們偏離了孩子自然存在的方式，反而將我們的條件、信念和恐懼加諸在他們身上。」我們傳達的訊息是，我們不相信他們有能力自己處理事情，而且他們對自己的擔憂是合理的。

下次當你陷入這樣的擔憂時，可以問自己三個問題：

①她現在擁有這項特殊技能（或熟悉到一定的程度）有多重要？

②現在沒有這項技能，會影響她整體發展和茁壯成長的潛力嗎？

③為什麼她具備這項技能，且必須達到這種熟練程度，對我來說如此重要？

在我自己的教養過程中，這些問題讓我有所依靠——它們幫助我將恐懼與事實分開來，將我和女兒分開來看待。它們強迫我停下來並思考：**我真正希望女兒獲得什麼樣的成功、「發展和茁壯成長」意味著什麼，以及我的女兒是否和我一樣想要或需要某些東西**。

這些問題讓我坐下來，直視著我的眼睛，然後說，「這值得妳們母女倆為它瘋狂嗎？長期來看，這重要嗎？」重點不是離開或停止教養孩子，而是退後一步，謹慎行事，檢視自己。記住，我們的焦慮會給即使看來最漠不關心的青少年留下深刻的印象。

「我們的教養之所以產生與原定目標完全相反的結果，原因就是恐懼。」察巴里寫道。作為父母的你們，在生活中有無數次許多小事或被延宕的事自行解決，抑或用簡單的方法就得以處理的情況。你們在面對的，是其中一種情況嗎？

⑦引導女兒自在地與不確定性共處

女孩需要父母示範如何與你們都沒有答案的情況共處。她們必須學會將那個不確定性看作是生活中正常的，而即使它令人感到不舒服，也是生活的一部分，並不是要逃避的東西。

一種示範的方法是「**避免承諾你做不到的事**」。如果你不是百分百確定事情會照她希望的發展，就不要保證一定會成功。當然，這樣說可能在短期內會讓女兒冷靜下來，但卻阻止她**練習兩個重要的生活技能：了解到她無法控制生活的結果，並明白有些答案她無法立即知道**。她需要聽到你說，「我不知道答案」，並看到你能平靜地面對未知事物。

父母在教養過程中要面對的最困難的感受之一是，女孩相信生活將永遠如此。你雖然無法確定接下來會發生什麼，但你可以告訴她事情會改變。作為她的父母，接受不確定性，意味著為你們兩人保留「這一刻終將過去」的認知——女孩不見得一直有這種感受。

我指導父母在遇到教養上的挑戰、焦慮感開始上升時，問自己一個問題：「如果我不害怕，我會如何教養？」也就是說，**如果我知道，不管我的女兒發生什麼，終究會沒事的，我會在這一刻說和做什麼不一樣的事？**

父母的策略幾乎總會視情況改變。這個問題把父母從對過去的擔憂和對未來破壞性的想像中拉回來，為開放和樂觀提供空間。他們可以和女兒一起關注當下，而不是被自己的恐懼挾持。

在不確定的時刻，牢牢抓住幫助你定向的儀式，掌握你能掌握的，準備一頓女兒喜歡的餐點（吃的時候不要談論任何有壓力的事），一起做點開心的事。如果她需要，請給她一個心理健康日。

⑧ 教養你的女兒，而不是你希望擁有的女兒

有些父母的抱負超過了孩子的抱負。這樣的父母會對學校不接受他們的女兒參加難度較高的「榮譽課程」的決定提出異議，並堅持認為女兒受到了不公平的對待。

當父母宣稱，這個世界不明白她有多棒，這並沒有讓女孩感到被尊重或

被愛，而是讓她懷疑父母認為她本來就不夠好，她必須比此刻的她看起來更棒。它成為一種父母間接的批評形式：他們不是批評女孩，而是批評她周圍的其他人。

蘇妮雅．盧薩和巴里．施瓦茨博士寫道，結果是，青少年相信父母的驕傲，取決於自己是否能夠出類拔萃。「孩子們開始覺得，任何失敗都會嚴重削弱父母對他們的認可和尊重。」

知道如何以及何時批評女兒遠非一門科學，這也是你作為父母的權利。即便如此，一份對成績優異的青少年進行超過十年以上追蹤的研究顯示，**因失敗而受到父母批評的孩子，持續表現出社會適應的問題，如抑鬱、焦慮、藥物濫用和犯罪**。盧薩表示，當青少年認為他們的父母過度重視他們的成功，而不是善良和尊重等性格特質時，他們的症狀會更加明顯。

艾米麗的母親會對她的課業學習進行微管理。她經常打開女兒的書包來整理散開的文件。從十年級開始，她的母親就設計了一套兩年的計畫，其中包括艾米麗為了進入西點軍校所需要做的一切，但艾米麗對這所學校並不是那麼感興趣，兩人經常為艾米麗的學習態度爭吵。艾米麗一個人在東北部寒冷的冬天裡，在抑鬱的情緒中掙扎。她有一張方塊泡泡椅，生氣時就會拿出小刀來割它。

當我問艾米麗，和媽媽吵架是否會影響她時，她說了一些發人深省的話。「我想我必須為我媽媽、我的學校或不管是誰做（所有這些事情）。但我從來沒有那種，因為我想做這個，所以我才做的感覺。我想從做事當中獲得成就感。不過，我必須做這個，這樣我媽媽才不會對我大吼大叫。」

和母親持續的爭吵，讓艾米麗覺得她沒有被看見。「她對我的重視程度比我對自己的重視程度還要高，」艾米麗告訴我，「這讓我感覺自己是個玩笑，有點被貶低的感覺，好像我不夠認真，無法理解現實世界（生活是什麼樣子），也讓我覺得自己太幼稚了。」

父母調整對孩子的期望，就像是一種調音的工作，或是父母在仔細聆聽並回應孩子所提供的線索後調整教養的方式。「調音」讓孩子知道你能夠認知並回應他獨特的需求。**健康的依戀，為關係中的信任、同理和理解奠定了基礎**：你和他之間的關係，以及他往後與其他人之間的關係。當「調音」被破壞或不可靠時，依戀也會受影響；當「調音」帶有附加條件時，就會增加關係中的焦慮。孩子們可能會改變他們的行為，但卻只為了贏回與你的聯繫。

當你的女兒身處在一個高成就的環境中時，「調音」的工作會變得更加困難。一個女兒回家後說，她只需要再上一門進階先修課程，或擔任領導角色，就能讓她的履歷完美無缺。她可能會說，再多做一件事不會造成什麼傷害，我能應付。即使你認為她的生活需要更多平衡，也很容易屈服。

這是一個持續的難題：父母希望女兒放鬆，但也希望女兒跟上同儕的腳步。其他父母說，他們女兒的壓力是自己造成的：「不是我告訴她要這麼努力。」他們會這麼說。然而，在二〇一六年的一項研究中，蕾妮．斯賓塞（Renee Spencer）和她的同僚發現，許多父母承認，他們會強迫自己為孩子提供「最好的」資源，這樣他們才能追求成功。

我花了很多時間與全國各地的父母討論，如何在這場大漩渦中支持他們的女兒。我最難回答的問題之一通常聽起來像這樣：「我不忍心看她承受那麼大的壓力，我討厭這樣，我不知道該怎麼辦。我要如何幫助她在這種情況下成長茁壯？」

這個問題總會讓我停頓。我感覺到家長希望我免除她對女兒承受壓力所負的責任，把責任推給文化、制度和學校。這點我了解，誰不希望自己的孩子在人生中擁有最好的機會；作為父母，為什麼有人會因為想給孩子這樣的機會而感到內疚呢？

一方面，家庭所做出的選擇反映了他們的優先順序。正如一對夫婦選擇在某個郊區或城市定居，通常跟表明他們的職業抱負一樣，選擇讓女兒進入一所貴族學校，可能表示一個家庭希望他們的女兒在特定方面具有競爭力。

但這並不是故事的結局。事實上，有很多方法可以保護你的孩子避免受到高成就環境中最強大的有害因素影響。由於父母往往間接地傳遞他們的價值觀，心理學家於是開始研究孩子對父母價值觀的看法——不管爸爸媽媽自己是怎麼說的。例如，父母可能會說，善待他人是最重要的價值，但他們卻表現出對高成就和地位的關注。研究人員說，這讓孩子們知道，他們其實更看重這些特質。

二〇一七年，露西亞．西西歐拉（Lucia Ciciolla）及其同僚發表了一項研究成果，他們針對超過五百名以白人為主、來自中上階層家庭的中學生，如何看待他們父母的價值觀進行研究。結果發現，當孩子相信父母對成就表現出「不重視」時，孩子整體來說比較健康；當孩子認為父母看重成就而不是善待他人時，他們的表現就會下滑，而他們會出現的適應問題從容易失控和學習困難，到低自尊、犯罪、攻擊性和焦慮。**表現最好的孩子是誰呢？是那些認為他們的父母同樣重視善良和成就，或是善良高於一切的人。**

重要的是，強調成就並不是問題。只有當你透過大量批評來表現對成就的關注，或是當這種關注超越善良和關係的價值時，就會出現問題。事實上，研究發現，強調成就的父母也經常批評他們的孩子，有時甚至是嚴厲的，這導致女孩出現焦慮和抑鬱症狀。

值得注意的是，研究人員也發現，當父母不那麼關注成績，孩子的學業成績並沒有受到影響；事實上，相反的情況發生了：他們的成績和老師給予的評分，甚至超過那些父母「過度」重視成就的孩子。

妳真的夠好了！

《紐約時報》專欄作家法蘭克．布魯尼（Frank Bruni）寫了一本關於「大學錄取狂熱」的書，書名是《不讀名校，人生更好》（*Where You Go Is Not Who You'll Be*）。對此，我想補充的是：女孩讀不讀名校，都不會影響你作為她父母的身分。如果你相信她的成功或失敗，不是對她的價值或潛力的公投，你就必須以相同的邏輯來看待自己和你的教養。

在幫助女孩面對上大學的焦慮的教養工作坊上，我將媽媽和爸爸分成兩組，然後請他們進行我在本書第一章描述的「我喜歡……」的練習。每個父母都能在六十秒內不間斷地分享他們喜歡女兒的所有事情，它們聽起來像這樣：「我喜歡她的幽默感。我喜歡她在屋子裡走來走去時哼歌給自己聽的樣子。我喜歡她和她奶奶在一起的樣子。」我問父母，有多少人能說出讓他們的孩子被大學錄取的特質。答案是沒有。

你的女兒之所以成為現在的樣子，在很大的程度上是因為你在教養時灌輸給她的價值觀。請對你給她的東西保持信心。

我們會與其他父母競爭和比較的部分原因，是因為我們質疑或忽視了我們在自己家庭中擁抱的價值觀。當我們與這個定向羅盤的連結斷開時，就容易失去方向和穩定的力量。

當你每天面臨女兒最新的學業成績平均點數和考試成績的打擊時，也很容易忽略重要的事情。當你質疑自己是否做得足夠時，你就是在感受女兒每天在經歷的感受。但她需要從你那裡聽到，除了她的成就之外，她現在已經足夠了。沒有人比你更知道，她真的已經夠好了！

CHAPTER 10

如何面對成年世界：大學畢業後的生活

迎接「現實世界」的挑戰，挺身前進！

如果不是進入另一所學校或另一個年級，
我如何思考什麼會讓我開心，
我要在哪裡學習成長，以及我想成為誰？」

—— 菲斯，二十五歲

一趟充滿未知的旅程

大學畢業那天，一個年輕女子面臨著「大學申請產業複合體」規則的徹底逆轉。在那之前，如果她想要成功的生活，她有一條明確的道路可以遵循。如果她修了那門課程，做了這個社區服務，撰寫了這個主題的論文，或申請了那個實習機會，她的履歷會看起來很漂亮，她的生活也會一切順利。

這條「道路」十分重要。**有時候「她是誰」不如「她在做什麼」來得重要**。她得到的訊息，不論是明確或暗示——如果她沒有做正確的事情，沒有在她的履歷上加入某些經驗，她就會輸掉一場其他人都知道如何獲勝的比賽。教授、父母和職涯發展顧問加劇了女孩對這條「道路」的追求，他們警告女孩：一旦走錯方向，就可能導致一個不滿足、不快樂的生活。

循著這條道路來發展的生活，給人一種舒適感。她的目標已經被界定好了。女孩可以透過成績、實習、工作和活動這些具體方式加總起來評估自己。每次她做對了，都會得到立即的回饋。

但這條「道路」可能沒有給她的是：學會與不確定感自在共處；面對許多引人注目的選擇時，做出正確決定的能力；學會自己付電費帳單的能力；練習在不會持續收到對自己表現的回饋下工作；虛心地執行入門工作，如接聽電話和泡咖啡；明白她所踏出的每一步，不見得都會產生價值的殘酷現實——有時她不得不暫時採取她不喜歡又吃力不討好的步驟，或是得繼續尋找前往下一個更好地方的踏腳石。

警報在大四那年響起。二十五歲的阿麗雅將它稱為「大四這年的一記耳光」：當妳意識到妳所熟知的道路即將結束的那一刻，掠過腦海的問題是：

- 如果我找不到工作怎麼辦？
- 如果我的工作無法讓我通往想去的地方怎麼辦？
- 如果我討厭研究所怎麼辦？
- 如果我做出錯誤的選擇怎麼辦？
- 為什麼我不知道該怎麼做？

這些問題會出現不是因為沒有道路，而是因為女性期望只有一條道路。**不確定性應該激發好奇心和反思，但它帶來的卻是恐懼**。

這些女性的焦慮感飆升，誰能責怪她們？許多人在過去的四年裡，也許在她們的整個生活中，都在大學生和研究生稱為「舒適圈」的地方度過。

二十七歲的莎朗告訴我，「妳在這個小『舒適圈』中，以為世界只有一種運作方式，一切都在那裡，一切都觸手可及，一切都為妳安排得好好的。」也許妳訂了膳食計畫，也許妳住在校園宿舍裡，也許妳從來沒有真正安排過自己的時間表。現在，二十二歲的摩根說，「妳必須與房東和天然氣公司和雇主互動，突然間妳要自己獨當一面。」

對於那些在長大過程中資源較少的女孩，大學畢業後的生活可能是打回原形的時候。布里安娜自己打工支付讀公立大學的費用，她以學業成績平均點數三．八的優異成績畢業。她曾在學生參議院擔任職位，在私人研究實驗室工作並擔任助教。畢業後的幾天，她在飯店客房和一般住宅裡幫忙打掃，並照顧她九十歲患有失智症的祖母。「妳以為妳是那個達成所有目標的偉大成就者，」她告訴我，「然後，生活把妳丟回現實中，妳回到家，妳不能去問職涯發展顧問妳接下來應該做什麼。妳只能靠自己，這種感覺很慘。」

還記得「威利狼」*嗎？當我聽到年輕女性描述她們大學畢業後的第一年，我想像著她們從懸崖上滑下，羞怯地懸在空中，在墜落到地面之前的那一瞬間暫停。

「在妳找到一份工作，搬出父母的房子後，妳就必須過這種生活——沒有任何需要打勾做到的事或要爭取的積分或任何其他東西。妳面對的就只是妳的生活。」二十二歲的麥蒂告訴我，「現在，我必須決定什麼時候是換新工作的合適時機，或重新考慮我正在做的事情。」但是，弄清楚妳的下一步是什麼，是一件很困難的事，不是嗎？尤其當妳被指引一條明確的道路去遵

*威利狼（Wile E. Coyote），華納兄弟喜劇卡通系列《樂一通》裡的一個擬人化動物角色。

循，而從來沒有真正需要走自己的路時。

會不會犯錯不是重點，重要且會讓事情不同的是，妳如何詮釋它們。當事情沒有按計畫進行時，大多數女性會默認「我不夠好」。她們沉溺在自責中。「我以為會照計畫發生的一切都出錯了，所有的一切。」二十三歲的茱莉告訴我，「知道我還沒做好準備，令我感到不安，好像我做錯了什麼。」她們將大學畢業後，生活中不可避免的日常起伏視為個人的失敗。

作為父母，你的首要工作是告訴你的女兒，不確定性、不好的選擇和錯誤的轉彎——所有這些，都將是她生命未來五到七年的重點；她所面臨的現實，既可怕又自由——這並非只要她努力就能控制的。她這個發展階段的任務是，**學著在二十多歲充滿灰色地帶和不穩定的混亂中生存下來**。她的工作就是「不要總是當萬事通」；她的工作就是「顯得笨拙」。而父母的工作則是陪伴著她，不要讓她自我羞辱，並繼續提醒她，從一個凡事都被計畫好、被安排好的生活（大學生活），過渡到一個不被計畫和安排的生活，有多麼地困難。

你必須向她保證，她會慢慢弄清楚，而且最終會做到的。有一天當她回頭

看時，便會意識到每一步都在讓她更接近她想去的地方。

她會問：為什麼沒有人警告我？事實是沒有人真的能發出警告。如同成為父母一樣，進入真實世界無法做太多準備。她必須這樣做，就像你成為她的父母一樣——可能犯錯、自我懷疑，但可以享受各種身為父母意想不到的喜悅和勝利時刻。

這段旅程對時下的年輕人來說，更加充滿不確定性——在幾十年前，大部分的人還知道他們二十幾歲時會經歷什麼樣的生活：婚姻、小孩和穩定且長期的工作。「**當今的青春期比人類歷史上任何時候都來得長。**」勞倫斯・史坦堡寫道。與上一代人不一樣，現在二十多歲的人不再受到配偶和孩子的束縛，被心理學家稱為「成年湧現期」，他們甚至創造了一個新的發展階段來描述這個獨特的時期。

就像為人父母一樣，現實世界可能在這些年輕人心中享有神話般的地位，但在現實中，卻被證明是不真實的。有些女孩在進入大學時，期待這會是「一生中最美好的四年」，但卻意識到大學生活遠非如此。其他人夢想著大學畢業後的生活將充滿自由和探索，結果卻是失望。她們發現，儘管她們扮演好自己的角色，努力工作並取得好成績，她們還是受到大學畢業後那些不在生涯計畫內的工作，或根本找不到工作的苦澀現實所打擊。

這是你和你的女兒苦樂參半的時刻。對你們兩人來說，**獨立經常伴隨著恐懼和自由**。茱莉優雅地描述了這個難題：「我覺得自己是一個可以掌控自己生活的成年人，這讓我感到充滿力量。與此同時，這真的很可怕，因為這意味著我要為我全部的生活負責。」

成功的衡量標準幾乎在所有事情上都會發生變化。「如果不是進入另一所學校或另一個年級，我如何思考什麼會讓我開心，我要在哪裡學習成長，以及我想成為誰？」二十五歲的菲斯說。父母必須意識到女兒面對的戲劇性變化，這樣你才能幫助她**從大學生活過渡到畢業後的生活，並擁抱所謂「現實世界」的挑戰**。

大學畢業後的生活，不會沿著線性路徑展開

在這本書中，女孩描述了關於她們工作時的「分屏心態」：她們專注於

她們當下所做的一切，同時牢記她們接下來需要做什麼。這是一種多工運作，是的，但它也養成了一種始終需要知道下一步的習慣——知道下一步，等同於控制和效率。

妳應該始終牢記下一步的想法，意味著妳認為每個步驟都可以和下一步無縫接軌，而且妳應該確切地知道這些步驟是什麼。畢業後，這樣的推論不再適用。

如果知道下一步是什麼，對你的女兒來說是最重要的，她可能會強迫自己做出無法反映她真正想要或準備好的決定。在短期內，這可能會讓她感到舒適，但從長遠來看，它可能會變成一場代價高昂的混亂。

在「我應該知道下一步是什麼」的假設中隱含著這樣一種信念，就是女孩應該完全像雅典娜一樣，全副武裝，準備戰鬥。「我認為大學階段應該是你找到自己的身分認同，然後幫助你進入現實世界的時候。」菲斯告訴我。透過這種推理，如果女孩沒有在大四畢業前確立生活的方向，那就是女孩自己的錯。這在最好的情況下，會讓女孩進行自我批評，而在最壞的情況下，則讓她們不願意尋求支持。

伊莎貝爾因為需要與母校的校友建立聯繫而感到尷尬。「我以為我一求職就會馬上被錄用，」她告訴我，「我有正確的心態，我已經訓練好了、準備好了，我應該能夠做到。」

這一切都會導致女性避開無法確定結果的步驟。「我已經在這代人身上看到，對展開一份充滿各種未知的生活，出現意願減低的現象，」史密斯學院拉撒路職業發展中心（Lazarus Center for Career Development）的主任史黛西·哈根博（Stacie Hagenbaugh）說道，「這個世代的想法是，『除非我確定有那份工作，除非這是一個我知道的變動，否則我不會踏出那一步。』」例如，畢業新生不會搬到一個城市，然後去找工作——即使住在當地會增加他們被錄用的機會。

有些女孩被自己困住，甚至連求職中心的服務處都不願意走進去。「她們走到了懸崖邊，而她們止步了，」哈根博說道，「她們之中有許多人止步不前，因未知、恐懼，以及對接下來發生的事情沒有答案而感到不知所措。」同情在這裡是關鍵。「她們的生活受到過度的安排，」哈根博補充道，呼應了我採訪的許多高等教育人士的評論，「所有事情都幫她們決定好了，她們一直都知道接下來會發生什麼。」

你的女兒需要聽到你說，你也曾有過在不知結果的情況下，往灰色地帶前進的經驗。讓她知道，恐懼不是坐在候補區的理由，如果事情出錯了，你會在情感上支持她。如果這牽涉到她需要搬回家住一段時間，應該要基於正確的理由：她需要時間思考、節省一些錢、從倦怠中恢復。然而，家庭不該是她逃避面對不確定性的避風港；這不該是她迴避施展「未知肌」的方式。

每一步都是好的，但並非每個方面都好

高成就女孩以幾近浪漫神話的方式幻想她們的第一份工作。在迪士尼和浪漫愛情的世界裡，真愛通常是一見鍾情，天長地久。所以有些女孩推論，第一份工作也應該如此。

如同黑膠唱片的唱針會突然跳針一樣，這幾乎不會是她第一份工作的情況。就像她在找到她真正的王子或公主前，必須親吻過很多隻青蛙一樣，她

會進入的工作可能讓她沒有成就感、壓力很大、無聊至極、完全不是她想要的，或是其他情況。這不是她的錯，這是成年生活的現實。生命會丟給我們意外的曲線球，有時沒什麼好說的。

這對你女兒來說會如此困難的原因是，在大學裡，她做的每一步似乎都有明確的價值。當我與在工作上掙扎的年輕女性交談時，許多人都問錯了問題。她們想知道，「為什麼這份工作不能滿足我的需求？我哪裡做錯了？」她們需要問的是，「這份工作如何讓我到達我想去的地方？這份工作讓我了解我想要什麼、不想要什麼嗎？」

如果我們繼續使用浪漫愛情的比喻：心碎教我們自己真正想要和需要的東西，而差勁的工作也是。就像去期望你的伴侶完美是不公平的事一樣，沒有任何工作能滿足我們的所有需求。放棄一個機會，只因為它看起來「不太對」，這可能意味著放棄更多的機會，並可能錯過一個「非常好」的機會。在二十歲出頭，一份「非常好」的機會，代表的是一份會讓妳覺得棒透了的好工作。

這並不是說你的女兒應該留在一個令她感到痛苦的工作中，但這可能意味著，在她尋求新的工作時，到一個新城市賺錢，或者接受一個只會給她一些（而不是全部）她想要的職位。這可能意味著接受一種世界觀——不總是將結果和目標放在每份清單的首位。她能夠將她的道路視為一段旅程。這是一條蜿蜒的道路，也是一條可能會被咬傷的道路。但這是一條她必須相信的道路，會帶她到她需要去的地方。

摩根離開在「美國志願隊」（AmeriCorps）的一份保姆工作，一份她很快就後悔接受的工作。起初，她責怪自己做出錯誤的決定。隨著時間的推移，她意識到，這個失誤教會了她一些她沒察覺必須學習的課題：如何更依據邏輯來做決定，而不是憑感覺，並且必須誠實地面對自己的選擇。此外，在不知如何撰寫求職信時尋求幫助，並接受這樣一個現實：**「有時你必須做出犧牲，才能到達你想去的地方；這意味著有時你無法真的到達你想去的地方。你要做的不是最吸引人的工作，但它們會讓你為你想做的事情做好準備。」**

在房屋買賣的領域，房地產專家會建議你提出你想在新家擁有的三個必備品——你不能（或不想）沒有的東西。這也是一個有用的問題：**你希望從工作中學到最重要的三件事情是什麼？**

我問了二十二歲的艾比這個問題，她是主修高級經濟學的大四生，一名專業田徑越野跑選手，她也是幫我照顧我女兒的保姆之一。我們在冰冷的新英格蘭州一座森林裡和我的狗一起跑步。她喘氣了一會兒，然後說：「我想要離我的朋友近一點，不論是高中或大學的朋友。我想做與環境有關的事情。我想做一些能夠直接影響人們生活的事情，就像幫人找到一個住家一樣。」

艾比的標準是好的：沒有具體到只有幾個工作職位才能符合她的條件，也並非廣泛到沒有任何工作能讓她滿意。這個問題要求妳將最重要的事情歸零，但它也明確地指出，**沒有任何一份工作——就像沒有任何一間房子一樣——可以滿足一個人所有的需求。**

職場充滿不可控制的變數

在高中和大學，努力進取的年輕女孩極力掌控自己的生活。她們決定著工作或學習上的努力程度，而她們大多處在一個菁英的環境中，在那裡，大部分的努力和腦力付出，都會以合理且可預測的方式獲得獎勵。

在現實世界中，即使是最有成就的女性，妳的聰明才智和努力，也無法確保妳不受無法控制的事情所影響。

二十三歲的茉莉被一位大學董事招募到華盛頓從事公共關係工作。面試過程並不順利，但茉莉堅持了下來。在頭三個月，她被老闆欺負，他會說，「我知道妳認為妳比每個人都好，因為妳的教育，但妳不是。」

茉莉是非裔美國人，她相信她的老闆對她的差別待遇有種族歧視的意味。她害怕說什麼。最終，她在父母的祝福下鼓起勇氣離職。貸款的還款日就要到了，而她沒有積蓄。她開始上課，回歸學生身分，並獲得了一份實習機會，最終變成一份在白宮的工作。

如果茉莉不相信她可以控制這些變數，她可能永遠不會離開前一份工作。「如果我當時留下來，或是相信老闆告訴我的，『我不夠好』，我永遠不會在這裡（在白宮）。」

握手的日子結束了

在大學裡，妳的女兒會在學業中表現最好的自己，透過參加考試或撰寫論文，並能夠得到教授即時的回饋。摩根告訴我，在學校裡，如果她申請什麼，但沒有得到它，教授「至少會過來說，『嘿，妳沒被錄取，抱歉。』」

在就業市場上，正面的肯定已經消失了。握手的日子也是。

艾莉莎以優異成績畢業於新英格蘭大學，獲得美國研究學位。她在畢業典禮上代表致詞並唱國歌。「這是（大學畢業生）可以得到的最高成就，」她邊喝咖啡邊告訴我，「我確信雇主不可能看到我的履歷卻不錄用我。我真的以為我可以做任何事情。」

她一一發送她的履歷。全無音訊。隨著時間的流逝，她的希望跟著她的自負一起破滅了。「感覺就像，我所做的事情在這個世界上有任何價值或意義嗎？」她說。

在現實世界中，履歷和電話可能得到的回覆是令人窒息的寂靜。妳獻上自己，但「妳甚至聽不到任何回音，」伊莎貝爾說，「他們不回應。」

在送出履歷後，伊莎貝爾會發狂似地不斷檢查她的電子郵件。她努力抗拒不斷增強的恐懼；這是她的錯，她是一個失敗者。持續不斷的被拒絕或得不到回音，讓人難以保持自我推薦的能力。「在（大學裡）累積了所有這些偉大的成就後，然後要自信地談論它，真的很難，特別是如果它變得沒有任何意義的時候。」菲斯說。這種被拒絕的感受，我數不清有多少年輕女性形容它是「令人沮喪至極」。

在就業市場中被拒絕的經驗，迫使年輕女孩重新審視賦予自己價值的方式。多年來，成績和分數是衡量女孩自我價值的有形價值標準，這與「讚」成為社群媒體上受歡迎程度的具體衡量標準的方式並無不同。當數字消失時，獲得滿足感和自我價值感的途徑也會消失。**「我們沉迷於取得成功，但**

是當成就消失時，我們內心沒有一種可以支撐我們的東西。」菲斯說。

摩根和伊莎貝爾都努力提醒自己，無論別人對她們遞出的履歷如何回應，她們都是有價值的。

伊莎貝爾試圖把這些話大聲地說出來：「這不是我的錯。」當她發現自己渴望肯定時，她主動尋求家人的支持。

摩根努力進行內在的自我肯定，將自己與「我真的夠好」的信念聯繫起來。「妳必須保持自己的覺知，『我仍然是個很棒的人，很有價值，』」她告訴我，「在某種程度上，妳不需要在學校裡才能被握手，因為妳總是握著自己的手。」

在《她就是大器》一書中，泰拉．摩爾告訴女性，在接受他人的回饋時，將它當作回饋者所提供的信息，而不是對妳的工作或妳本身的定論。同樣的道理也適用於求職所得到的「回饋」。當妳沒有得到回應時，伊莎貝爾告訴我，「去考量那個招募者的需求是好的，而不一定是妳可以帶來的東西，否則妳會覺得妳根本不配做任何工作。」

就算妳很棒，仍然要去泡咖啡和接電話

年級大一點的成年人對年輕人的職業道德有很多微詞——年輕人經常被貼上任性、不願從基層做起、傲慢的標籤。他們不願意接受初階的職位。他們給人一種感覺，「我真的很努力，我做了所有這些事情，我不應該接電話，我不應該考慮行政助理的工作。」一位大學職業輔導中心的負責人告訴我。我承認我自己也看到了這一點。當我為我共同創立的非營利組織招聘員工時，那些求職信中高調的語氣令我感到驚訝。二十二歲的學生，在大學畢業證書上的墨水還沒乾透時，就自稱是「社會學家」。當我讀完這些描述求職者豐富經驗和專業知識的履歷後，我會以為這些信是由大學畢業二十年的求職者所寫的。

事實上，這不應該讓任何人感到驚訝。這一代年輕人被迫將自己包裝得更完美，美化他們的履歷，使他們盡可能地看起來出色、出類拔萃，值得被錄取——善意的父母、大學輔導員和職業服務中心都促使他們這樣做。他們會希望在畢業時做到更多、成為更好，有什麼奇怪的嗎？如果你被告知，要

表現自己像是出類拔萃的人，那你為什麼要從事一份只做文件歸檔、接聽電話和在會議上做記錄的工作呢？

當一個年輕女孩開始她的第一份工作時，「謙遜」可能會是她欠缺的心態。在她學著過渡到現實生活時，她值得你的同情和耐心，而不是輕視。幫助她了解，表現得好像她的能力超出工作範圍，會排斥可能提拔她的同事，還可能折損可以使艱難的第一份工作變得容易甚至有趣的職場人際關係。

社群媒體是精心設計的，每個人都以自己的方式掙扎

如果社群媒體在大學裡很重要，那麼，它在後來的人生會變得更關鍵。隨著朋友各奔東西，他們越來越依賴以手機和筆記型電腦做聯繫。求職申請以數位方式提交，訪談透過視訊聊天軟體來進行。在轉型和社交關係斷裂期間，從網路上得到的回饋可以彌補關係上深刻的失落感。「我在現實生活中沒辦法有三十位教授和二十位朋友持續給我回饋，」二十三歲的塔拉解釋說，「我會轉向社群媒體，真的是因為我身邊沒有這些人。我不只計算按讚

次數，還會看是誰按讚。」

但是，社群媒體上充斥著新工作、新房子、搬到新城市，以及研究所錄取的消息，在大學畢業後的頭幾年來看，可能會是一件非常殘酷的事。「很高興宣布，我一畢業就找到工作了，」一個典型的貼文寫道，「很期待這個機會帶來了什麼，非常感謝我一路上得到的所有指導和建議。」社群媒體殘酷地再現了「大學申請產業複合體」的訊息：其精心撰寫的動態消息，將生活描述得像是從大學無縫過渡到完美的新工作、城市、學校、室友或住所——然後是婚姻、小孩和學位，似乎每個人都做得到，除了你之外。

如果你的女兒正在掙扎，社群媒體會把她心頭的那把刀插得更深。「妳在臉書上看到玫瑰色、粉飾過的（生活）版本，這讓人看起來，像是她們在她們居住的城市裡狂歡，享受奢華的生活，過著有史以來最棒的日子，並且妳會開始懷疑，『我做錯了什麼？』」摩根告訴我。妳將自己與別人進行比較，並懷疑妳要怎樣才能追上。「妳會質疑，『我現在是否在做我的年紀該做的事情？』」茉莉說，「『我在正確的軌道上嗎？』」大多數女孩沒有意識到的一點是，妳可以讓任何決定看起來充滿自信且「正確」，就像如果妳站的角度正確，就可以讓妳的手臂看起來更瘦一樣。這與妳如何描述它有關，而**社群媒體提供了一百萬種假裝的方式**。

社群媒體上的社群所提供的內容，絕大部分都很做作，它與女孩在大學畢業後所需要的東西恰恰相反：跟那些與她們有著相似生活和感受的人建立真實的聯繫。看著一張接一張的照片、一篇又一篇的動態消息描繪著無懈可擊的生活，女孩將陷入更加孤立的境地。「妳認為每個人都有辦法把事情搞定，所以妳不想成為那個做不到的人。」莎朗說。

社群媒體是「我、我、我」。年輕女孩在這段時期需要的是「**我也是**」。**與他人面對面接觸，會開啟真正的對話**。摩根提到，當她與朋友相處時展現自己的脆弱，會發現與她在網路上看到的故事截然不同。「她們過得很慘，」她形容她的朋友，「她們工作的時數很長，與老闆的關係非常糟糕——老闆期望她們做所有事情，她們通常都過得不開心。」針對實際發生的事情進行真誠的對話，會減少羞恥感和退縮到「自己不夠好」的衝動。這對於非白人、低收入、酷兒*和家中第一代上大學的女孩來說，尤其如此。

大學畢業後的美好生活願景

「大學申請產業複合體」往往會營造一個環境，讓年輕人脫離他們實際想做、想學習和想成為的事物。這發生在他們應該成為自己生命的導演，而不是表演者的那一刻。他們接納專注於外部期望的建議，許多女孩因此斷掉了與自己內部指針的連結，她的指針可能在告訴她：我在做這項活動時忘了時間。我不想整夜都在這個實驗室裡工作。我可以整天讀這樣的書。有些女孩用自己的直覺來換取別人所謂可以成功的東西。其他女孩選擇更安全的道路，而不是更崎嶇、更令人興奮的道路。有些女孩與她們自己和她們的價值失去了聯繫。

大學畢業後，有些人會掩蓋她們對自己的無知，並盲目地踏出下一步。更聰明、更幸運的女孩，會因為意識到自己毫無頭緒而感到頭昏腦脹。如果她們給自己一個機會向自己提出尖銳的問題，她們將進入讓她們真正感覺良

---

*同性戀、雙性戀、跨性別的總稱。

好的下一步。

如同她的許多同儕朋友一樣，伊莎貝爾把大部分的注意力放在外在的事物上：她在網路上監測朋友們的成就，並擔心自己無法取悅家人。現在，當她面試一份新工作時，伊莎貝爾會坐下來思考自己對這件事的感受。「我有這種感覺，是因為這是我真正想要的嗎？」她問自己，「還是因為我的父母會很開心，或者因為我的朋友們可以吹捧我的成就，抑或是因為我會接到學院的採訪電話（為了校友雜誌）？」

伊莎貝爾試圖了解她的動機是外部的還是內部的：她是為了自己或是其他人這樣做？關鍵是認真對待自己的聲音：相信她想要的東西與其他競爭利益一樣重要。對於女孩來說，這是一個最重要的問題，特別是對那些渴望取悅父母的女孩來說。

菲斯在一個基金會裡工作了三年。作為韓國移民家庭第一代的美國人，她非常想要取悅她的母親，但她不認同母親對於成功的傳統看法。「我如何向我媽媽解釋，成長不一定是累積研究生學位或成為高階主管？」她問我，「我正在尋找會讓我感到滿足的事物。」比他們之前任何一代人都享有更多機會的移民女兒告訴我，她們受困於要為長輩把事情做好的壓力。

儘管大學畢業後的生活很辛苦，但也伴隨著額外的福利——能享有更多的空閒時間。你的女兒已經不是在學校裡上課了，她可以把工作留在辦公室裡。最初找到不適合的工作的摩根，利用空閒時間找回自己的自主權——她又開始畫畫並定期散步。

一名上過我的「給反叛者的領導課程」的女學生，她每晚都會自我檢視。「我有意識地努力跟自己對話，看看我是否喜歡我在晚上和週末經常做的事情；如果我不喜歡，我就會做改變。」她告訴我。她求職時遭受拒絕是痛苦的，但這也讓她變得更加堅強。「現在，當我沒有得到自己想要的東西時，我能夠意識到，就算沒有被接受，我還是有價值的。我試著提醒自己，求職教會我認識自己的某些部分——我會贏也會輸。我練習得越多，」她開心地說，「它就變得越容易。」

結語

親愛的女孩：無論如何，妳很重要也夠好了！

我在一個期中學習的休息時間和學生坐在一起，聽她們談論通宵熬夜和考試科目超負荷的話題，這時我的腦海中突然出現一個問題。

「妳們認為什麼是幸福的生活？」我問。她們宿舍客廳裡突然出現一陣異常的沉默。

「我只想到戶外去。」一個女孩終於說道。

「我想要有良好的人際關係。朋友、家庭和社群。」

「無論我去到哪裡，我都想和家人保持聯繫。」

「我想要有時間探索我所在的地方。我想坐下來閱讀各種書籍。無論我身在何處，我都想沉浸其中。」

「我真的想養一隻貓。」

「我想要對這個世界做點什麼好事；無論世界有多大，只要能對其他人或環境有益就好，但我想要有積極的影響。」

看著她們把身子靠在沙發上，穿著拖鞋的腳在椅子下晃來晃去，我覺得房間裡有些東西發生了變化。顯然，她們之中很少有人思考過這個問題。在說話的過程中，她們的聲音越來越響亮，也越來越生動。她們的期望和受到鼓舞的精神是顯而易見的。

我在寫這本書時遇到的那些上進、勤奮的女孩，很少在談論未來時提到是什麼讓她們快樂；相反地，她們不斷地與告誡她們要**成為更多**的訊息鬥爭。「成為更多」的理想總是被投放在未來：明天在跑步機上要跑更多公里；下學期在圖書館要待更多時間；週六晚上要拍更多值得上傳到社群媒體的照片。**「成為更多」是她們被告知要放眼的未來**。這不是她們自己創造的「更多」，也不是她們真正想要的「更多」。

當我們幫助女孩以自己對充實生活的願景——不選擇外部獎勵，而是使命感和與他人的連結——取代文化中「成為更多」的有害訊息時，我們的女孩會開始覺得她們已經夠好了。

如果我們長期以來都知道，好女孩被教導為了討人喜歡而必須壓抑自己的感受，那麼，我在寫這本書時學到的是，她們也必須遵循別人對成功的定義。這是浮士德式的討價還價。正如安娜・昆德倫（Anna Quindlen）所寫的那樣，**「如果你的成功不是靠你自己的條件，如果它在世界上看起來不錯，但在你心裡感覺不好，那根本就不是成功。」**

哈佛大學最受歡迎的課程之一，是關於許多努力學習的學生所沒有的東西：幸福。作為正向心理學領域的領導者，塔爾・班夏哈（Tal Ben-Shahar）教授告訴他全神貫注的學生，**幸福是生活中的終極貨幣——比財富、成就或物質財富更重要——應該以將幸福最大化的方式生活。**

班夏哈認為，幸福是一個由兩部分組成的等式：**當我們在意義和快樂之間找到適當的平衡時，當我們從事一項既有現在又有未來利益的活動時，幸福就可以實現。**這些追求既吸引我們，又要求我們為超越我們自己的世界做出貢獻（史丹佛大學的威廉・戴蒙（William Damon）稱之為「目的感」）。

當我採訪正處在「大學申請產業複合體」中的女孩，和剛剛離開它的大學生時，我對她們生活的方式與我們所知關於幸福的一切背道而馳感到震驚。培養意義感被不懈追求外部獎勵所取代。學生被迫忽視學習過程，而只關注最終結果。為了避免失敗，她們避開了可能讓她們學會「依隨己心」經驗的挑戰。她們體驗到被愛的感受，不是因為她們內在的自我，而是因為她們的成就。如果她們擁有不符合「產業複合體」成功和大學錄取標準的不尋常興趣，這些興趣會受到忽視且往往會萎縮。

我經常要求我的學生將她們的日常活動導入這個「幸福的方程式」。班夏哈提供我們所能找到的最具體的方法，幫助女孩在生活中感覺良好。她們每天所做的事情有多少結合了真正的快樂和意義？在既定的一週中，她們想要做什麼與必須做什麼的比例為何？她們的日程安排通常以「必須做的事情」為主。

我五歲的女兒喜歡拼圖。她會在客廳地板上花數小時拼出公主、獨角獸和叢林動物的圖樣。有時我和她坐在一起，看著她這樣那樣地轉動一片拼塊，努力為它找到正確的位置。她出奇地有耐心和專注。當她終於找到時，她會興高采烈地喊著「這就對啦！」

沒有比這聲「這就對啦」更好的聲音。這是對她有權選擇的挑戰所說的「這就對啦」，一個她選擇面對和解決的風險。這是透過堅持和投入所獲得的獎勵。這是她的「這就對啦」，只為了她，不為了別人。

我希望所有的女孩都能找到自己的「這就對啦」；我不希望我的女兒失去她的。作為父母，我們的工作就是為她們清出空間，讓她們找到它。在聽到文化中的有害訊息時，我們是女孩最大的希望——當她們在餐桌上表達憤怒，或者當我們懇求她們不要放棄自己生活中「想要做」的事時，我們都必須為她們挺身而出。

這並不是要你破壞她追求卓越的能力，相反地，我告訴我所有的學生要**繼續競爭和發光發熱**。**但是，任何女孩都不該為了獲得榮耀，而犧牲自我價值、健康或好奇心**。我希望這本書能幫助父母阻止她進行那種可怕的交易。

無論女孩面對的情況起了多大的變化，給予她們良好教養的基石仍然和以往一樣重要。首先，**父母願意傾聽並同理女兒，會比你們為解決她的問題所做的任何事情都來得重要**。每個女孩都希望自己面對的挑戰，能得到大人不帶評判的認可，同理她的感受，以及在她掙扎時與她同在。這就是她會記得的，即使你幾乎無法改變外部世界強加在她身上的義務。

其次，無論這種文化有多麼具破壞性，或者在她耳邊響起的「成為更多」的聲音有多大，她仍然在聽你說話，她仍然在乎你的想法，即使她的每個手勢、嘆息和翻白眼都暗示著不是這樣。她最需要知道的是，**她現在對你來說已經足夠了**。

我開始發現，我們可以在我們女孩身上培養出最有意義的——如果不是革命性的——成功，就是幫助她們看到她們已經夠好了，就像她們現在的模樣——在一天結束時，無論她們感覺如何，她們真的已經夠好了，因為她們是好朋友或好姐妹，因為她們在午餐時與獨自坐著的人進行眼神交流，因為她們在其他人忘記時幫忙餵狗，因為她們在跌倒時不會放棄。

如果我們的女孩能夠接受並尊重今天的自己，會發生什麼事？如果她們能記住，無論如何她們都很重要，會怎麼樣呢？對我來說，這是真正成功的開始。

致謝

致世上最獨特的好友們：溫斯頓（Winston），你是一個夢想。每天有你的指導，我都覺得很幸運。蘿斯（Ross），感謝妳陪我走過每一座山丘和低谷，感謝妳成為與我激盪思想的好夥伴，感謝妳的真誠和正直，感謝妳愛我和我的孩子。

感謝一路閱讀草稿並提供重要回饋意見的朋友和同事，感謝你們讓這本書變得如此出色：艾米麗・巴澤隆（Emily Bazelon）、瑪麗莎・拉杜卡・克蘭德爾（Marisa LaDuca Crandall）博士、布萊恩・伊登斯（Blaine Edens）、莉莉・傑（Lilly Jay）、阿米斯特德・勒蒙（Armistead Lemon）、唐娜・利斯克（Donna Lisker）博士、瑪吉・利奇福德（Marge Litchford）、蘇尼亞・盧塔爾博士、朱莉・門徹（Julie Mencher）、佩吉・奧倫斯坦（Peggy Orenstein）、瑪雅・伯恩斯坦・沙萊特（Maya Bernstein Schalet）、朱莉婭・泰勒（Julia Taylor）博士和傑西卡・韋納（Jessica Weiner）。

我感謝史密斯學院「伍特利工作與生活中心」（Wurtele Center for Work

& Life）給我時間和空間，提出新問題、探索冒險和傾聽年輕女性的聲音。我還要感謝漢娜・杜蘭特（Hannah Durrant）、史黛西・哈根博（Stacie Hagenbaugh）和朱麗安・奧特尼基（Julianne Ohotnicky）的耐心、教導和幽默；以及艾倫・卡特（Ellen Carter）和「思德博翰女子學校」（Stoneleigh-Burnham School）持續合作的夥伴關係。

塔拉・克里斯蒂・凱西（Tara Christie Kinsey）博士和「休伊特學校」（Hewitt School）為我提供了一個可以學習、被挑戰和教學的社群。我很自豪能成為一名休伊特女孩。西蒙娜・馬里安（Simone Marean）和「女孩領導」（Girls Leadership）一直堅定不移地擔任我思想上的合作夥伴，我很高興每天能代表廣大的女孩們與她們一起工作。

感謝我勤奮的研究助理：琳賽・周（Lindsey Chou）、莎妮拉・薩塔爾（Shanila Sattar）和莉安娜・阿瑟諾（Leanne Arsenault），她們協助本書的完成。

給我最酷帥、最摯愛的閨密們，她們無論如何都愛我，每天以各種方式全力地支持我：朱莉・巴勒（Julie Barer）、格溫・巴斯（Gwen Bass）、瑪吉・比特爾（Maggie Bittel）和巴里（Barry）、亨利・波登（Henry

Bourdon）和喬什·利維（Josh Levy）、朱迪思·赫利伯（Judith Heliber）和金（Kim）、傑克·華沙（Jake Warsaw）和瑞秋·華沙（Rachel Warsaw）、凱茜·萊文（Cathie Levine）和喬希（Josh）、班吉·伊賽（Benji Isay）和魯比·伊賽（Ruby Isay）、簡·伊賽（Jane Isay）、朱莉·科斯特（Julie Koster）、貝基·肖（Becky Shaw）、帕梅拉·希夫曼（Pamela Shifman）和李·舍爾（Lee Schere）、山姆·泰勒（Sam Taylor）和科琳·泰勒（Colleen Taylor）、丹妮拉·托波爾（Daniella Topol）和喬·斯洛特（Joe Slott）。

艾麗·塔貝克（Elita Baker）和亞歷克斯·維拉（Alex Viera），謝謝妳們的愛和對我們女孩的教導，並在我撰寫本書期間給予我們這麼好的照顧。

給我的家人：喬希（Josh）和托尼（Tony）、老爸、利亞（Lia）、傑尼（Jaynie）和史考特（Scotti），以及齊格（Ziggy）。最後，給我的母親——克萊爾（Claire），她對我和我女兒無微不至的照顧，創造了一個空間，讓這本書得以充實生動。

沒有妳，我根本做不到。

國家圖書館出版品預行編目資料

女孩，妳真的夠好了！：解開「好女孩」枷鎖×擺脫「角色超載」，帶著正念和信心探索新機會／瑞秋．西蒙（Rachel Simmons）著；陳玫妏譯. -- 初版. -- 臺北市：日月文化出版股份有限公司，2021.11，432面；14.7 × 21公分. --（大好時光；49）
譯自：Enough as she is : how to help girls move beyond impossible standards of success to live healthy,happy,and fulfilling lives
ISBN 978-986-079-567-7（平裝）

1.親職教育　2.子女教育　3.女性　4.青少年心理

528.2　　110016263

大好時光 49

女孩，妳真的夠好了！

解開「好女孩」枷鎖× 擺脫「角色超載」，帶著正念和信心探索新機會

Enough As She Is: How to Help Girls Move Beyond Impossible Standards of Success to Live Healthy, Happy, and Fulfilling Lives

作　　者：瑞秋．西蒙（Rachel Simmons）
譯　　者：陳玫妏
主　　編：謝美玲
封面設計：好春設計．陳佩琦
美術設計：林佩樺

發 行 人：洪祺祥
副總經理：洪偉傑
副總編輯：謝美玲
法律顧問：建大法律事務所
財務顧問：高威會計師事務所
出　　版：日月文化出版股份有限公司
製　　作：大好書屋
地　　址：台北市信義路三段151號8樓
電　　話：（02）2708-5509　傳　　真：（02）2708-6157
客服信箱：service@heliopolis.com.tw
網　　址：www.heliopolis.com.tw
郵撥帳號：19716071 日月文化出版股份有限公司

總 經 銷：聯合發行股份有限公司
電　　話：（02）2917-8022　傳　　真：（02）2915-7212
印　　刷：禾耕彩色印刷事業股份有限公司
初　　版：2021年11月
定　　價：450元
I S B N：978-986-079-567-7

日月文化集團
HELIOPOLIS
CULTURE GROUP
客服專線 02-2708-5509
客服傳真 02-2708-6157
客服信箱 service@heliopolis.com.tw

廣告回函
台灣北區郵政管理局登記證
北台字第 000370 號
免貼郵票

日月文化集團 讀者服務部 收

10658 台北市信義路三段151號8樓

對折黏貼後，即可直接郵寄

日月文化網址：www.heliopolis.com.tw

最新消息、活動，請參考 FB 粉絲團

大量訂購，另有折扣優惠，請洽客服中心（詳見本頁上方所示連絡方式）。

大好書屋　寶鼎出版　山岳文化

EZ TALK　EZ Japan　EZ Korea

大好書屋・寶鼎出版・山岳文化・洪圖出版　EZ叢書館　EZKorea　EZTALK　EZJapan

日月文化集團
HELIOPOLIS
CULTURE GROUP

感謝您購買 女孩，妳真的夠好了！

為提供完整服務與快速資訊，請詳細填寫以下資料，傳真至02-2708-6157或免貼郵票寄回，我們將不定期提供您最新資訊及最新優惠。

1. 姓名：＿＿＿＿＿＿＿＿　性別：□男　□女
2. 生日：＿＿＿年＿＿＿月＿＿＿日　職業：
3. 電話：（請務必填寫一種聯絡方式）
（日）＿＿＿＿＿＿（夜）＿＿＿＿＿＿（手機）＿＿＿＿＿＿
4. 地址：□□□＿＿＿＿＿＿＿＿
5. 電子信箱：＿＿＿＿＿＿＿＿
6. 您從何處購買此書？□＿＿＿＿＿縣/市＿＿＿＿＿書店/量販超商
□＿＿＿＿＿網路書店　□書展　□郵購　□其他
7. 您何時購買此書？　年　月　日
8. 您購買此書的原因：（可複選）
□對書的主題有興趣　□作者　□出版社　□工作所需　□生活所需
□資訊豐富　□價格合理（若不合理，您覺得合理價格應為＿＿＿＿）
□封面/版面編排　□其他＿＿＿＿＿＿＿＿
9. 您從何處得知這本書的消息：　□書店　□網路／電子報　□量販超商　□報紙
□雜誌　□廣播　□電視　□他人推薦　□其他
10. 您對本書的評價：（1.非常滿意 2.滿意 3.普通 4.不滿意 5.非常不滿意）
書名＿＿＿ 內容＿＿＿ 封面設計＿＿＿ 版面編排＿＿＿ 文/譯筆＿＿＿
11. 您通常以何種方式購書？□書店　□網路　□傳真訂購　□郵政劃撥　□其他
12. 您最喜歡在何處買書？
□＿＿＿＿＿縣/市＿＿＿＿＿書店/量販超商　□網路書店
13. 您希望我們未來出版何種主題的書？＿＿＿＿＿＿＿＿
14. 您認為本書還須改進的地方？提供我們的建議？

＿＿＿＿＿＿＿＿＿＿＿＿＿＿＿＿＿＿＿＿
＿＿＿＿＿＿＿＿＿＿＿＿＿＿＿＿＿＿＿＿
＿＿＿＿＿＿＿＿＿＿＿＿＿＿＿＿＿＿＿＿
＿＿＿＿＿＿＿＿＿＿＿＿＿＿＿＿＿＿＿＿

生命，因閱讀而大好